班组小故事　管理大智慧

《班组小故事　管理大智慧》编委会　编著

石油工业出版社

内 容 提 要

本书精选一线优秀班组管理案例，记录班组长与班组员工之间的工作与生活交流常见的各种矛盾、冲突、问题和困难，通过情景再现的方式生动呈现，并通过案例从现场管理与安全环保、班组沟通与人员管理、班组激励与培训和班组建设与创新 4 个方面深入剖析优秀班组成功管理的理念、经验和方法。

本书可供从事基层管理人员参考使用。

图书在版编目（CIP）数据

班组小故事　管理大智慧 /《班组小故事　管理大智慧》编委会编著. —北京：石油工业出版社，2021.3

ISBN 978-7-5183-4339-3

Ⅰ. ①班… Ⅱ. ①班… Ⅲ. ①油气田-石油企业-班组管理-案例-西南地区 Ⅳ. ① F426.22

中国版本图书馆 CIP 数据核字（2020）第 230796 号

出版发行：石油工业出版社
（北京安定门外安华里 2 区 1 号　100011）
网　　址：www.petropub.com
编辑部：（010）64210387
图书营销中心：（010）64523633
经　　销：全国新华书店
印　　刷：北京晨旭印刷厂

2021 年 3 月第 1 版　2021 年 3 月第 1 次印刷
710×1000 毫米　开本：1/16　印张：21.5
字数：400 千字

定价：98.00 元
（如出现印装质量问题，我社图书营销中心负责调换）
版权所有，翻印必究

《班组小故事　管理大智慧》
编 委 会

主　　任：赵厚川　李光华
副 主 任：苟昭辉　杨水清　赖世林
委　　员：陈　宏　廖　平　雷　程　米小双　帅建军
　　　　　郭家平　李　蔚　朱学熹　彭　刚　程　丹
　　　　　熊小天　程　姣　邓昕婷　蒲伟权　许海晶
　　　　　易观晓　贾　明　赵丛玉　刘　冰

主　　编：苟昭辉　赖世林
副 主 编：陈　宏　廖　平　雷　程　米小双　帅建军
　　　　　郭家平　蒲伟权
成　　员：杜光林　谭　军　肖　毅　张丽耘　张家铭
　　　　　周　蓉　谭沁心　胡　珊　弓　静　张浩书
　　　　　林　梅　王　茜　陈本学　王玉梅　鲁大勇
　　　　　谢利平　韩小祥　罗小林　赵小彬　王　岚
　　　　　刘茂强　潘淮滨　何国志　罗　刚　赵　鹏
　　　　　杨　柳　曾　皓　谯　敏　袁婷婷　伍　强
　　　　　牛浩宇　靳国龙　代　旭　刘　钢　张　雪
　　　　　罗　宇　李　萌　胡　波　李　明　吴雨薇

前 言
PREFACE

  中国石油西南油气田公司是中国西南地区最大的天然气生产和供应企业,主要负责四川盆地的油气勘探开发、天然气输配、储气库以及川渝地区的天然气销售和终端业务。西南油气田公司深耕四川盆地60余年,建成了中国第一个完整的天然气工业体系,是中国石油天然气集团有限公司(以下简称中国石油)唯一具有天然气全产业链的公司。

  基础不牢,地动山摇。一个企业要生存、要发展,管理基础是什么?是班组建设。企业管理水平提升,关键在领导、重心在基层、落实靠班组。查找管理短板、强化基础管理、推动管理创新等各个环节,都必须依靠基层班组推进落实,依靠广大员工主动参与。作为抓基层、打基础、强素质的强基固本工程,以班组建设带动基层管理,切实提升班组管理的标准化、制度化、信息化和规范化水平,为提升企业整体管理水平筑牢基础。近年来,西南油气田公司深刻认识到班组建设的重要意义,把班组建设作为加强基层建设的基础性工程来抓,扎实推进"五型"班组创建活动,率先出台《"五型"班组创建活动管理办法》,指导创建活动的全面开展,取得了很好的效果,班组建设有力推动了企业的发展。

  一个班组要充满生机、充满活力,靠的是什么?是班组长。截至2020年12月,西南油气田公司拥有生产一线班组1076个,点多、线长、面广，这些班组规模虽小，却蕴含着管理大智慧。"兵熊熊一个，将熊熊一窝。"班组长是一线生产最直接、最重要的管理者，处于承上启下的关键位置，肩负着安全生产、降本增效、培训学习、稳定队伍等诸多责任，班组长素质直接关系到公司战略目标能否实现，直接影响到公司高水平、高质量发展。西南油气田公司长期致力于优秀班组长培养，近年来借力中国石油广州培训中心开展培训。在培训过程中，班组长提供了大量班组一线工作的真实案例故事。本书共选编其中107篇，内容涵盖了班组管理及建设的亮点、矛盾、冲突、困难和问题。这些案例故事是班组长实际工作的总结提炼，真实反映了班组长解决实际问题的真实做法和情形。

通过对案例故事设置思考、点评、链接栏目，将深奥的管理理论知识与真实的案例故事有机地结合起来，既入情入理，又科学实用，具有很强的实践性和指导性。同时，精心为每个章节设计开发短小精悍的视频微课，并为每个故事配制声情并茂的音频，进一步丰富图书内容呈现的多样性。为出版一册具有特色、高质量的班组管理类图书，案例集的内容和呈现上都不断迭代和打磨精进。本书特点突出：经历时间长（自2017年底策划，历时4年）、参与人数多（前后参与人数达100余人）、涉及工种全面（采气、输气、增压、净化等20多个工种）、创新亮点突出（微课堂、听书等多种媒体形式呈现）。笔者期待本案例集萃取班组管理的优秀经验，形成一批可复制、可推广应用的优秀案例，供读者借鉴参考，相信对加强班组长队伍建设，增强班组自主管理能力和文化软实力，切实提高班组建设整体水平起到积极作用。

本书吸收了一些专家学者的观点，在这里未能一一注出，还有一些管理理论引自已出版的管理专著，特将主要参考书目列于案例后，以示谢忱。

目 录
CONTENTS

第一篇　现场管理与安全环保

第一章　现场管理 ·· 3
　　基础资料管理大改观 ·· 5
　　做事"不拘小节"，吓出冷汗 ·· 9
　　细节决定成败 ·· 11
　　安全五米线 ·· 13
　　检漏不是"捡漏" ·· 16
　　哪个才是真问题？ ·· 18

第二章　安全环保 ·· 21
　　争当"定心丸"的班长 ·· 22
　　事故不是故事 ·· 24
　　安全"只有满分，没有及格" ·· 28
　　小垫片，大问题 ·· 31
　　班组长要做"骑象人" ·· 35
　　巧施注意力　细致保平安 ·· 39
　　解堵记 ·· 42

我和"黄妈"的安全经································44
急躁的阿肥······································47
痛得不轻的"包"································50
"多管闲事"的班长······························53
钟师傅的感慨····································56
练就好本领，擒得"水中虎"····················59
习惯性违章的"纠偏"记··························62
一块黄油的安全启发······························65
堵··67
给农民工们"洗洗脑"······························69
紧急！施工作业重型车压管线了····················72
空压机微漏，影响却惊人·························74
无数次巡检，才能实现零事故······················77
安全，不走捷径··································80
柳阿姨"安全到退休"的定制培训计划···············84

第二篇　班组沟通与员工管理

第一章　班组沟通·······························89
　"问题"员工变形记······························92
　"争"出来的规范·································95
　惊讶的理由····································98
　当好娘子军的"党代表"·························101
　火急火燎的刘班长·······························103
　善于倾听　当好"领头羊"························106

第二章　员工管理·······························109
　用"家人意识"以心换心···························111
　"杂牌军"管理的挑战····························114
　"全能王"攻关·································117
　范师傅的提点··································119
　新生代员工管理从"心"开始······················122
　从"王打药"到"王大厨"·························125
　采气女工的转型记······························128

"落选"老员工的"第二春"……………………………………131
一场暴风雨带来的改变……………………………………133
给过滤器"洗洗澡"…………………………………………136
注重思想育人是企业最大的成功…………………………138
知兵爱兵，以情带兵………………………………………141
佛系员工变成香饽饽………………………………………144
要让"毁掉"的青工"复活"起来…………………………147
计量事件之后………………………………………………149
菲哥与小李的光……………………………………………152
一个爱抱怨年轻员工的心路转变…………………………155
转压力为动力………………………………………………157
用人的法宝——知人善任…………………………………159
1+1会不会大于2？…………………………………………161
班组除草记…………………………………………………164
新老搭配，干活不累………………………………………166
班组管理二三事……………………………………………169
一个"编外人员"的转变…………………………………172
爱迟到的"192"……………………………………………175
恩威双管齐下………………………………………………178

第三篇　员工激励与班组培训

第一章　员工激励……………………………………………183
大山里的巡检人……………………………………………185
中控室"台柱子"成长记…………………………………188
没有对比就没有"伤害"…………………………………190
小改革，大作用……………………………………………193
"轮值"班长来真的………………………………………196
竞聘前的魏班长……………………………………………199
量化与质化的双重绩效考评………………………………202
以爱和责任引领前行………………………………………204
奖罚激活班组内生动力……………………………………207
奖惩制度就是风向标………………………………………210

定标准，抓落实，看结果…………………………………………213
　　你追我赶，暗自较量………………………………………………216
　　干多干少不一样，绩效考核促提升………………………………218
　　站场积分管理制……………………………………………………221
　第二章　班组培训……………………………………………………224
　　让新员工坐上成长"直通车"………………………………………226
　　我们井站的"二十点"………………………………………………229
　　"老司机"练考记……………………………………………………232
　　劝学记………………………………………………………………235
　　从"独狼"变"群狼"…………………………………………………238
　　巧用"3+1111"培训新方式…………………………………………241
　　引导胜过苛责………………………………………………………244
　　强培训，重技能……………………………………………………248
　　以论促学……………………………………………………………251
　　学无早晚，但恐始勤终随…………………………………………254

第四篇　班组建设与创新

第一章　班组建设………………………………………………………259
　　和谐班组故事多……………………………………………………262
　　"失而复得"的荣誉…………………………………………………265
　　新任班长的成长记…………………………………………………268
　　桂花馒头……………………………………………………………271
　　不做班组小保姆……………………………………………………274
　　台历里有最美的自己………………………………………………276
　　27个茶杯……………………………………………………………279
　　新晋站长的我，慌了！……………………………………………282
　　"三板斧"，榜样是干出来…………………………………………285
　　脚跟站得稳，拳头打得硬…………………………………………288
　　争当岗位上的排头兵………………………………………………291
　　做一个爱思考的班组长……………………………………………294
　　生产运行分析，全员参与…………………………………………297
　　以和谐为酶，调制管理新内涵……………………………………299

【思考】长久以来，解决问题的技术就备受重视。在工作中，从发现问题到分析问题，再到想出解决策略，彻底解决问题并非一帆风顺，这其中深入分析问题，找到根本的原因尤为重要。

【点评】该加气站所遇到的问题究竟是什么？

（1）正常的LNG加液枪头加液6000~7000次后，才会出现漏液现象，而文中的LNG加液枪头在加液约800次时就出现了漏液。——是这个问题？

（2）加液枪头的保质期过了，维修或更换需要自行承担。——是这个问题？

（3）一个加液枪头5万~6万元，一个加液枪内密封垫800元。——更换维护太贵，还是这个问题？

该加气站遇到的最为本质的问题是哪一个？值得深思和深究。以上都不是最为根本的问题。试想如果该产品没过保质期，设备出问题了，一个电话厂商立马过来免费维修或是更换，还会觉得漏液是个问题吗？多数人或许就不认为这是个问题了。

在该案例中，通过向其他单位取经，发现是在设备安装环节出了问题。在设备安装时，为了加大加液管的安全系数，将加液管外径增厚加粗，增加了加液枪的重量，在未加气时LNG加液枪头连接在加液机上造成加液枪头受力过大，加液枪内部密封件变形、磨损——最终导致漏液现象发生。这才是根本原因，找准了原因，方可对症下药，精准地解决问题。

【链接】"我"是一切的根源[1]

曾经听过一个发人深省的故事：有一位老鞋匠，在进入城镇的必经之路上修补鞋子已经四十年。

有一天，一位年轻人经过，正要进城，看到了正在低头修补鞋子的老鞋匠，便问他："老先生，请问你是不是住在城里？"老鞋匠缓缓抬起头，看年轻人一眼，回答说："是的，我在这里已经住了快四十年了。"年轻人又问："那么你对这个村落一定很了解。因为工作的关系，我要搬到这里，这是一个怎样的城镇？"

---

[1] 许宜铭.我是一切的根源[J].新一代，2007（7）：41。

老鞋匠看着这个年轻人，反问他："你从哪里来，你们那儿的民情风俗又怎么样？"年轻人回答："我从某地来，那里的人哪！别提了！都只会做表面功夫，看起来好像对你很好，私底下却无所不用其极、钩心斗角，没有一个人会真正地对你好，在那里，必须很小心才能活得很好，所以我才想离开那里，搬到你们这儿来。"

老鞋匠默默地看着这个年轻人，然后回答他说："我们这里的人比你们那里更坏！"年轻人听完哑然离开。

过了一阵子，另一个年轻人又来到老鞋匠面前，也问他："老先生，请问您是不是住在这个城镇？"

老鞋匠缓缓抬起头，望了这个年轻人一眼，回答他："是的，我在这里已经住了快四十年了。"这个年轻人又问："请问这里的人都怎么样呢？"老鞋匠默默地望着他，反问："你从哪里来，你们那儿的民情风俗又怎么样？"

年轻人回答："我是从某地来，那里的人真的都很好，每个人都彼此关心，每个人都急公好义，不管谁遇到任何困难，只要别人知道，都会很热心的来帮助你。我实在舍不得离开，可是因为工作的关系，不得不搬到这里。"

老鞋匠注视着这个年轻人，绽开温暖的笑容，告诉他："你放心，我们这里每一个人都像你那个城镇的人一样，他们心里都充满了温暖与温馨，也都很热心地想要帮助别人。"

同样的一个城镇、同样的一群人，这位老鞋匠却对两位年轻人做了不同的形容与描述。相信一定已经知道：第一位年轻人无论到世界的哪一个角落，都可能碰到虚伪、冰冷的面孔；而第二位年轻人，无论到天涯海角，都会有温暖的手、温馨的笑容在等待他。

生命潜能里，第一个哲学就是："我"是一切的根源。

第二章 安全环保

安全是企业发展的基石和底线，不可动摇。历史上，曾经发生过的"12·23""3·25""1·20"等重大事故，教训极其惨痛。西南油气田公司深刻吸取事故教训，把安全环保工作摆在高质量发展的首要位置，严抓严管、严防死守，安全环保形势逐渐平稳受控、稳中趋好。

新形势下，党和国家对安全环保工作更为重视，提出"发展绝不能以牺牲安全为代价"，要求强化"忧患意识和防范风险挑战要一以贯之"使命担当，树立"绿水青山就是金山银山"发展理念。中国石油在全力以赴鏖战严冬这场硬仗中，更是将安全环保提升到崭新的高度，部署十五条方案举措，推进五个专业领域重点风险专项整治，对危险化学品重大危险源管控展开专项督查行动。戴厚良董事长多次强调安全环保是企业发展的前提和基础，要求按照"四全"原则毫不松懈地抓好安全环保工作。

当前，西南油气田公司已全面建成300亿战略大气区，开启"上产500亿、奋斗800亿"的新征程，更需要高度警惕，更需要安不忘危，必须牢固树立安全绿色发展理念，不断强化红线意识、底线思维，增强在常态化疫情防控和低油价冲击下对安全生产带来新增风险的认识，保持安全定力，把安全环保与公司改革发展同频共振、同向前行，以保安全、护生态、促发展的实际成效，为公司的生产经营发展保驾护航。班组作为油气生产一线的"细胞"，直接参与安全环保管控工作，讲好班组安全故事，从员工、物态、制度三个方面，确保井站（班组）的安全受控，是抓稳、抓牢、抓好油气田公司安全环保工作的基础。

争当"定心丸"的班长

生产运行班是相国寺储气库集注站四个班组之一,主要负责各注采井场的日常巡检和生产数据的监控等工作。生产运行班副班长李洪斌,为人耿直,爱动脑筋,遇到难题时总能找到新点子和新办法,被大家称为"智多星"。

一次,正值相国寺储气库调峰采气,相旱线输气的计量装置管线连接法兰突然发生泄漏。巡检工陈勇发现后在对讲机里大呼:"李班长,漏气了!好大声音,吓死个人啦!"

"啥情况?哪里漏气?漏气量有多大?有没有燃烧?"当时,李洪斌正在准备资料,听说管道上有地方漏气,也不由得着急起来。

"计6下游开关球阀连接法兰漏气,气漏得虽然不是很厉害,但是声音很大,你们赶紧来看一下呀!"陈勇有些慌张地回复。

李洪斌丢下手中的活儿,马上赶往现场。

一到现场,他发现法兰连接处有一股气流直往外冒,同时伴随着尖锐的气流声,如果不立即采取措施,势必会影响生产并造成安全事故。由于是第一次遇到这种情况,大家都有些不知所措。李洪斌的冷静和沉稳,给大家吃下了一颗"定心丸"。

李洪斌确认了流程后,立即用对讲机向中控室喊话:"林波,请给调度室汇报,相旱线计6下游开关球阀连接法兰漏气,漏气量不大,没有发现燃烧或爆炸。同时向值班站长、技术安全班和下游旱土站说明情况,立即启动应急预案。"

说完,他带领陈勇和杨大勇背上空气呼吸器,关闭了相旱线生产球阀,关断计6上游气动切断阀、DN300手动球阀、计4气动切断阀、计5气动切断阀、DN300手动球阀,开汇6放空阀放空。放空完毕后,配合到场的检修人员完成检修。随着生产阀门的打开,相旱线恢复了正常供气。

陈勇出了一口长气:"终于解决了,李班长,还是您厉害!"

整个处置过程，全体班组成员在井井有条的安排下已经忘记了原本的慌张，大家也明白了：只要沉着冷静面对突发事件，团结一致，一定能够解决各种问题。

◆ 作者：储气库管理处相国寺集注站生产运行班　李洪斌

【思考】当遇到安全突发事件时，班组长应如何处理应对？

【点评】班组长作为安全生产重要责任人，不仅思想上要重视安全生产，有很强的工作责任心，还必须有扎实的专业技术理论知识。因为班组长既要对员工人身安全负责，还要保证所管辖的设备安全运转，确保生产的正常进行。因此，必须熟悉设备和生产运行情况，洞悉各种事故隐患，掌握应急预案，防止和减少各种安全事故的发生，保证安全生产。遇到安全突发事件，班组长首先要保持冷静。生物学和心理学的相关研究表明，在突发事件中保持冷静的人往往能最先摆脱困境。不仅如此，班组长处变不惊的姿态也会对班组员工及周边产生正面和积极的影响。基于专业素养和过硬技术，迅速作出分析和判断，果断决策，采取有力措施，全力稳定事态。当突发事件得以解决后，更需要深入复盘，剖析事件背后的因果关系，总结经验，吸取教训，形成预案。

【链接】班组长的安全责任担当 [1]

班组作为企业最基本的细胞，处于企业生产的第一线，也是安全事故的多发地，90%以上的事故都发生在班组中。班组安全，企业安全；班组不安，企业难安。

而班组安全建设的成效，取决于班组长对安全生产的认识程度、所具备的安全技术知识水平和实际的组织协调能力。要保证企业设备和人员安全，除了依靠先进的技术、完善的制度，还要靠直接作业环节的一线操作人员，尤其是班组长。如果班组长的安全管理作用得到充分发挥，就能为企业筑起一道安全屏障。

企业生产各设备、流程、环节、人员调配、突发情况等，都要注意相应的安全细节管理。"火车跑得快，全靠车头带。"作为基层班组管理者的班组长，其能力决定着企业"细胞"的活力，直接影响企业各项任务的落实和安全管理的成效。

---

[1] https://www.renrendoc.com/p-24258213.html。

事故不是故事

在许多高危行业，为更有效保证生产安全，都以组织员工认真学习事故通报的方式教育员工吸取教训，举一反三，防止大家在工作中发生类似的事故，避免重蹈覆辙。然而，有些单位在组织学习时，一些员工只是听听了事，思想上没有引起足够重视，以至于把事故当成故事来听。

作为一名基层 CNG 加气站的负责人，身边的风险无处不在。一天，我正在办公，突然听到加气岛上传来很大的漏气声，开始以为只是常见的爆圈事件，加气人员会立即处理，也就没有太在意。过了一会儿漏气声依然没有停止，我意识到可能不是单纯的爆圈，立即冲到加气岛，发现员工还在各自岗位上做自己的工作，都没有人在意这件事，唯独一人关了二位三通阀。漏气声还是没有停止。仔细查找原因才发现：公交车车载充气阀损坏导致漏气。情况紧急，我立即安排员工关闭进站口并疏散站内人员，组织员工将漏气公交推出站外。

事后，我组织所有员工召开紧急会议，分析这件事情的紧急性和严重性，并对当班人员进行批评教育。有些员工不以为然，总觉得这只是一个"爆圈"小事故，在工作中都凭自己的经验，更有员工说大不了罚款嘛。员工安全意识如此淡薄，令我大吃一惊。我继续对当时的情况进行分析："如果当时没有及时处理，任事态继续发展，当遇明火可能会发生燃烧爆炸，后果不堪设想……"通过耐心的分析，使他们认识到事态的严重性。

通过这件事情，我发现员工的风险意识有待提高，应急处置能力有待加强。针对这件事情制定了一套方案：首先，要求当班人员每天利用班后时间进行应急演练，并成立监督小组对演练是否到位进行监督。其次，每一位员工对自己工作岗位存在的风险写一篇风险辨识清单，之后每年不定期组织员工对自己的岗位进行一次风险辨识讲述。然后，利用班前会、周安全例会等时间，组织员工讲述发生在身边的"安全小故事"活动，用活生生的事故案例进行反思教育，开展安全警示教育活动，以事故案例警示自己教育他人，筑牢安全思想防线，确保班组安全生产。同时，班组成员结合"安全小故事"谈自身的体会，总结工作的经验和教训，将一个人的经验变成全员的经验，让其他员工避免发生同类的错误，使安全教育入脑入心。

现在，大家的风险辨识能力与应急处置能力都有很大提高。

其实，"事故"与"故事"是截然不同的两个概念，最大的差别在于事故关系生命、关系国家和集体的财产安全，而故事仅仅是人们茶余饭后的谈资而已。对事故学习的方式很重要，如果只关注事故的经过，并没有认真剖析原因，没有根据实际情况进行对照，结果只能是听个热闹，不能吸取他人教训。能否认真地接受他人的教训，反映了一个人、一个单位是否真正重视安全工作。能从别人的失误、事故中找教训，对照自己的情况找差距，查到隐患认真加强防范，结合实际工作抓落实的人，才是真正的聪明人。

◆ 作者：四川华油集团有限责任公司川西北公司新都 CNG 站 刘胜华

【思考】基层站点的员工安全意识淡薄，风险辨识与应急处置能力不足。如何提升工作技能，强化员工的安全意识，实现组织文化变革？

【点评】站点的负责人知道"身边的风险无处不在"，也很清楚员工"思想上没有引起足够重视"。"把事故当成故事来听"实质上就是忽视安全问题的一种恶质组织文化的表现，是长期形成、普遍存在的现象。这就是需要解冻的"根深蒂固而又高度重要的东西"，管理者很清楚需要变革的因素。

管理者以这次事故的分析为契机，通过召开紧急会议向全体人员强调"如果当时没有及时处理，任事态继续发展，当遇明火可能会发生燃烧爆炸，后果不堪设想"。实质上向员工明确说明存在致命威胁，营造一种认识到危机即将来临的氛围，作为下一步新工作的切入口，引出后续的工作方案。

其工作方案不仅仅针对这次事故，而是推动员工从操作技能和思想认识上去提高风险应对水平。每年一次的"风险辨识讲述"是一个查找风险的方式，也是一种新的强化风险意识的仪式（新典礼）。而且管理者将要求融入日常的班前会、周安全例会等工作中，具有持续性，体现出管理者的耐心和对组织文化变革过程的客观认识。只有持续推进改变，才能入脑入心，才能改变组织行为，实现一种文化的根本变革。

在组织文化建设或变革过程中，引入（制造）新故事一直是一个行之有效的措施。通过新故事能够将组织鼓励或禁止的价值，形象地展现给所有成员。

川西北公司安全管理案例虽然只是一个小小的基层班组的管理案例，但是管理者抓住一次安全事故，采取了一些符合管理规律的措施，实质上将其演化成为一个提升风险辨识与应急处置能力的"新故事"。如果说原来员工听"故事"是漠视安全的组织文化的外在表现，那么现在的"新故事"则是变革组织文化的有力措施。

基层的管理者在履行管理职责时，未必是从管理理论出发的，更多的是从工作实际和个人经验出发，但是如果工作有成效，那么一定是做对了什么，或者说其措施一定是符合某些科学管理规律。通过上述分析可以看出，虽然是基层的一个小小班组，这项管理工作中的措施是符合组织文化变革理论的若干要点的。

正如罗宾斯所言，组织文化变革管理需要有一个全面的、协调的战略，并不是一项措施就能奏效的。就这个基层单位的具体工作而言，也是需要多种措施配合使用才有效。以"引入新故事"为例，与自己利益越相关的故事，越能矫正错误行为、树立新的价值观。这个案例中的"事故"当然是和该班组员工密切相关的"故事"，但是如果在这个故事的演绎中，即后续的方案制定中，加入绩效评估或薪酬等奖惩等措施，将进一步加深利益相关性，其对组织文化的变革力度会更大。

【链接】组织文化变革理论

组织文化是由相对稳定和持久的因素构成的。这一事实往往导致文化的变革具有相当的阻力。一种文化需要很长一段时间才能形成，而一旦形成，它又常常成为牢固和不易更改的。

如果情境条件是合适的，管理当局如何推行组织文化变革？其一大挑战是要解冻现有的文化。对根深蒂固而又高度重要的东西，要加以解冻，并不是单一一项措施就能奏效的。组织文化变革管理需要有一个全面的、协调的战略。

组织文化变革的途径：

（1）进行组织文化分析，确定需要变革的文化因素。（2）向员工们明确说明，如果不马上推行变革，组织的生存就会受到致命威胁。(3)任命具有新观念的新领导。(4)发动一次组织重组。(5)引入新故事、新典礼来传播新观念。(6)改变人员甄选和社会化过程及绩效评估和奖酬制度，支持新的文化价值观。

　　管理者应当有足够的耐心，变革在开始以后可能进展缓慢。领导者都要以营造一种认识到危机即将来临的氛围作为新工作的切入口。

安全"只有满分，没有及格"

安全生产与责任意识息息相关，作为一名班组长，尤其要想方设法提升班组成员的安全意识、责任意识，以共同守护班组的安全。超高压含硫气井的不断开发及投运，给安全工作提出了更高的标准、更严的要求。但在实际工作中，一些员工却不以为然。

我所在的龙004-X1井，2016年12月26日安全投运，井口压力约108兆帕，是当时国内投产前关井压力最高的含硫气井。

2017年12月因为开新井的缘故，作业区对相关人员进行了工作调整，保哥在这时来到了我所在的班组。转眼间到了每月两次的空气呼吸器佩戴考核，我说："保哥，你先准备一下，待会你先来，我计时。"我一边计时一边仔细观察保哥的操作步骤，等他演示完成，我说："快到30秒了，要不再来一遍吧。""不用了吧！不是都及格了吗？""只及格是不行的，如果场站出现紧急情况，含硫天然气泄漏，不能正确、快速地佩戴空气呼吸器是要出大问题的。你的操作步骤也还存在一些不够标准、不够连贯的情况。其他人先练，你先休息一下。"

保哥在一旁观摩，当他看到彦革20秒完成，年龄比他大的强哥25秒也完成了，有些不好意思，主动说："我再练练。"在大家的不断鼓励和热心帮助下，保哥也有了很大的进步，脸上露出了欣慰的笑容。

保哥是一个心思细腻的人，这之后可以很明显地感觉到在他身上发生了一些微妙的变化。随后进行的一次应急演练中，保哥提出每个人都要按照井站应急处置卡的要求主持演练，值班人员参与演练，轮班人员担任观察员，确保做到人人换位参与、详知操作细节，以全面提升演练效果。

安全生产，警钟长鸣。2018年3月，连续一周的井站系统维护，持续的高强度工作让大伙疲惫不堪，紧接着，又进行开井前系统验漏检查工作。大家分成两组，对法兰连接处、仪表接头等依次用验漏液、醋酸铅进行验漏。这时我听到了保哥和军哥争执的声音，他俩为仪表接头位置没认真贴醋酸铅纸复验而吵了起来。

"这几天大家都很辛苦，但安全检查不能有一丝马虎。虽然验漏液验漏合格，但一些微小渗漏是检查不出来的，所以必须按照操作规程要求使用醋酸铅进行复验。况且，这口井压力高、又是高含硫，一旦泄漏后果非常严重。我希望大家能够高高兴兴上班、平平安安回家。"保哥寥寥数语再一次给大家敲响了安全警钟。通过仔细地检查、复验、准备，我们得以顺利地开井复产。

通过一件件小事，班组成员的安全意识得到明显提升，大家积极参与到班组日常安全管理中，在20多次开关井中发现并成功处置了各种突发事件，确保了气井安全生产。

◆ 作者：川西北气矿广元采气作业区龙004-X1井 李 屹

【思考】安全意识是安全工作的基础，在影响班组安全工作的诸多因素中，班组成员的安全意识最关键，往往对班组成员的安全责任心与安全行为起着直接支配的作用。那么，如何培养班组成员的安全意识？

【点评】班组要实现安全生产，就要充分培养他们的安全意识，而安全教育是培养安全意识的根本手段。那么，如何对班组成员实施安全教育？

第一，精心安排。班组安全教育应该带有明确的目的性。组织者必须对班组的安全现状有较为深入的了解，应精心选定具有安全教育意义且能调动班组成员学习兴趣的学习资料。要在学习过程中，摆出问题，引导班组成员进行分析与讨论。要做好归纳总结工作，并用精练准确的语言将学习要点传授给班组成员。

第二，结合实际。选择的安全教育课题要结合班组生产实际，相关班组成员的切身利益。讨论活动要以班组生产现场设备隐患以及班组成员行为着手。应以发生在班组成员身边的事故案例作教材。要重视班组成员不安全行为的教育，应将着眼点放在制止不安全行为教育上。在本案例中，班组长结合实际开展安全教育取得了很好的效果就是明证。

第三，形式多样。安全教育应不拘一格，因地制宜，采用多样形式，这样才能使教育方式更具新鲜感，更能调动班组成员学习的积极性。比如组织班组成员进行现场安全自查、开展反事故演习活动、举办安全知识竞赛、开办安全知识讲座等。

【链接】安全生产的"100-1=0"[1]

企业安全生产"100-1=0"等式，意思是说在100项安全工作中，如果有1项工作做得不好，就会存在事故隐患，安全生产结果就等于0。"祸患常积于忽微""千里之堤，溃于蚁穴"，切不可忽视安全问题的"小事"，要做到警钟长鸣。

在实际的工作中，习惯性的违章操作和冒险作业侥幸成功的概率会很大，但只要一次失败就将让你后悔终身。一些不良习惯和不良操作行为就是安全隐患，若不及时改正，迟早引发安全事故。很多时候，大的安全隐患往往会受到重视，会很快得到排除，而小的安全隐患容易被忽视，往往会造成大的伤害。诸多案例表明：安全工作，事无巨细。安全工作无小事，一个人养成一种良好的习惯能受益终身。

俗话说"吃一堑，长一智"，意思就是一个人吃一次亏就会聪明一些，下一次就不会在同样的事情上吃亏。事故发生以后要及时对事故进行分析，查清原因，做好防范措施，并对当事人给予适当处罚，使周围群众受到教育，最终的目的就是要惩前毖后，预防事故重复发生。

---

[1] 程龙好.要树立"100-1=0"的安全理念［EB/OL］（2016-07-11）［2020-10-20］http://www2.aqsc.cn/101817/101954/402039.html。

小垫片，大问题

2019年11月3日上午9点37分，我所在的净化厂设备大检修工作全部结束，即将进入生产阶段。当操作人员打开进厂脱硫装置原料气总阀门，导入少量原料气进行试压和检漏的时候发现，进装置原料气主管线上一台压力表的取压装置——管路测压器存在严重泄漏现象，必须立即处理。

在完善各项安全措施，完成风险评估和作业票证审批程序后，我立即组织班组员工到现场对压力表管路测压器实施拆除、检查、处理。尽管在管线内仍然存有含有硫化氢的余气，施工作业风险较大，但是整个作业实施过程都非常成功，完全符合要求。

随着警戒线开始拆除，操作人员已经准备重新打开总阀门导入原料气，我带领班组员工收拾工具准备撤离。突然，我发现了地上有一枚小小的聚四氟乙烯垫片。我从地上捡起垫片，仔细地观察、思考了会儿，向班组员工问道："谁带垫片到现场来了吗？或者原来地上就有这枚垫片，大家知道吗？"大家纷纷回答道："没有！""不清楚"……

我的心里立即紧张起来，来不及犹豫，立即向领导汇报，请求重新拆下压力表取压装置进行检查。因为我怀疑刚才仪表维修人员在安装阀门的时候有可能不小心将管路测压器的密封垫片弄掉了。

"不必了吧！重新来一次，又要泄压、放空、重新设置警戒等，多麻烦啊，这垫片也许是原来遗落在这里的，你不用小题大做了啊。"旁边有操作人员插言。

我没有理会这些话，执拗地盯着领导，直到他点头同意。各项安全措施再次落实后，我背上正压式空气呼吸器实施作业，将压力表取压装置拆下检查，发现该垫片确实是管路测压器里面的密封垫片。经再次安装完成、试压、检漏、进气，等一切正常后，我才深深地呼了口气，一颗悬着的心终于放松下来。

回到班里，我立即召集全班员工开会，针对该问题进行了总结分析，找出原因所在：在安装管路测压器的时候，由于管道内的余气较大，将连接处的密封垫片吹出掉在地上，然而由于安装位置高，在人字梯上在作业，且当时佩戴了空气呼吸器影响视线，大家都没发现小小的薄垫片被吹掉。我对大家说："你们可别小看了这密封垫片，它的作用特别大，如果没有它，不但不能保证整个管路测压器的密封性能，而且还有可能造成原料气泄漏、人员中毒等事故发生，后果不堪设想啊！"

事后，我将这件事编写成安全经验分享，并做成PPT课件，在多次班前会和班后会上进行分享，要求员工对该问题要入脑入心。从此以后，大家对作业现场的材料和工器具清点工作分外仔细。

安全工作无小事，任何一次小小的疏忽都可能导致大的事故发生。班组长必须充分发挥好班组团队指挥官的作用，做好工作的督导检查，及时发现问题、解决问题，安全优质地完成上级交办的各项工作。

◆ 作者：川西北气矿天然气净化厂仪表维修班 鲁大勇

【思考】企业安全生产离不开每一个安全环节的细致实施，班组安全管理是企业安全生产的基础。班组长在其中起着怎样的作用呢？

【点评】班组安全管理是企业安全生产的第一道防线。班组长如何发挥自身作用保障班组安全生产？案例中班组长的做法启发我们：班组长是安全生产的责任人，对于班组安全生产有着不可推卸的重要责任。班组长要把安全作为"盯在眼里、刻在心上，挂在嘴边、握在手中"的动脉性问题抓好抓牢。班组长只有牢记安全红线、眼观六路、耳听八方，在生产、检修、维护等日常操作上不放过任何一个细节、不忽略任何一处疑点，遇事勤思考，事事都谨慎，养成敏锐的安全意识，并逐步影响和辐射给其他员工，带领大家开展安全学习、安全活动，做好安全防护，创新安全管理，牢固全员安全意识，才能让企业时刻安全生产。

【链接】班组长在安全管理中如何发挥主观能动作用[1]

1. 班组长要"想"管

班组长与生产一线员工接触密切,安全生产各项制度的执行、安全措施的实施、安全操作规范的落实,全靠其督促检查来实现。班组长安全管理工作的有效实施对班组的安全生产工作起着决定性作用。

班组长"想"管安全,才能为提高班组安全管理创造有利条件。班组长要提高综合素质,要有干不好工作就"食不甘味、寝不安席"的责任感、时不我待的紧迫感和责任重于泰山的压力感。班组长要善于利用安全管理权、生产组织权、考核分配权等权力,确立在本班组的地位和权威,更好地领导和管理本班组的工作。肩上有责,手中有权,班组长要更加自觉积极地发挥自身作用。

2. 班组长要"能"管

班组长作为一个班组的灵魂和主心骨,要有过硬的业务水平和较强的安全防范意识,才能做好班组的安全管理工作。

班组长要对安全政策法规正确理解、安全技术正确应用,要善于组织、协调有关安全生产各方面的工作,尤其要具有较强的工作指导能力。

作为班组安全生产工作的第一责任人,班组长要会做思想工作。要善于发现和掌握班组成员的思想状态和行为动态,根据生产任务、劳动环境和员工的身体、情绪、思想状况具体布置安全工作。

班组长在工作中要能见微知著,及时发现存在的问题,结合实际需要,提出切合实际的安全防控方法,不断提高安全工作的标准和质量。

3. 班组长要"会"管

一个好的班组长,应该是安全生产的行家里手。不仅要有精湛的操作技能——"会干活",还要能随时正确处理生产工作中出现的问题——"会管理"。

班组长要时刻做到眼勤、手勤、嘴勤,及时发现并排除隐患、堵塞漏洞,做一台一线管理的"显微镜"。对问题不论大小、不留死角、一抓到底,不能视而不见、麻木不仁,避免现场管理出现"盲区",努力做到"小隐患不过班,一般隐患不过天"。

---

[1] 张志坚.班组安全管理要充分发挥班组长的主观能动作用[EB/OL](2014-01-18)[2020-10-20] https://www.safehoo.com/Manage/Group/201401/337765.shtml.

4. 班组长要"敢"管

班组长在管理安全过程中，要用"对事不对人""宁听骂声不听哭声"的管理心态来开展工作。一定要"敢"管，只有这样，班组长的安全管理工作才能起到事半功倍的效果，才能真正为企业安全生产筑起第一道堡垒。

安全生产中狠抓一个要"严"字。只有严字当头，才能防微杜渐。班组长要把好安全关，就必须树立"丁是丁，卯是卯"的思想，斤斤计较抓安全，面红耳赤抓细节，切实提高安全执行力。班组长随时都要睁大火眼金睛，戴上"有色眼镜"，及早发现事故苗头，对不安全因素及早处理。

班组长要做"骑象人"

2018年5月15日，公司HSE办公室发出了紧急通知：宁夏销售中卫分公司海原片区小河桥加油站员工汪某在拿木棍从加油站专用变压器上高压线处将三平方米大的一块塑料挑下来时不幸触电，经抢救无效身亡。要求各部门和各班组认真吸取教训，举一反三，提高防范意识，加强岗位巡回检查，排查风险和隐患，杜绝类似事故。

接到通知后，我当即组织全部员工进行学习，虽然当时文件还没正式下发，具体事故原因还不清楚，但我们还是基于平时的安全生产经验进行了一番讨论。站上的何姐问我："为什么明明用的是木棍还是会触电，木棍不应该是绝缘的吗？"

其实看到事故案例的第一瞬间我也是这样的想法，但根据人员触电的条件进行分析后，于是决定利用这个机会组织大家对绝缘器材有效性地讨论。

于是我引导性地对大家说："我们都认为木棍应该是绝缘的，但这也要取决于木棍是否处于干燥状态，这起事故应该是不规范使用绝缘器材造成的，所以我们要加强绝缘器材的管理。比如我们南湖供气点虽然已经配置了令克棒、绝缘手套、绝缘靴等防止触电的防护器具，但为什么每年还是需要送检？为什么每周还要检查这些工具是否完好？这就是为了确保绝缘器材的有效性。这起事故案例就是典型的无安全生产意识行为，安全是一种行为，所有员工必须对自己的行为负责。"

话声一落，大家陷入了此起彼伏的讨论。我却陷入了沉思。为什么每年都会有那么多的安全事故发生？这些事故发生的单位虽然离我们很遥远，但如果这些事故就发生在我们身边，那么我们又该怎么做好安全生产工作，杜绝这些事故呢？我深知，作为站长应该要让场站员工借着这些事故教训深刻反思：场站的风险辨识是否全面？制定的管控措施是否有针对性？员工的规范操作和制度的执行力是否到位？如果这些风险管控措施执行不到位，发生事故是必然的。想到这里，我不由自主地感到后怕，也感觉肩上的责任也越来越重，我要尽力让站上员工的安全行为更规范、执行力更强。

为此，针对员工安全帽佩戴不规范的行为，我曾经写过两篇关于使用安全帽的经验分享：一篇是 CNG 加气站卸油员工没戴安全帽，低位起身时头部被未关闭的车门撞伤；另一篇是一个下岗石油员工新进工厂，被意外掉落的钢条砸到，但因为他习惯性佩戴了安全帽，只是轻伤，挽救了自己的性命。这都是发生在我身边真实的案例。为什么有的人在危险面前能够躲过一劫，有的人一不小心就造成了事故，甚至付出了生命的代价……

2017 年 9 月，作为一名基层班组长我有幸参与了公司板仓配气站基层站队 QHSE 标准化建设"三册一图"汇编的基础工作。

在公司业务部门的指导下，我带领场站员工梳理了场站生产管理全过程的各类管理制度、标准规范、管理和操作流程以及基础台账，完成了配气站管理手册和操作手册的编制。

看着厚厚的手册，我再次陷入了深思：手册虽然编好了，该如何有效地运用在场站管理和生产全过程呢？又该如何提高员工对手册的执行力呢？我认为当务之急是要让员工熟悉和掌握手册所规定的内容，并在日常工作中严格执行。于是，每周利用班务会时机组织员工对场站管理手册、操作手册进行培训，每周学习一个章节、一个操作卡，培训结束后抽查学习效果，并将理论培训结果通过实际操作进行检验，强力促进员工规范操作的良好习惯。

板仓站管辖的南湖供气点过去一直都使用智能流量计计量，而今年新增用户则是用高级孔板阀计量装置计量。南湖新安装用户供气当天，是老员工李英当班。根据计量人员和 HSE 管理人员的要求，我需要现场监督李英装孔板启用计量给用户供气。由于她最近才拿到计量操作证，第一次现场操作特别紧张，弄了很久才完成，给人留下了不好的印象。

随后，在我的监督下，她再一次清洗了站上总计量用户的孔板。在这次清洗之前，我让她又看了一遍操作卡，并给予她适当鼓励。结果，虽然还有些不足之处，但她还是很快地按照操作程序完成了清洗任务。

事后在班会上我对她的第二次操作予以充分肯定，也对自己进行了批评：虽然之前已考虑到新用户要用高级孔板阀计量，便提前安排李英参加学习取得计量证，但是在取证后没有对她进行实际操作培训。随后的 3 个月，站场加强了实际操作培训，现在南湖供气点的员工已经都能够熟练地按照操作卡清洗孔板。

在生产现场，风险可谓无处不在。作为基层员工，可能因为不当操作（如简化操作步骤、忽视了工作介质相互间发生反应的可能性、过时的个人的经验等）而造成重大的损失。让班组有一个良好的氛围，杜绝不当操作，就要求每个员工从自身做起，严守操作规程、按照操作卡操作。

自从有了"三册一图"，我便组织员工把从前容易忽略的基础内容拿出来重新学习，对标站内现场，规范员工操作，加强配气站的安全建设；创造机会让新老员工相互交流，既传承经验，又吸取一些新的好的想法。

现在我每月不定时组织当班员工参与安全隐患排查工作，既规范了员工的日常行为，让学习成为常态，又促使员工提升了安全意识，将事故拒之门外。

◆ 作者：四川华油集团有限责任公司自贡西部公司板仓配气站 范 玉

【思考】班组安全生产措施、法则，可归纳为对"人、机、料、境、法"五大要素的管理和规范。"人"，即人的管理。安全管理归根结底是对人的管理，那么怎么才能管好"人"呢？

【点评】安全生产的规章制度、操作规程，不少都是鲜血浸染的。尽管大家都心知肚明，可很多时候还是做不到位，所以不安全行为才屡禁不止，事故才频频发生。

美国积极心理学家乔纳森·海特把人类心理作了一个生动的比喻：分裂的"自我"，就如同大象与骑象人。大象显然是一只动物，而骑象人具有理性。骑象人手握缰绳，可以指挥大象前进、停下或转弯。从骑象人的角度说，大象许多时候都是"自动"的：比如到了悬崖边，它会因为害怕而自动转弯，无须你控制。但这种"自动"并不是为骑象人而存在，它有着自己的主张。骑象人只有在不和大象的欲求发生冲突时，才能轻松指挥大象。如果大象真要做什么，很难拉得住它。

正如生产中的一些违章行为，理性（骑象人）告诉我们那是不对的、很危险，可能会让我们受伤；但感性（大象）却告诉我们，这有什么关系，去体验刺激的感觉也不错。瘦小的骑象人拗不过硕大的大象，然后，不安全行为便出现了。那是不是意味着不安全行为就是不可避免呢，自然不是！骑象人可以利用自己的聪明才智巧妙地影响大象，达成共识，以相互促进，共同进步。

班组长就是班组安全的"骑象人"，要善于驾驭安全生产的"大象"。

【链接】遵守规则才能赢得安全！18条安全保命规则要谨记 ❶

"重视安全"的企业文化已经成为理所当然的基本信念。

违反重要的安全规定、忽视自己和他人生命的不安全行为已经成为企业及公司各级管理层和全体员工不可容忍的"禁忌"，或者叫作"安全底线"。国际上把这些不可违反的"安全底线"叫作"Life Saving Rules"（安全保命规则）。国际油气生产商组织（OGP）统计分析最终形成18条安全保命规则，为全球企业各级管理层和全体员工明晰了"安全底线"：

（1）获得授权后，进入受限空间。

（2）当高处作业时，防止高处坠落。

（3）禁止从吊物下穿行。

（4）系好座位安全带。

（5）驾驶时禁止使用手机和超速行驶。

（6）遵守行程管理方案的规定。

（7）必要时使用有效作业许可证作业。

（8）在工作开始前，核查隔离情况并使用规定的生命保护设备。

（9）防止物体坠落。

（10）涉及移动或者动力设备时，确保站立在安全区域。

（11）实施挖掘前，必须获得授权。

（12）必要时进行气体检测。

（13）必要时穿戴个人救生衣。

（14）禁止工作在架空的电力线路下方或附近。

（15）作业或驾驶时严禁受酒精或药物影响。

（16）禁止在指定的区域外吸烟。

（17）遵守起重方案的规定。

（18）解除安全装置，必须获得授权。

---

❶ https://www.sohu.com/a/277156895_99956888。

【点评】安全检查，每一个安全管理人员都不陌生，都做过不少。但如果你要问如何组织好安全检查、如何做好安全检查，恐怕就没那么容易回答了。要做好安全检查，要用心，不能三心二意。

说到用心，就必须要提到"注意力"一词，何为"注意力"？注意力是指在某个特定时间内对某条特定信息的精神集中。注意力＝精神集中程度×精神集中时间。我们都听说过效用递减规律，注意力递减规律是和其类似的一条规律，这主要是因为人们的精力是有限的，随着信息的增加，每增加一个单位信息所新增的注意力是递减的。随着安全检查的不断进行，检查的地方越来越多，信息量也越来越大，针对新增的信息，所分配的注意力却是递减的，正如上文中提到的"当大家都准备撤离时，我刚准备要说氮气瓶组还没检查呢？还没等我说出口阳阳便先开口了。"检查进行到一定程度之时，大家已经比较疲惫了，精神集中程度便开始下降，能够在某一处新增信息上集中精神的时间也开始大幅度减少，以致发现安全隐患的可能性也在逐渐降低。在上面的案例中，如果不是因为阳阳和作者始终维持着的高度注意力，很可能就发现不了这一处隐患，或许在不久的将来就会酿成事故。

那么，该如何做呢？以下建议可以供大家参考：(1) 合理确定每一次安全检查的范围，不可贪大，想着一次就检查完，而是要充分考虑到每个人注意力的局限性。(2) 不要所有人都集中在一起，看似浩浩荡荡，实则有人心猿意马，要根据检查范围及检查内容多少，合理分配检查人数，并做到全覆盖。(3) 合理确定检查顺序，充分考虑注意力递减规律。

【链接】教授的第一节课 ❶

有一位商学院的教授，在上课第一天对学生说："要想经商，最要紧的就是要胆大心细！"说完，他将一只手伸进桌面上的一杯尿液中，再把手指放进自己的嘴里，接着又将那杯尿液递给学生。

尿液在学生中传递，不少人捏着鼻子屏住呼吸，没人敢仿效教授。这时有个胆大的学生站出来，忍着呕吐准备把深入尿液的手指塞进嘴里。教授笑嘻嘻地制止了他说："你的胆量足够大了，但心还不细，没注意到我伸到尿液里的是食指，放进嘴里的是中指。"教授回到讲台上望着大家，一字一顿地说："要想心细，不仅要集中自己的注意力，还要想办法吸引别人的注意力，就像我今天这样！"

---

❶ http://www.chinavalue.net/Management/Blog/2008-3-28/51427.aspx。

解堵记

双鱼 001-1 井是一口含硫评价井，于 2017 年 11 月 2 日投入运行。该井产出的天然气经高压节流撬降压、分离后，进入脱硫塔进行干法脱硫，再经过分子筛脱水至出站撬输往金子山计量站。本站共有 8 座脱硫吸附塔，每列 4 座，每座脱硫吸附塔装填 24 吨脱硫吸附剂。装置运行时，2 列装置采用并联设计，每列采用 2 座吸附塔串联、另外 2 座备用，吸附饱和后切换至下一塔，保持 2 座塔串联使用。目前每 4 天切换一次，其中 2 天掏料，1 天装料。

事件相关的脱硫塔为某单位使用过再安装到双鱼 001-1 井的利旧设备。

2018 年 1 月 19 日上午 9 点 10 分，脱硫剂厂家准备清掏 B1 塔脱硫富剂，在作业人员对顶部人孔处喷水完毕之后，湿润脱硫剂剩余的积液仍无法从塔内排除。现场分析认为：由于长时间作业，脱硫塔排污管道转弯变向处及排污阀发生堵塞。

随后，我与几名员工对堵塞管段和阀门进行拆卸，经过 4 个多小时的整改，在清除管道及阀门内的污物后设备功能恢复正常。2018 年 1 月 21 日，B1 塔在设备升压过程中分 3 次进行验漏（30%、60%、100%），管道法兰连接处、阀门法兰连接处均无泄漏，验漏合格。

脱硫富剂在清掏前进行清水湿润，在通过排污阀排除清水时由于注入水量不足，导致排污时流速低，杂质没有排尽便在管道转弯变向处沉降堆积，最后造成堵塞。由于本身塔内充水量不足，部分粉末状脱硫剂在湿润后通过排污阀进行排污时流速不够，在阀门处堆积造成堵塞。最终，我们成功解决了排污管道及排污阀的堵塞问题。

在天然气开采过程中，会遇到各种类型的问题，都应该及时分析、处理，确保生产安全平稳。通过此次事件总结出脱硫塔在清掏完脱硫剂后，应用清水清洗塔底并排污干净，防止类似事件的发生，并通知单位其他干法脱硫的井站，以避免同类问题出现。

◆ 作者：川西北气矿广元采气作业区双鱼001-1井 李司杰

【思考】 安全与生产相互依存，生产必须确保安全，安全促进生产。但在实际工作中，存在着不同程度的重生产轻安全的现象。如何才能避免这种现象的发生？

【点评】 案例中脱硫塔堵塞事件最终在5人花费了4个多小时得以解决，也算万幸。但如果能在设备使用过程中多些关注安全生产，准确确定注水量，就不会造成堵塞，不会耽误工时。在安全生产这件事上，真是疏忽不得。为避免重生产轻安全，一是让安全管理由"软任务"变成"硬指标"。要把安全生产责任制落到实处，就必须对安全指标进行细化、量化，坚持与生产经营工作同布置、同检查、同考核，使安全工作由"软任务"变成真正的"硬指标"。二是强化技术业务培训，努力提高员工素质。员工技术业务素质的高低，关系到安全工作的成败。只有员工技术业务水平提高了，才能真正做到按章作业、正规操作，实现"不伤害自己，不伤害别人，也不被别人伤害"的"三不伤害"目标。

【链接】 金字塔法则（成本法则）[1]

系统设计1分安全性 =10倍制造安全性 =1000倍应用安全性。这意味着，企业在生产前发现一项缺陷并加以弥补，仅需1元钱；如果在生产线上被发现，需要花10元钱的代价来弥补；如果在市场上被消费者发现，则需要花费1000元的代价来弥补。安全要提前做，安全要提前控，就是抓住安全的根本，预防为先，提前行动。在安全生产工作中，要预防为主，把任何问题都消灭在萌芽状态，把任何事故都消灭在隐患之中。

---

[1] 庄克柱.安全生产十大法则[J].安全与健康，2010（23）：21.

我和"黄妈"的安全经

我和"黄妈"初识时,她刚刚聘入西外站上班,那时的她对生产并不熟悉,我也当上班长不久,感到身上的担子很沉重。

我们的工作中,吹扫导压管是一件特别平常的事,记得一个很普通的周一,我带着"黄妈"去设备区吹扫导压管。吹扫的过程中,高压气体使一颗小小的石头飞溅到了当班员工的脸上,留下了一个擦伤。当时,我立刻给她处理了伤口。虽然伤口很小,我却意识到,一个小小的石头也能成为工作中的风险。我们第一时间向上级反应,吹扫导压管需要挡板来挡住地面的碎石,才能保障员工的自身安全。上级高度重视,第一时间配置了挡板,此后,类似的事情再也没有发生过。

特别是去年4月的一个晚上,我正值夜班,听见动静,通过监控发现停车场内一辆长途挂车,在倒车时不慎撞垮了站场围墙。于是我迅速跑到现场,叫住正想要逃跑的司机,正在休息的"黄妈"也闻声立刻赶来。通过我们的耐心解释,最终大车司机意识到了自己的错误,主动联系砖瓦工人,恢复了围墙原貌,为公司挽回了上万元的损失。对此我和"黄妈"认真吸取了经验和教训,与停车场协商,加强围墙区域的照明强度,增加安全提示并建立隔离桩,以杜绝此类事故生。

在我们的努力下,西外配气站先后通过了集团公司QHSE体系审核、西南油气田公司基层站队QHSE标准化建设达标验收,连续安全生产5700天,累计供气7163万立方米。

从最开始陌生,到后来的我一口一个"黄妈"叫着,我和"黄妈"不仅亲近了许多,业务水平也得到了很大提升。我也深刻地体会到细节的重要性,安全无小事。要认真地对待自己的工作,做到从细节出发,时刻警惕,规避风险。继续带头行动，把我们的"家园"——西外配气站建设得更加和谐美好。

◆ 作者：四川川港燃气有限责任公司达州公司西外配气站　王露寒

【思考】安全这两个字看似简单，其实一点也不简单。它从来都不是某一个人的事情，而是所有人的事情。也正是基于此，应该怎样以安全为抓手，团结整个班组，经营好大家的班组？

【点评】不管在日常生活还是工作中，都需要和长辈们好好相处、认真沟通，以更好地完成各种事情。班组的工作很多，安全是其中最为基础、极为关键的一项工作。这一个工作关乎班组的所有人，无一例外。正如马斯洛在其需求理论中提出的一样，人的需求从低到高依次分为生理需求、安全需求、社交需求、尊重需求和自我实现需求五种需求。安全需求，可谓是每一个人的刚需。不管他是初入职场的小鲜肉，还是即将光荣退休的老同志……

一个班组的关系是否融洽，是否重视安全，都和班组长有着千丝万缕的联系。安全，归纳起来也简单，无非就是两点，一是一定要做好操作规程要求的事，二是坚决不做规章制度不允许做的事。"善禁者，先禁其身而后人"，意思是说，善于用禁令治理社会的人，必然先按照禁令要求自身，而后才去要求别人。古有曹操割发代首。对于操作规程要求做的，班组长自己要先做到，亲力亲为、以上率下。如此才能形成上下同频共振的良好班组氛围。对于不允许做的事，班组长要坚决不做，带头不做，无条件地执行，树立一个高标准、严要求的标杆。

【链接】割发代首[1]

曹操的官兵在经过麦田时，都下马用手扶着麦秆，小心地蹚过麦子，这样一个接着一个，相互传递着走过麦地，没一个敢践踏麦子的。老百姓看见了，没有不称颂的。有的望着官军的背影，还跪在地上拜谢呢！

曹操骑马正在走路，忽然，田野里飞起一只鸟儿，惊吓了他的马。他的马一

[1] https://baike.so.com/doc/5429310-5667536.html。

下子蹿入田地，踏坏了一片麦田。

曹操立即叫来随行的官员，要求治自己践踏麦田的罪行。官员说："怎么能给丞相治罪呢？"

曹操说："我亲口说的话都不遵守，还会有谁心甘情愿地遵守呢？一个不守信用的人，怎么能统领成千上万的士兵呢？"随即抽出腰间的佩剑要自刎，众人连忙拦住。

这时，大臣郭嘉走上前说："古书《春秋》上说，法不加于尊。丞相统领大军，重任在身，怎么能自杀呢？"

于是，他就用剑割断自己的头发说："那么，我就割掉头发代替我的头吧。"

曹操又派人传令三军：丞相践踏麦田，本该斩首示众，因为肩负重任，所以割掉头发替罪。

剪头发是件很正常的事，可是，古代人认为：头发是从父母那里继承来的，随便割掉不仅大逆不道，而且还是不孝的表现。曹操作为封建社会的政治家，能够割发代首，严于律己，实属难能可贵。

急躁的阿肥

张峻骞，人长得胖胖的，大家都叫他阿肥。2015年参加工作就分配到和我一个井站，龙岗1井。人很勤快，又有上进心，工作中是个好帮手，但有个小毛病就是做事有些急躁。

工作中，气田水转输操作是一项再日常不过的事了，操作时要等待起泵后压力升至额定压力值，这个过程比较缓慢。按照操作规程，必须要在现场一直监控压力，直到压力正常稳定后才能离开。

一个雷雨天，刚来井站上班的阿肥负责这次转输操作。现场的收水、转水工作十分频繁，反复几次操作一切都很正常。在进行到当天最后一次起泵操作时，阿肥就告诉我说："应该不会有任何问题了吧，今天都启泵好几次了，要不，起了泵就先撤了吧，反正还下着雨呢"。稍许停顿犹豫之后，我便告诉他："还是得在等会，一天都等过来了也不差这几分钟。"我们还是选择冒雨等待、继续监测。然而，等待10分钟后，压力依然没有上涨到额定值，这立刻引起我们的警觉，马上开始排查，并联系上下游，协同配合，最后查明是下游管线出现泄漏。由于发现及时，处置得当，泄漏最终得到有效控制。

事后阿肥过来告诉我："如果当初你没要求坚持现场监测，我可能会选择偷懒，没有耐心等待、认真确认，造成的严重后果可想而知。"

从那以后，阿肥知道了安全是离不开耐心等待的。他经常把这事作为安全经验分享给其他的同事，在工作中也时常进行各类总结和思考。井站工作，很多操作都需要耐心等待。例如：（1）拆卸压力表要等压力放空落零，否则会造成压力伤人；（2）开井调产更需要等待，开得过快过猛容易把水带出来；（3）水套炉点火遇到火焰熄灭时，同样要等待，立刻重新点火可能引发爆炸事故；（4）药剂加注也是一个漫长持续的过程，排量全开，一冲而过将毫无意义。几个月过去后，阿肥做事有了耐心，同时整个班组人员做起事来也都有条不紊。

这对我触动很大，在工作中，浮躁、缺少耐心、侥幸、缺乏责任心，这样的想法或多或少都存在，而这恰恰就是风险事故的源头。一定要学会，停下来、等一等、看一看、多观察下、多留意会儿。因为等待，原本就是安全操作中的一个重要篇章，如果我们能明白这个道理，对于工作便会耐心淡定许多，生产作业就会更加安全可靠、工作推进也才能更加平稳顺利。

◆ 作者：川中油气矿龙岗采油气作业区西线中心井站龙岗1井 杨 帆

【思考】安全无小事。任何涉及安全的操作宁慢勿急。面对班组各色员工，班组长是如何保障安全的呢？

【点评】安全管理是班组工作的首位。任何涉及安全的事项都不是小事。在以往的案例中，我们明白细节小事决定安全隐患的道理，让我们要时刻关注操作细节。这个案例从员工自身角度出发，员工性格与做事态度也会影响生产安全，造成安全隐患。杨班长用现场管理的方式，通过转水工作差点因急躁而酝酿成安全事故的经历，深深教育了员工阿肥。从那以后，阿肥遇事不着急，操作不慌乱，过程不省略，多等等、多看看的做事性格逐渐养成。班组员工做事也耐心起来，整个班组工作有条不紊。因此，面对做事缺乏耐心的员工，应该更多从现场管理入手，让他们多看看，多听听，多反思，有效沟通，让其意识到并及时纠正因急躁而可能产生的错误。

【链接】克罗克的"走动管理"[1]

麦当劳快餐店创始人雷·克罗克，是美国社会最有影响的十大企业家之一。他不喜欢整天坐在办公室里，大部分工作时间都用在"走动管理"上，即到所有分公司、部门，走走、看看、听听、问问。

麦当劳公司曾有一段时间面临严重亏损的危机，克罗克发现其中一个重要原因是公司各职能部门的经理有严重的官僚主义，习惯靠在椅背上指手画脚，把

---

[1] 晓吾.国外知名企业的管理绝活[J].江苏科技信息，1995（06）：21-22。

许多宝贵的时间耗费在抽烟和闲聊上。于是，克罗克想出一个"奇招"，下令将所有经理的椅子靠背锯掉。开始很多人不理解，但不久后大家悟出了他的一番苦心，于是纷纷走出办公室，深入基层进行"走动管理"，以便及时了解情况，到现场去解决问题，最终使公司扭亏为盈，走出困境。

痛得不轻的"包"

张耀文是 2013 年从井站转岗到我们净化厂来的，工作态度好。他体质与常人不同，最怕过夏季，特别是炎热的三伏天。他坚守的 130 万联合净化装置硫黄回收单元，有近二十余台动静设备，都是在 200 多度的平均温度下生产运行，最高还有一千一百多度的主燃烧炉设备。面对这样的工作环境，对于他来说简直就是煎熬。工作性质的决定，他与高温亲密接触是不可避免的事情。

2016 年 7 月的一天中午，当时太阳正毒，我和张耀文在 130 万联合装置硫黄回收单元更换蒸汽疏水阀。带出来的水已经喝完了，工况还继续在进行，汗水流个不停，此时头上的安全帽对于张耀文来说就像个累赘，包裹着闷热。

"班长，我把帽子取了哦，真的太热啦，受不了啦"！张耀文喘着大气地说着。

"坚持一下，生产区域到处都是工艺管线，安全帽是我们的护身符，平时看不出来，关键时候你就知道了！"我果断拒绝了他的要求。

当我从库房拿着待换的疏水阀再到现场时，看见张耀文咬牙切齿，一手捂头，显得十分痛苦。我快速上前查看情况，好在是虚惊一场。原来，我走开之后，他便取下了安全帽，短暂的凉爽麻痹了他的感官，一个起身，头就碰到了上方的管线。虽没见红，看样子也是痛的不轻。

在我的要求下，张耀文在第二天班前会上把这件事情以安全经验的形式向全班作了分享。大家听着他的字字句句，看着他头上的包，都忍俊不禁。正当大家窃喜的同时，我站起身来，指着悬挂在墙上的班组安全理念说："事故来源侥幸，安全在于勤警，现在大家对这句话还有没有任何异议。"

当时没有人出声，但是在往后的工作中，我看见的却是无论什么时候，什么天气，在规定的工作区域内，安全帽时刻都在班组每位员工的头上规范地戴着。

在班组的管理中，将空洞的理念与日常的实例有机结合，往往能在员工管理上得到更好的效果，也能让员工本身更为深刻理解个中含义。

◆ 作者：川中油气矿磨溪天然气净化厂净化工段净化操作四班 蒲怀强

【思考】很多班组员工都已经具备必要的安全意识，但是其安全行为习惯依然存在一些问题。如何培养员工安全的行为习惯？

【点评】当前，班组生产的安全隐患往往与员工一些不经意的行为习惯密切相关。安全意识影响安全行为，只有把安全意识养成一种安全行为习惯，"被动安全"才能转化为"主动安全"。案例中提到因为闷热难受脱下安全帽，导致人身安全事故的时有发生。安全行为习惯培养应该在安全意识逐渐具备的情况下，引起班组长们的重视。至今，依然有很多班组出现事小而不为的情况。不少员工认为就那么一小会儿没有安全措施，不会出什么大事的侥幸心理依旧存在。正如墨菲定律描述的那样，只有人人都发自潜意识下的安全行为养成，班组的安全生产才能恒久稳固。而要养成这种潜意识的行为习惯，就必须要反复地提醒与演练，持续地警醒与纠错才能形成潜意识的记忆。

一般来说，安全行为习惯塑造的主要方法包括：

（1）规范约束。让员工知道奖惩制度等，形成行为约束，引导员工关注安全行为，建立正确的安全认知。

（2）榜样示范。通过观察模仿榜样在一定情境下的行为及其结果（如奖励或惩罚），能够习得类似行为。

（3）行为训练。习惯是长期积累和强化的结果，故可以通过长期、反复的行为训练，形成操作性条件反射。

（4）氛围熏陶。利用从众心理、群体压力等，使员工具有与其他成员相同或相近的安全行为和倾向。

（5）自我体会。让员工认识和感受到安全行为的益处和不安全行为的危害性，从而自主进行安全行为塑造。

实施中，上面的方法需要在员工安全行为习惯塑造的全过程中综合使用，并在不同阶段中承担不同教育任务，实现不同教育目标。

【链接】墨菲定律[1]

墨菲定律一般被表述为："如果事情有变坏的可能，不管这种可能性有多小，它总会发生。"墨菲定律并不是一条严谨的科学定律，它和"蝴蝶效应"一样，是根据经验总结出来的一般性规律。然而这条定律在生活和工作中却总会得到应验，很多时候，越是担心会发生的事情，它就越是会发生。

墨菲定律自问世后，其概念被广泛运用于安全管理领域。安全管理的目标是杜绝事故的发生，而事故是一种不经常发生和不希望有的意外事件，这些意外事件发生的概率一般比较小，所以往往被人们忽视，产生麻痹大意思想，而这恰恰就是事故发生的重要原因。比如，一位员工在100次操作工作中99次都正确佩戴了防护器具，没有出现任何意外情况，于是心存侥幸，偶尔1次没有佩戴防护器具，危险却偏偏在此时发生了。这样的事例在许多安全事故案例中频频出现，因此，我们应提高警惕，防微杜渐，谨守安全规程，把事故发生的苗头消灭在萌芽状态。

墨菲定律看似很悲观，其实是一种警示，提醒我们对"有可能变坏的事情"采取必要的预防措施。如果放任危险因素不管，"变坏"几乎是一种必然。其实，还有一种"积极的墨菲定律"——如果你希望一件事情变好，并付诸努力，也会梦想成真。"积极的墨菲定律"可以这样来理解：如果对有可能变坏的事情未雨绸缪，对事故隐患严防死守，它就有可能朝着好的方向发展。安全管理中辨析危险源工作就是一种防患于未然的、积极有效的管理方式，通过查找生产管理现场"有可能变坏"的安全隐患，进行有效的风险防控和整改，就可以降低或阻止安全事故的发生。

谚语有云：麻绳易从细处断。无论是再细小的生产环节，或者是微不足道的偶然因素，都不能疏忽大意，应时时警惕生产管理中"墨菲定律"应验成真。

---

[1] http://weighment.com/newsletter/year2016/m12/2786.asp。

"多管闲事"的班长

对于每一个奋战在一线的班组员工，特别是身处易燃易爆、高温高压危险场所的员工而言，任何细小的失误都可能导致不可预料的后果。

某天夜晚，我和班员小李正按照规定线路仔细巡检，装置一切正常。走到一个小山坡时，前方路灯突然不停闪动起来，电线杆底部冒出丝丝白烟，周围枯草凄凄，毫无生气。

"小李，你看，那团草怎么枯死了？"我拉着小李凑近了细看，却始终找不出原因。

小李却不以为然："班长，这荒郊野外的，一团草你也要管，是不是管得太多了啊？"说完，他不耐烦地拉着我，径直往值班室走去。常说安全无小事，一件安全事故的发生，往往都是些不起眼的隐患和思想上麻痹大意造成的，为了确保安全，就应该"管得宽一点""想得多一点"。把专业的事情交给专业的人来做，于是，我们赶紧回到值班室联系了配电室的专业电力人员，一起返回现场，对草坪有异样的电线杆仔细研究起来。

看着冒出的丝丝白烟，我们百思不得其解。最后，大家一致决定挖开电线杆底部草坪，一探究竟。

等草坪挖开，找到路灯相应的埋地管线时，发现底部电线转折处竟然已出现明显腐烂和老化。经过专业人员分析，确定是管线埋地时施工失误，线路保护套质量不过关，导致电线短路、线路受损。

我们都暗自庆幸发现及时，此处线路的破损短路问题还未对整个照明系统和装置电路造成影响。装置区管道众多、电路遍布，如果照明系统在装置启停或紧急事件时发生故障，不仅会影响装置的正常抢险，严重时还可能导致人员伤亡。故障线路的及时整改，为装置解决了一大安全隐患。

"班长，没想到你的'多管闲事'还起了大作用，我们日常工作还真是不能放过任何细节啊！"事情处理完，小李由衷地感叹道。

后来，小李在班组分享了"草坪事件"，再次对大家敲响了安全警钟。从那以后，班员们都对工作中的小事更加重视，不放过任何细节。在4年时间里，班组累计发现和解决一般安全隐患二十余起、重大安全隐患一起，获得厂级嘉奖三次、油气矿嘉奖一次，为班组的安全管理和装置的安全生产奠定了坚实的基础。

◆ 作者：川中油气矿轻烃厂广安轻烃站操作一班 杨育霖

【思考】众所周知，安全无小事。在持续的简单机械化工作中，很容易让人产生懈怠，忽视身边危险，时刻激发员工的安全意识，应该注重哪些工作细节呢？

【点评】随着工作的流程化，员工长时间重复简单的操作，难免会产生疲劳和懈怠，忽视原本该有的工作细节或者突发细节的变化，对危险的麻木最终导致安全事故的发生。正如案例中提及的那样，细节决定成败。班组长不仅要做好表率，更要时刻提醒员工应该注意的工作细节，以提前发现和预防安全事故发生。那么，作为员工该注意哪些安全细节呢？第一，用水、用电安全，如水电混合、短路隐患、布线高度、长度、湿度等；第二，机械运转安全，如机械过热、突发停止等；第三，施工人员人身安全，如安全帽是否正确穿戴、安全绳是否系牢、脚手架连接件是否稳固等；第四，现场突发异常警示现场，如信息仪表显示异常、刺激性气味、异常响声等；第五，非正常产出结果或细微数据异常；第六，操作现场零件缺失或新增设备可能潜藏的安全隐患。上述六个方面的安全细节如果在生产中引起足够重视，将会避免很多安全事故的发生。

【链接】马掌与国家[1]

1485年，英国国王理查三世与亨利伯爵在波斯沃斯展开决战。此役将决定英国王位新的得主。战前，马夫为国王备马掌钉。铁匠处恰好铁片已用尽，本欲

---

[1] http://www.t823.com/b1b54902/。

去寻得铁掌。马夫却不耐烦地催促道:"国王要打头阵,等不及了!"铁匠只好将一根铁条截为四份加工成马掌。当钉完第三个马掌时,铁匠又发现钉子不够了。请求去找钉子。马夫道:"上帝,我已经听见军号了,我等不及了。"铁匠说:"缺少一根钉,也会不牢固的。""那就将就吧,不然,国王会降罪于我的。"结果,国王战马的第四个马掌就少了颗钉子。战斗开始,国王率军冲锋陷阵。战斗中,意外的不幸发生了,他的坐骑因突然掉了一只马掌而"马失前蹄",国王栽倒在地,惊恐的战马脱缰而去。国王的不幸使士兵士气大衰,纷纷调头逃窜,溃不成军。伯爵的军队围住了国王。绝望中,国王挥剑长叹:"上帝,我的国家就毁在了这匹马上!"战后,民间传出一首歌谣:少了一枚铁钉,掉了一只马掌。掉了一只马掌,失去一匹战马。失去一匹战马,败了一场战役。败了一场战役,毁了一个王朝。

钟师傅的感慨

在日常工作中，一名合格的输气工应该具有识别风险、控制风险的能力，能够及时发现并消除可能导致事故发生的各种隐患。

站里的钟师傅刚从公共管理事务中心分流过来，做事勤快认真，也很好学，爱钻"牛角尖"。记得 2018 年 3 月 6 日，钟师傅一大早就带着上白班的人员对设备进行清洗，洗到一半的时候，在总计量附近闻到一股天然气的味道。于是，钟师傅立即对总计量 1、总计量 2 以及两条计量管线的上游阀门、下游阀门、高孔阀进行全面验漏检查。可忙乎了一大阵，满脸冒汗的他也没能找出漏点。

由于出现天然气味道的地点紧挨着加臭装置，其他人觉得也没发现漏点都说："别是搞错了，可能是加臭剂的味道吧。"钟师傅却不这样想，他皱起眉，沉着一张脸，端起验漏液继续扩大验漏范围，来来回回，一圈又一圈在站场跑，但最终还是没有找出漏点。他纳闷了：明明闻见天然气的异味，怎么却找不到漏点呢？

随后，钟师傅跑回值班室，向我求助。他告诉我：总计量区、生活线和生产线的高孔阀等全部阀门以及活动部位（包括放空阀、引压管、排污阀、平板闸阀的丝杆处等）都检查了。既然已是近拉网式排查，唯一的疏漏，可能是平板闸阀的注脂嘴。钟师傅听我这么一说，若有所思，却又摇头，说注脂嘴里有密封脂，再说那闸阀又没有启用，肯定不会漏气。我提醒道："上周五对站场设备进行了注脂嘴注脂，或许有注脂嘴注脂遗漏。"听我这么一说，他恍然大悟。

于是，我们一起来到站场，对注脂嘴逐一进行检查。终于发现，是总计 2 下游阀的注脂嘴因遗漏注脂而漏气。漏点终于被找了出来。钟师傅长吁了一口气，十分感慨："以前只以为阀门密封圈处才会漏气，谁知密封点的注脂嘴也会漏气啊。"他抬起脏污的红工衣袖子，胡乱地擦拭着额上的汗水，几分欣喜。他说这一折腾，还长知识了，萌生了要学习阀门结构原理的心思，反复说以后要提高工作责任心，坚决避免类似的安全隐患出现。如果今天没有找出漏点，万一有人在工艺区弄出火花，后果将不堪设想。

事后控制不如事中控制，事中控制不如事前控制。1元事前预防＝5元事后投资，这是安全经济学的基本规律，也是指导安全经济活动的重要基础。任何安全隐患都不应该忽视。安全是一种责任，安全是一种态度。安全就是工作和生活的幸福之源！

◆ 作者：四川华油集团有限责任公司重庆凯源北新分公司北新配气站　王　岚

【思考】总有一种检查叫作"走后就发生安全事故"，总有一种安全事故发生在"安全检查刚刚结束之后"。而班组有了钟师傅就不会有这种问题发生。大家应该向钟师傅学习什么呢？

【点评】在工作中，特别是在安全管理工作中，安全检查发现不了安全隐患是员工的经验不足或者是能力不够；但如果发现了安全隐患，却没有进一步深究安全隐患来自哪里，没有找到源头，就不了了之，则是工作态度问题了。

故事中的主人公钟师傅在清洗设备过程中，闻到了一股天然气的味道，立刻对作业点周围的阀门等设备进行检查，没发现有泄漏点。在其他同事指出可能是紧挨着的加臭装置中加臭剂的味道时，钟师傅能够坚持自己的判断，继续扩大搜索范围；在扩大范围搜索还是没有找到泄漏点的情况下，钟师傅没放弃，而是回到值班室请教他人，最终找到了泄漏点，成功地消除了一个潜在的安全隐患。

钟师傅在工作中能够做到细心、耐心、留心，不放过任何一个细节，不放过任何一个潜在的安全隐患。安全管理工作中，需要更多的这样的钟师傅，发现问题便紧盯着不放，直到查清楚源头，并彻底解决问题。这才是生产现场应该有的态度！天下大事必作于细，安全管理只有狠抓、细抓才能落到实处。班组长作为班组安全管理的第一责任人，对能够发现问题、反馈问题并解决问题的人，要大力宣传，鼓励其他班组成员多向其学习，打造更多这样的钟师傅。正所谓，认真做事只能把事情做完，用心做事才能把事情做好。少一些浮躁、多一些思考，少一些盲干、多一些巧干，才能细心谋事、恒心成事。

【链接】政如农工，日夜思之，思其始而成其终[1]

"政如农工，日夜思之，思其始而成其终。朝夕而行之。行无越思，如农之有畔。其过鲜矣。"这是春秋时期政治家子产在郑国为卿时说过的话。大意是，从政要像农民种地一样上心，播种过后，雨雪风旱，日夜操心。一开始思虑周全，最后才能成功。凡事从早到晚去办理，细想然后再做，跟农事有次序一样。这样才会少有过失。无论是农工，还是政事，还是企业的安全工作，"思"都是成就事业的一个重要环节，多思善思，不断总结，才能掌握生产的规律，取得事半功倍之效。

[1] http://www.360doc.com/content/16/1103/11/5421489_603601664.shtml。

练就好本领，擒得"水中虎"

台上一分钟，台下十年功。唯有不断积累和学习，才能提高自身素质，在突发事件发生时才能打有准备的仗。"平时如战时"，方能"战时如平时"。2012年我站发生的一件突发事件就更加说明了平时不断积累、学习的重要性。

当时正值全国酒博会在我站所在的酒业园区召开。酒博会面向国际，筹划已久，是泸州市的重要招商活动。虽然当年酒博会的规模远没有现在这么大，但仍有一万多人参加开幕式。为了配合酒博会的开展，我站在会前走访排查了所有的管线及用户，制定了安全供气方案和预案，并进行了应急演练。

让人万万没有想到的是，开幕式开始不到一个小时，供气压力突然大降，从原来的0.7兆帕降至0.2兆帕，所有的用户用气告急，此时正值用气高峰，园区管委会领导急忙向我站反映，园内食堂无法正常使用，参加酒博会的一万多人将无法按时用餐。

我站紧急与上游井站联系，得知其他的压力和气量都没问题，但到达我站时连一半的压力和气量都没有了，他们不敢再提高压力和增大气量。我站立即启动了酒博会期间的应急预案，大家按照应急预案分头行动，有人立即调整用户的用气情况并向公司汇报；有人通知不能停气的窑炉企业只供应保温气量；有人对能停气的企业发出了紧急停气通知，停止供气，来确保食堂用气的正常使用，保证酒博会的正常进行；有人立即对供气管线和所有的供气流程、设备以及上游的出站设备进行了检查，但是都没有发现管线泄漏和设备故障。

经过反复考虑，我们判断由于该管线没有通球装置，又运行了几年，最大的可能就是进气管线被水堵塞。于是我们立即对供气管线进行放空排水，果然排出了大量的水。随后供气恢复了正常，没有造成恐慌，也没有造成大的社会影响，酒博会也得以顺利进行。

通过这件事，我站所有人员都深刻地意识到场站管理不仅仅是单纯的场站内部管理，还要有对工作一丝不苟的态度、过硬的专业技能和默契的团队意识，才能把突发事件造成的损失降至最低，影响降到最小，确保供气安全。

每月一次的应急演练和我站实行的"人人当老师、每人讲一课"的学习方式成为提高我们整体业务技能、团队默契配合的好办法。只有不断积累和学习，才能提高自身素质，在突发事件发生时才能打有准备的仗。唯有"平时如战时"般踏实严谨地工作，方能在突发事件面前发挥"战时如平时"般稳定的操作。只有我们自身的业务技能增强了，应急能力提高了，才能在面对突发事件时应对自如，为用户提供安全的供气服务。

◆ 作者：四川华油集团有限责任公司泸州川油公司酒业园区配气站 万琴

【思考】台上一分钟，台下十年功。瞬间的美，需要长久的付出。HSE管理工作何尝不是如此。那么如何练就真功夫、硬本事？

【点评】笔者之前曾有过这样的一段体验：沿着消防疏散通道，从37楼走到1楼，走完之后，腿都软了。我们设想一样，如果是在"战时"，一栋高层写字楼着火，而你所在的公司刚好就在这栋楼上，有人会习惯性地去坐电梯，结果发现电梯停了，整栋楼各楼层的人都涌向消防疏散通道，会造成什么后果？结果可想而知。

我们平时挂在嘴边的应急演练，是"演"和"练"的结合。"演"，我们可以做到按照相关法律法规的规定，做得到，每隔有段时间就"演"一次；但"练"呢，恐怕就难了。突发事件发生后，如果没有快速发现问题所在的硬功夫，班组连续的生产运营恐怕真的要歇菜了。

场站，是为了给用户提供持续、稳定、符合压力要求的供气。突发事件发生时，在现场的是一线班组，最了解情况的也是一线班组，如果在班组层面发现不了问题，或者是解决不了问题，而是被迫层层汇报，只会错过最佳的处置时机，酿成更大的事故，导致更严重的后果。唯有过硬的专业技能和默契的团队意识，才能把突发事件造成的损失降至最低，影响降到最小，确保供气安全。

【链接】桑枣奇迹[1]

在汶川大地震中,震区不少学校教学楼瞬间坍塌,夺走许多鲜活如花的生命,而与灾情最惨烈的北川县毗邻的安县桑枣中学,2000多名师生在地震中却无一伤亡,被世人誉为"桑枣奇迹"。

这一奇迹源于全体师生强烈的自我保护意识和科学的逃生方法。

学校平时每周都有演习,但学生们具体不知道是哪一天。等到特定的一天,课间或者学生休息时,学校会突然用高音喇叭喊:全校紧急疏散!每个班的疏散路线都是固定的,学校早已规划好。两个班疏散时合用一个楼梯,每班必须排成单行。每个班级疏散到操场上的位置也是固定的,每次各班级都站在自己的地方,不会错。教室里面一般是9列8行,前4行从前门撤离,后4行从后门撤离,每列走哪条通道,学生们早已被事先教育好。学生们事先还被告知的有,在2楼、3楼教室里的学生要跑得快些,以免堵塞逃生通道;在4楼、5楼的学生要跑得慢些,否则会在楼道中造成人流积压。

由于平时的多次演习,地震发生时,全校2000多名学生、上百名老师,从不同的教学楼和不同的教室中,全部冲到操场,以班级为组织站好,用时1分38秒!

---

[1] 陈宇鸣.创造汶川地震零伤亡的"最牛"中学[J].中国应急救援,2008(4):38-39。
朱玉,万一,刘红灿.一个灾区农村中学校长的避险意识[EB/OL](2008-05-24)[2020-10-20]https://china.huanqiu.com/article/9CaKrnJkvdu。

习惯性违章的"纠偏"记

"十次工伤，九次违章"，这句安全警言告诉我们，违章指挥、违规作业、违反劳动纪律是造成事故最直接、最主要的原因。从事故统计分析来看，80%以上的事故是由于违章而引起的，而且大部分都与习惯性违章有关。

某加气站有26名工龄时长不等的操服员工，多次检查均发现，他们在操作过程中存在一个相同的违章行为——为车辆充装前，习惯性地先插加气枪再对车辆进行检查。这与实际操作规程是不相符的。经了解，这些员工在安全监督在场的现场操作考试中，都能按操作规程严格执行；但日常工作时，总存在"先插枪后检查车辆"的习惯性违章行为。对这一习惯性违章行为的纠正成了班组安全管理的头等大事。

为解决这一难题，我决定深入了解、找出问题的根源所在。经过长时间的观察和沟通，我找准了问题根源——员工们认为充装前检查的步骤中先插枪和后插枪实际上不存在安全隐患。为了纠正这个错误认识，我现场组织全体员工开展了一次充装车辆钢瓶严重泄漏安全应急演练。通过实战演练，员工发现一旦发生危险，先插枪比检查完再插枪，在应急处理上就慢了一步，而慢一步就多一分危险。经过演练的总结分析，员工们都认识到习惯性违章的危害，普遍都能克服不良行为习惯，严格按照操作规程操作。

但是，还是有小部分员工偷懒，不愿意多走路。因为，先插枪和后插枪检查车辆，走的步数不一样。知道他们这样的想法后，我又组织大家按操作规程操作和违章操作实地进行模拟操作，测算两者实际步数差别有多大。经过全体员工参与测算，得出的结论是后插枪比先插枪多走4步。既然差距不大，为什么不按规程操作呢？实际验证后这小部分员工也改变了他们的错误思想和违章行为。

通过现场演练及数据分析，员工都能理解并愿意改变不良习惯。为了巩固他们养成良好的操作习惯，我又提出了每季度评选服务明星，评选标准其中之一就是规范操作，违反规范操作就扣分，评选结果与奖金挂钩。接下来的日子里，在激励制度的鞭策下，所有员工都改正了习惯性违章行为，并且提高了服务质量，深受客户的好评。

◆ 作者：燃气分公司新津营销部雅安 CNG 加气站 杨志海

【思考】习惯性违章，危害很大，主要原因是行为人的安全意识不足，存在侥幸心理，错误地认为习惯性违章不算违章。那么，如何设法彻底杜绝习惯性违章呢？

【点评】习惯性违章成为共性问题并不是一朝一夕形成的，平时就应该从严管理、从严要求。

班组长管理方法要得当，发现违章行为，要多与员工交流沟通，了解他们怎么想？为什么这么做？只有换位思考，关心员工，带头实践分析解决问题，方能服众。

对于习惯性违章行为来说，严是爱，松是害。可如何从严管理、从严要求，这是一个问题。如果简单粗暴地一味靠罚款来纠正习惯性违章，不但不起作用，还可能适得其反。先插加气枪再检查车辆，为什么不可以，为什么不安全？案例中的班组长不是简单地罚款，也不是培训培训再培训，而是用安全应急演练的方式，让大伙真真实实地看到先插加气枪再检查车辆，在发生突发事件时，进行应急处置时确实慢了一步，慢了一步就多了一分危险。通过安全应急演练，班组员工亲眼看到了违章操作带来的潜在危害，态度转变了，改变行为也就是水到渠成的事。

员工不愿意多走路，想省事。作为班组长，不是简单粗暴地批评教育，而是让员工全参与进来，实打实地测量到底多走了几步路。测量结果一出来，大家也就都明白了，杜绝习惯性违章也就顺理成章了。

【链接】终身受益的好习惯 [1]

1978年，75位诺贝尔奖获得者在巴黎聚会。有人问其中一位获奖者："你在哪所大学、哪所实验室里学到了你认为最重要的东西呢？"出人意料，这位白发苍苍的学者回答说："是在幼儿园。"他人又问："在幼儿园里学到了什么呢？"学者说："把自己的东西分一半给小伙伴们；不是自己的东西不要拿；东西要放整齐，饭前要洗手，午饭后要休息；做了错事要表示歉意；学习要多思考，要仔细观察大自然。"这位学者的回答，代表了与会科学家的普遍看法。他们认为终生所学到的最主要的东西，是幼儿园老师给他们培养的良好习惯。

---

[1] 杨学良.培养良好习惯是素质教育的归宿[J].辽宁教育，1998（Z1）：31-33。

一块黄油的安全启发

刚参加工作的时候,在钻井队当钻工,平时操作的都是几百斤的大吊钳,周围的同事也都是一群充满工作热情的糙汉子,很多时候大家干活都比较粗放,比如:不太注意劳保用品的穿戴,被班长骂了就穿好点,班长没看见就无所谓。尽管那时候也有很多工作制度,但是安全制度确实没有现在完善,也没有"十条禁令"。

老员工靠经验干活,新员工处处学老员工。结果有一次在保养井架的时候,一块混着铁锈的老黄油从天车台掉到了钻井平台上,就是这一点略有干硬的黄油正好砸在了平台上一个没有戴安全帽的员工头上,直接把脸打出了血。如果当时掉下来的是颗螺钉,当事人一定非死即重伤。

班长就此事召开了紧急会议,对未穿戴劳保上岗的问题进行了严厉的批评。

虽然我现在换了岗位,但对这件事还是印象很深刻,现在哪怕就是去生产区只待几分钟,劳保也必须认真穿戴整齐,再不敢拿生命开玩笑了。

◆ 作者:燃气分公司夹江营销部杨场中心站 胥 亮

【思考】安全帽只是劳动防护用品的其中一种,较为常见,佩戴起来也很简单,现场演示一遍或者简单培训一下即可。然而现场与未佩戴安全帽相关的事故(事件)还是时有发生,应该如何避免呢?

【点评】心理学上有一个名词叫作"负面偏好",意思是指人们会更多地注意负面信息和事件。心理学家一再发现,人类的心理对坏事的反应要比对好事的反应更快、更强烈、更持久。人类的心理就是会主动去搜寻并回应威胁、侵犯及挫败。在感到生命健康受到威胁的时候，抱着宁杀错不放过的心态来处理收到的各种信息，是人类的天性，这一特征也广泛存在于动物界。

照此推理，一旦了解到身边存在不安全因素，脑袋可能会被高空坠物砸到或者是被飞来的物体击中，尽管这事不一定100%地发生，我们也会乖乖地佩戴安全帽以防万一。但总是有一些人就是不愿意按照要求佩戴安全帽，或者是不正确地佩戴……

笔者认为原因有二：一是，大脑经过理性的分析之后，发现不戴安全帽发生事故的概率也并没有想象的那么高（这是认知局限造成的，大脑的统计数据并不全面），据此会认为小概率事件不一定会发生自己身上；二是，戴上安全帽，不舒服、燥热、缺乏美感等。针对上述原因，建议采取措施：(1) 适当采用体验式培训，让学员真真切切体验、感受到佩戴与不佩戴的区别，定期强化体验感受；(2) 加强案例分享，通过分享身边发生的真实的案例，让员工直观地感受到不佩戴安全帽可能对自身及家人带来的伤害。

【链接】适应原则

1759年，早在世人知道有基因这种东西之前，亚当·斯密便得出了这样的结论：在恒常状况下，即不预期会出现变化的情况下，每个人的心理迟早都会恢复平常的自然平静状态。不管是碰到顺境或逆境，一段时间后，心理最终都会恢复平常的平静。

不戴安全帽或不正确佩戴安全帽，久而久之便会习惯成自然，坏习惯一旦养成，难免会出现问题，常在河边走一定会湿鞋。反观之，戴安全帽也并非特别麻烦，戴久了，也就习惯了，心里也不会再反感。戴好安全帽，面对各种安全检查、安全监督不用再躲躲闪闪了；戴好安全帽，安全有了保障，心里踏实，工作起来更能够全身心投入，效率会更高。

堵

我刚担任班组长的第一个月,做事总显得畏手畏脚,面对很多事情总感觉无从下手,无形的压力和责任却也给了我前进的动力。时值春节,天气也是几年不遇的寒冷,用户用气量逐渐增大,这个时候,站里的工作最为繁忙。我们站是三类站,巡检周期按要求是4小时/次,寒冷的天气,气温逼近零下,调压阀面临着冰堵的风险。

班务会上,我给员工强调了低温天气下调压阀冰堵的安全隐患,天气不好的状况,不能只按照常规进行巡检,应当加大巡检次数,时刻关注用户出站压力。"好好的设备怎么会出问题嘛?"一个员工不屑地怼了回来。毕竟我刚刚参加工作不久,又是第一次担任班组长,说话自然少一些威信。

一天凌晨,睡梦中的我被值班的师姐叫醒:"出站压力低压报警,我已咨询了用户,他们没有动操作。"我穿戴好劳保用品,到工艺区一看,调压阀指挥器上已经结了一层薄冰。肯定是冰堵了,我们立刻叫醒另一位师傅,并启动解决冰堵应急预案。师姐去厨房烧热水,另一位师傅去值班室告知用户情况并做好应急准备。热水慢慢地浇淋着调压阀指挥器。几壶下来,值班室的出站压力也慢慢恢复了正常。"原来这设备果然会出问题啊,还好提前做好了应急预案,不然后果不堪设想。"之前不服气的员工此刻心悦诚服地对我说。"如果发现不及时,会造成什么后果你知道了吧。所以要加密巡检频次,做到防患于未然。"我也趁机再强调了巡检的重要性。

◆ 作者:输气管理处自贡输气作业区王家桥站 张闰新

【思考】巡检是班组日常安全检查的形式之一,如何在日常的巡检工作中,提高工作人员的责任心,使安全管理无死角、盲区?

【点评】为了保证安全巡检质量,事先应制定巡检计划,明确巡检时间、地点和行进路线,检查内容要包括人、机、料、法、环等五个方面。案例中作者在发现问题后,及时启动应急预案,有效地解决了问题,防止了危险的发生。

班组是承接企业生产经营指标的基本单元,是企业各项工作的基础和落脚点。因此,班组安全管理作为企业管理中的重要环节之一,是影响企业健康持续发展的关键,也是影响企业战略目标实现的根基。创建安全型班组是打造安全型企业的积极探索和有效尝试。

【链接】安全型班组[1]

安全是企业的生命线,是企业永恒的主题。班组安全是企业安全的前沿阵地,安全工作的每一项措施、每一个要求、每一项任务只有百分之百的落实到班组,企业安全才有保障。班组全员、全方位、全过程的安全管理模式。

(1)掌握安全型班组建设的核心要素。

(2)掌握培养班员安全意识和素养的实用方法。

(3)形成安全教育、学习的日常化机制。

(4)建立起全员、全方位、全过程的班组安全管理体系。

(5)健全班组安全制度建设。

(6)建立起安全透明化管理体系。

---

[1] https://wiki.mbalib.com/wiki/班组安全。

给农民工们"洗洗脑"

付出一万的努力，防止万一的发生。安全是生产作业的前提和保障。在我们身边曾经发生过施工作业人员置安全要求不顾，屡次违反规定，就连被属地监督人员叫停了也觉得无所谓的事件。

怎么会出现这种情况？通过到现场了解，与班组员工一起分析此次事件发生的原因：原来此次施工作业人员大多是当地临时召集的农民工，他们的工资收入是按天结算，停工对他们没有收入影响；根本原因是农民工们安全意识淡薄，不清楚违反安全管理规定将会造成事故，会给个人和家人带来严重后果。

面对摆在眼前的这道难题，我决定和员工们一起帮助农民工们"洗洗脑"，提升他们的安全意识，让他们自觉地遵守并执行相关规章制度。按照班组员工一致讨论结果，决定在井站对农民工们开展一次安全经验分享培训，让他们深刻地感受一下发生事故的严重后果。

停工期间，我将农民工们请到了井站学习室，宣传了地方及企业安全管理的相关要求及处罚条例，并逐条进行了耐心解释，让他们对安全管理有了进一步的认识，随后播放了几段近期因危险作业不遵守安全规定引发事故并酿成严重后果的视频。一幅幅血淋淋的图片，一个个鲜活而悲痛的教训让农民工们面色凝重。

农民工们深深感受到：如果这些场景发生在自己身边，会给自己造成多大的痛苦，又会给父母、妻儿造成多大的伤害呀！遵守安全规章制度，是每个劳动者应尽的职责和义务，这也是对自己负责。

农民工们纷纷表示："是我们错了，再也不会违反安全管理制度。王站长，制度怎么要求我们就怎么做。"

开工了，一切顺利！

后续每一天的施工作业，农民工们都认真遵守安全管理规定，直到工程结束。

通过这件事情，我深深感悟到安全经验分享的重要性，通过借鉴他人的事故，引以为戒，避免同样的事故在自己身边发生。

◆ 作者：蜀南气矿泸州采气作业区阳 7 井中心站　王　军

【思考】无知者无畏。企业承包商施工作业多、占比大，作业人员多是当地临时召集的农民工，安全管理风险很大。那么，承包商施工作业人员的安全管理工作怎么开展呢？

【点评】近几年中国石油发生的安全生产事故中，承包商事故占了很大一部分，管理好承包商施工作业人员，对于提升中国石油的安全管理水平意义重大。正如本案例中的情形，"施工作业人员大多是当地临时召集的农民工……农民工们安全意识淡薄，不清楚违反安全管理规定将会造成事故，会给个人和家人带来伤害的严重后果。"

曾有人讲过，世界上有两件事最难，其中一件便是把自己的思想装进别人的脑袋里。作为班组长，作为属地的基层管理者，要把自己对安全管理工作的重视程度、经验做法装进施工作业人员的脑袋里面，让他们真正把安全重视起来，亦是很有挑战。

在该案例中的班组长，不是仅仅停留在讲道理的层面（没人喜欢听大道理，施工作业人员更是如此），而是通过安全经验分享，借助于发生在身边的活生生的安全事故、血淋淋的教训，让施工作业人员切切实实感受到事故的危害性，感受到不重视安全可能会给自己和家人带来的严重后果。没有人是真正不重视安全，不怕死的。因为自己的安全并不仅仅是个人的安全，它还会影响到家人、亲戚、朋友，这些都是我们最亲的人。人并没有九条命，生命仅此一次，没有试错的机会与本钱。可以做的唯有借鉴他人的事故，引以为戒，避免同样的事故发生在自己身边，安全经验分享便是首选。

【链接】榜样的力量

这是一个真实的交通事故案例。有一位父亲拉着六七岁的孩子闯红灯，在飞驰而过的车辆间隙里穿行，不免让人觉得提心吊胆。可那位父亲和孩子似乎丝毫不惧，结果下一秒，他们快要冲过马路的时候，一辆正常右拐行进的车开了过来，几乎在就要撞上的时候，司机在他们跟前紧急刹住了车。父亲闪得快没事，可孩子仍然被碰到了，直接倒地。

  本是自己闯红灯的过错，而那位父亲却是大声责难开车的司机。作为家长，在孩子面前遵守交规，既是为了自己及他人的生命财产安全，也是为下一代做好榜样。

  案例中的孩子长大之后，会不会也是这样闯红灯，会不会也是这样不守规矩？做正确的事，做好榜样，为了自己，也为了他人。

紧急！施工作业重型车压管线了

生命是一叶在岁月长河中行驶的小舟，是一片在茫茫大海中远航的孤帆，而安全就是把握生命的轮盘，就是指引生命的灯塔。班组安全管理，重于泰山。

威202-1中心站占地面积大，管线普遍是管径为711毫米和508毫米的大管线，站外生产单井多，管线错综复杂，如有不慎就会发生泄漏、火灾、爆炸事故。因此，对于安全检查工作，站里丝毫不敢怠慢，每日巡管必不可少，而且还要上传相应的照片和动态口令。在这样日复一日、年复一年的巡管中，保证属地管线平稳的运行。

2018年12月18日，我接到自201-2集气站负责人李彬电话，说巡管时发现有施工作业的重型车跨压了自201-2集气站到自201-1集气站的高压管线。我立即安排李彬到现场阻止施工作业，并立即驱车前往。到达现场后，发现许多重型车排在道路中间，要在管线上方平整一条进57平台的公路。我查看了周围的地形，发现根本无法绕开管线，只能修筑涵洞才能在保证修路的同时又保护管道安全。

我立即向作业区管道工程师汇报，并上传现场照片，得到了同意通过修筑涵洞进行保护的回复意见。我找到施工方负责人并向他宣传了《管道保护法》、管道保护知识及其可能造成的严重后果，传达了作业区的处理办法。对方非常配合，立即停工并联系预制板和条石，我方也对管线5米范围进行警戒，告知施工方如果开挖必须通知我方，并且只能人工作业。下午作业区拉来了临时监视器，对管道隐患处进行24小时实时监控。

半个月后所有材料准备就绪，李彬到现场对开挖作业、涵洞修筑、建渣回填施工作业进行全程监控。直至晚上11点多，安全警戒解除。

◆ 作者：蜀南气矿威远采气作业区威202-1中心站 李 浩

【思考】管道第三方破坏是指由于在油气管道附近进行的施工、采挖、耕种、偷盗等人为活动行为造成的管道结构或性能的破坏。那么如何避免这种情况发生呢?

【点评】正如案例中提到的一样,站外管线众多,许多管线地理位置复杂,因此,管线的日常巡检工作就尤为重要,一刻也马虎不得。然而,日复一日、年复一年的管线巡检,重复、单调、枯燥,如果就此掉以轻心,很多管线的隐患、缺陷就可能被忽视,引发更加严重的缺陷或事故,后果不堪设想。

管线巡检发现的问题,如何及时、有效地制止,也是极为关键的。本案例中管线巡检人员在向施工作业人员传达了管道保护的相关要求及规定之后,对方非常配合,"立即停工,联系预制板和条石"。然而更多的情况下,施工作业人员可能不会这样高度配合,甚至会无理取闹、胡搅蛮缠、屡教不改,面对这种情况,又该如何?首先要确保施工作业人员的人身安全;依法合规地纠正,坚决杜绝蛮横施工;坚守底线,该坚持的地方绝不妥协。

【链接】"11·22"青岛输油管道爆炸事件

2013年11月22日凌晨3点,位于青岛市黄岛区秦皇岛路与斋堂岛路交会处、中国石油化工股份有限公司管道储运分公司东黄输油管道发现破裂,约3点15分关闭输油,斋堂岛街约1000平方米路面被原油污染,部分原油沿着雨水管线进入胶州湾,海面过油面积约3000平方米。黄岛区立即组织在海面布设两道围油栏。处置过程中,当日上午10点30分左右,黄岛区海河路和斋堂岛路交会处发生爆燃,同时在入海口被油污染海面上发生爆燃。该事故被认定为责任事故,共造成62人死亡、136人受伤,直接经济损失7.5亿元。事故直接原因:输油管道与排水暗渠交汇处管道腐蚀减薄、管道破裂、原油泄漏,流入排水暗渠及反冲到路面。原油泄漏后,现场处置人员采用液压破碎锤在暗渠盖板上打孔破碎,产生撞击火花,引发暗渠内油气爆炸。

空压机微漏，影响却惊人

闻名世界的惠普创始人之一戴维·帕卡德曾感叹"小事成就大事，细节成就完美！"可见细节的作用和重要性。其实生活原本都是由细节构成，如果一切归于有序，决定成败的必将是微若沙砾的细节，细节的竞争才是最终和最高的竞争层面。

2017年10月，威202-1中心站投产。为实现装置平稳进气，对装置和管线进行验漏是必不可少的一个环节。全站10名员工要检查500多个接头，前1个小时的检查结果显示部分控制阀门的仪表风管线存在微漏。管线安装要求横平竖直，由于厂家在安装空气管线接头时未缠生料带，导致大部分管线接头都存在微漏。在厂家看来，仪表风无毒无害、压力低，故而对密封要求并不高，也并未放在心上，但对中心站生产却是至关重要。成百上千个接头的微漏，哪怕只是一根头发丝大小的孔洞，累积下来的漏气量却是惊人的。一个阀门的大量漏气，一方面会造成阀门开关不到位，甚至影响多个阀门的控制不到位，进而导致整个生产流程受到阻碍；另一方面会增大空压机的负荷和故障率，缩短空压机的使用寿命，相对也会增加成本。阻止空压机泄漏，刻不容缓。

我及时制定计划，分配任务：6个人对已经检查出微漏的仪表风管线进行紧固，4人继续对剩下的仪表风进行验漏作业。2个小时的验漏紧固工作完成后，所有仪表风管线都已检查完毕，这之后数据显示空压机的加载时间明显减少。

据调查统计，管道上一个直径1mm的小孔每年增加耗电量高达3525度，相当于2个三口之家全年的家庭用电。看似微小的细节疏漏，带来的损失却是方方面面的。"不积跬步，无以至千里"，想要长远发展，细节也是不容忽视的。成由勤俭败由奢，节能降耗、降本增效，是精细化管理中必须坚持的工作。

◆ 作者：蜀南气矿威远采气作业区威202-1中心站 李 浩

【思考】安全在于细节,细节决定成败。细节往往因其"小",而容易被人忽视,掉以轻心;因其"细",也常常使人感到烦琐,不屑一顾。但就是这些小事和细节,往往是事物发展的关键和突破口,是安全生产和节能降耗的双刃剑!那么在安全管理中如何关注"细枝末节"呢?

【点评】在油气生产过程中,各种阀门、管道连接部位等易泄漏的地方何止千千万万,哪怕只是很轻微的泄漏,经年累月,一直泄漏下去会造成很大的浪费;另一方面,泄漏出来的易燃易爆气体、蒸气,一旦遇到点火源极易导致燃烧爆炸事故,造成难以估量的后果。也许有人会反驳,这些都是小概率事件,不会发生在我这里。没错,但概率再小的事件一旦发生,概率就是100%。

"罗马不是一天建成的。"生产经营是依靠班组成员的共同努力以及机械设备的正常运转来维系的。成事难,但坏事容易。"千丈之堤,以蝼蚁之穴溃;百尺之室,以突隙之烟焚",道出的也是类似的道理。韩非子有论:"慎易以避难,敬细以远大。"谨慎地对待容易的事以避免苦难,郑重地对待细小的漏洞以远离大的灾祸。细节决定成败,只有不欺小节,才能走向成功与辉煌。

【链接】安全生产管理要从细节开始[1]

《莎士比亚文集》中记载的"一钉损一马、一马失社稷"的典故警诫人们,一颗小小的钉子,也会关系到一个国家的存亡。俗话说,细节决定成败,可见细节的重要性。细节的疏忽,导致事故的发生,安全生产莫不如是。

2004年2月15日,吉林省吉林市中百商厦,一位员工在向库房运送包装纸板时,将烟头掉落在仓库,引燃纸板等可燃物,导致商厦发生特大火灾,造成54人死亡、70人受伤,直接经济损失高达426万元。这小小的烟头和那小小的铁钉都成了事故的罪魁祸首。

有人常认为:"成大事者不拘小节。"然而这种想法,在安全生产中是万万不能有的,一个细节问题不注意,往往就会酿成严重事故,带来严重后果。如生产中摘掉安全帽、不按规定穿戴防护服、下班不断电、私自简化作业程序

---

[1] http://news.163.com/16/1214/09/C883CLG000014SEH.html。

等，这些看起来微不足道的小事，往往成为安全事故的祸根，一旦事故发生，将带来无法弥补的损失。安全管理中微不足道的"细节"，往往是安全生产的命脉之穴。

"千里之堤，溃于蚁穴。"细节成就安全。实际工作中，任何侥幸麻痹、投机取巧的想法都会付出代价。大事从小事开始，防微才能杜渐。安全管理上，每一位员工都要认真汲取以往事故的教训，克服马虎敷衍、漫不经心的作风，养成谨小慎微、耐心细致的工作习惯，严格按照规程作业，解决工作中的每一个细节；管理者更要明察秋毫，注重细节管理，解决员工思想上对细节的轻视、大意，使员工养成良好的工作习惯，以认真负责的态度，安排好每一项工作，抓好每一个细小的环节，把安全管理工作深入到细微之处，杜绝安全管理上的漏洞，做到防患于未然。

老子说："天下难事，必作于易；天下大事，必作于细。"对安全生产，只要每一个人都从点滴做起，从细节抓起，就一定能营造出一个安全和谐的工作与生产环境。

无数次巡检，才能实现零事故

安全生产只有起点、没有终点。每一位员工都是安全生产工作的主角，而巡检则是开展安全生产工作的必要手段。如何让员工将巡检工作真正做到位，是班组管理和培训工作的重点。

开展"三册一图"资料修订时，我们组织全体员工共同参与巡检质量标准讨论，同时加强了对各生产区域重点检查位置、参数、处置程序的学习，并将制定好的工作质量标准及时上传到手持终端，要求各巡检人员严格按照巡检操作步骤一步步巡检到位。

威202井区中心站进出站管线多且复杂，尤其是当站外有施工作业时，如果不加强监管，稍有不慎便可能引发泄漏、火灾、爆炸等事故。所以，中心站在井站自主培训中对每一位员工都加强了作业票证、动土动火作业许可、管道保护等特种作业方面的培训学习，并且组织全站员工开展安全经验分享与讨论，要求员工在巡检时加强对中心站周边环境的巡查和站外施工作业的监护。

2017年7月1日下午16点50分左右，中心站班长但继红在集输装置区巡查时，突然听到有挖掘机的轰鸣声从围墙外传来。他心里顿时一紧："不好，是不是施工方为了抢进度擅自开工，并且违规使用挖掘机进行作业？"他立即打开逃生门赶到了施工现场，发现一台挖掘机正在进行挖沟作业，且挖掘机所处位置埋有4条输气管线。原来施工方为了加快挖管沟的进度，不仅没有按照作业许可管理制度的要求开工，更是违反了管道5米范围内只能使用人工开挖的规定，使用挖掘机直接压管施工，并且周围没有任何的安全警戒与防护措施。

挖掘机下方的管线都是高压管线，但继红一想到出现突发状况的后果，心里都打了一个冷颤。他立即制止了现场的施工作业，要求挖掘机马上离开所处高后果区，并且对施工方的3名人员进行了严厉地教育，然后向作业区分管领导汇报了此次事件的具体情况。但继红一直监控施工方的挖掘机和人员离开现场后才返回值班室并要求值班员工对此区域加强巡查力度，防止施工方夜间违规作业。

回想过去，以往那些安全事故的教训还历历在目，安全两字如醍醐灌顶深入到我们的心中。为了企业的安全，为了自身的安全，我们一定要在巡检工作中做到警惕和细心，一点点"风吹草动"都要引起注意，及时发现并正确处理。

◆ 作者：蜀南气矿威远采气作业区威202井区中心站 肖 鸣

【思考】很多事故在发生前都是有一定征兆的，如果不能及时发现这些征兆，无疑只能"眼睁睁"地看着事故发生。那么如何才能发现这些征兆呢？

【点评】对于油气生产等高危行业来说，若日常巡检到位，的确可以发现事故之征兆，将其消灭于萌芽状态，避免事故的发生。因此，现场巡检的作用是不言而喻的。

但是，随着装置平稳运行周期的延长，人的警惕性将会逐渐懈怠，日常巡检成了形式，最终可能导致事故的发生。如此周而复始，终究不是办法。那么，有没有一些好办法，又能提高现场巡检质量，又不会让员工产生抵触情绪呢？

（1）将巡检制度和安全管理、绩效考核等制度衔接，让员工愿意巡检，主动巡检。预防"接班之后、巡检之时随便转一圈"现象的发生。

（2）经常组织观看安全教育视频，让员工从本质上认识到危险，认识到巡检工作的重要性，认识到安全工作的重要性。

（3）班组长以身作则，带头巡检并发现问题。

【链接】如何判断安全隐患？❶

通常将凡存在于生产过程中的、有可能引发事故的"危险因素"都统称为安全隐患。判断安全隐患关键的问题是如何确定这个"有可能"，即确定"有可能"

---

❶ http://www.safehoo.com/Manage/Trade/zh/201503/386119_2.shtml。

的依据是什么？

"有可能"不是凭空捏造的，不是凭某人的主观意志所确定的。确定"有可能"的依据一般有两个方面：

一是理论计算依据，就是对物质的物化性质、设备的各种参数进行计算分析，以判断是否存在可能引发事故的危险因素，甚至还要考虑到环境的一些影响。例如，一个使用时间较长的金属压力反应釜，通过壁厚的测量、安全附件的检测、腐蚀裕度的计算、材质有关数据的计算、反应介质可能产生压力的计算进行综合分析后就可以确定这台反应釜是否"有可能"发生破裂的情况，以确定该设备是否存在"有可能"引发事故的隐患。如果不存在，理论上认为该设备在正常工艺条件下运转是安全的（不包括非正常条件）。

另一个是案例类比依据，就是与发生过的类似事故进行比较，看对比体系是否也存在类似引发事故的那些因素，如果有，就存在"有可能"的危险，存在的相似因素越多，"有可能"的可能性就越大。

这两种方法是相辅相成的。在实践中，第二种方法有时比第一种方法更直观，更可靠。因为事故本身就是危险因素（隐患）在某种意外因素、甚至是多种意外因素诱发下爆发的。而理论计算很难全面地考虑到这么多的意外因素。

当然，班组安全管理更要注重现场安全检查，及时发现和处置安全隐患。

（1）以危险源辨识结果为基础进行安全检查。危险源辨识与隐患排查是每个单位安全管理的重点，也是每个岗位人员达到"我会安全"境界必须掌握的方法和技能。以危害有害因素分析为基础辨识危险源和排查事故隐患，既理顺了几者之间的关系，又在实际应用中具有很强的操作性，让"排查隐患"不再是"标语"，而是安全管理的一把利剑。

（2）检查安全操作规程执行情况。可依据这些规程检查作业者的行为是否符合要求，如果与规程要求不一致，则可能存在事故隐患。

（3）查劳动防护用品使用情况。往往会有个别操作者因嫌麻烦、不舒服或疏忽、不重视而不按规定使用防护用品。这方面的事故隐患是安全现场检查的重点。

安全，不走捷径

某员工，工作 12 年，其技术水平得到领导和大多数同事的认可，但却在班组中不太受欢迎。主要原因就在于：他工作比较随性，很抵触工作中的一些小细节，觉得"小题大做"，常常给班组管理带来一些"麻烦"。在某次"双选"之后，由于没有班组主动接纳，后来该员工被安排到我所管理的天东 9 井上班。

由于他"名声在外"，我一开始也有点"头痛"。毕竟经过多年的严格管理，我所在的天东 9 井班组内部已形成了遵章守纪的良好氛围，员工之间的关系也很和谐。

第一天上班，生产区进行例行巡检工作。我发现他在装置区随意走动，经常从管线设备上跨过去，走捷径。一同巡检的同事善意地提醒他，他却不以为然地说："我一直都这样的，从来没摔倒过。"

我见状上前，并没有立即指出他的问题，只是问了与本站工作流程相关的问题，发现他对于本站的流程还比较熟悉。于是我说："不错嘛，刚来第一天，就把这里的流程搞清楚了。"他也很自豪地说："我早就把这里的流程图研究过了，其实挺简单的。"我说："不错，工作态度很积极嘛，学习能力也很强嘛。"

然后，我开始跟他讨论关于本站流程相关的问题，当谈论到设备布局和管线走向时，我问道："你觉不觉得，这条管线这样布置不太利于巡检人员通过啊？"他说："只有这样，最符合工艺区设备的布置啊，不至于浪费太多的管线和占用太大的场地。"我对他的见解表示了赞同。

我接着说："既然不能改变设备和管线的布置，是不是应该优化一下巡检路线啊？比如你刚才这样直接跨过去，周围都是设备和管线，如果一不小心绊倒了，岂不是很容易受伤。"他还是坚持说："我从来没摔过。"我说："凡事都有第一次，之前没有摔过，不代表以后不会啊，你不能等到受伤了之后再来后悔吧。

我们这个站，之前就有人在跨越管线的时候摔倒过，所幸戴好了安全帽，才没有受伤。你刚才跨过去这里，往前走5米就是安全的巡检通道。为了这5米，冒着受伤的风险，岂不是很不值。"

我接着说："你看，我们制定的巡检路线都是根据本站的工艺要求和设备布局而定的，不是随意安排的，在巡检过程中要求穿戴好劳保用品，也是为了防止意外伤害的发生，所以我们进入生产现场，正确穿戴劳保用品，按照巡检路线，不要走所谓的'捷径'，才是对自己最大的保护。你第一天到本站上班，就能提前主动学习流程，工作态度值得肯定和学习。我们站是一个团结和谐的集体，你一定能够尽快融入这个团队的。"

我多次对他采用安全观察与沟通"六步法"进行沟通交流后，他逐渐接受了班组的安全管理理念。现在他除了在技术上能独当一面以外，还改掉了以往那种"不拘小节"的坏毛病，成了班组中的"中坚力量"。

安全观察与沟通"六步法"，观察、表扬、讨论、沟通、启发、感谢。这是对现场发现的安全或不安全行为进行有效沟通的重要方法，不能指望一次就能改变一个人的行为和习惯。通过长期反复的运用，做到"潜移默化"逐渐达到纠正不安全行为的目的。

◆ 作者：重庆气矿开江采输气作业区天东9井中心站　周　彬

【思考】海因里希法则指出，每一起严重事故的背后，必然有29次轻微事故和300起未遂先兆以及1000起事故隐患。要避免事故的发生，首先要发现事故隐患。那么，发现事故隐患有哪些有效的方法？

【点评】"在装置区随意走动，经常从管线设备上跨过去"，类似这样的不安全行为，在工作中是时有发生的。遇到这种情况，你会怎么处理？是上去就把当事人劈头盖脸地训斥一顿，还是装作没看到，摇摇头长叹一声就走开了？都不是！

在该案例中，作为当班的班组长，在看到这一现象后，并没有立即指出当事人存在的问题，而是按照安全观察与沟通"六步法"来一步一步走。要做到以下三点：一是要及时。及时观察沟通把隐患消灭在萌芽状态。岗位员工全天候24

小时巡检，是离隐患最近的人，也是最容易发现隐患的人。及时发现、及时上报，才能及时治理、及时消除隐患。二是要"通"。把指令传达到位。有些隐患治理不是一天就能完成，这就需要做好警示和记录，把隐患治理的进展情况告知周围的人，提醒其注意。有些不安全行为，A有，B也可能有。如果传达不及时、不及位，下一班人员不知情，重复犯类似的错误，很可能就会发生安全事故。三是要细。在与一线员工进行安全沟通时，要善于察言观色。如果员工情绪不佳或有情绪，应及时先处理好员工的情绪，再和其沟通具体的工作事宜。

【链接】安全观察与沟通六步法[1]

1. 步骤

（1）观察。现场观察员工的行为，决定如何接近员工，并安全地阻止不安全行为。

（2）表扬。对员工的安全行为进行表扬，使其认知正确的安全行为重要性。

（3）讨论。与员工讨论观察到的不安全行为、状态和可能产生的后果而非其行为或状态本身，鼓励员工讨论更为安全的工作方式。

（4）沟通。就如何安全地工作与员工取得一致意见，并取得员工的承诺。

（5）启发。引导员工讨论工作地点的其他安全问题。

（6）感谢。对员工的配合表示感谢。

2. 内容

（1）员工的反应。员工在被观察时，是否改变自己行为的反应（从不安全到安全），如改变身体姿势、调整个人防护装备、改用正确工具、抓住扶手、系上安全带等。这些反应通常表明员工知道正确的作业方法，只是由于某种原因没有采用。

（2）员工的位置。员工身体的位置是否有利于减少伤害发生的概率。

（3）个人防护装备。员工使用的个人防护装备是否合适，是否正确使用，个人防护装备是否处于良好状态。

（4）工具和设备。员工使用的工具是否合适，是否正确，是否处于良好状态，非标工具是否获得批准。

（5）程序。是否有操作程序，员工是否理解并遵守操作程序。

---

[1] https://baijiahao.baidu.com/s?id=1611495698181564851。

（6）人体工效学。办公室和作业环境是否符合人体工效学原则。

（7）整洁。作业场所是否整洁有序。

3.要求

（1）以请教而非教导的方式与员工平等地交流讨论安全和不安全行为，避免双方观点冲突，使员工接受安全的做法。

（2）说服并尽可能与员工在安全上取得共识，而不是使员工迫于纪律的约束或领导的压力做出承诺，避免员工被动执行。

（3）引导和启发员工思考更多的安全问题，提高员工的安全意识和技能。

柳阿姨"安全到退休"的定制培训计划

"柳阿姨，空气呼吸器必须背上哦！"看着柳阿姨空手准备巡检，我赶紧提醒。

她指着一同巡检的周玮说："背了空气呼吸器的嘛。"

"进入高含硫站场，每个人都要背空气呼吸器，柳阿姨别偷懒。"我笑着，看她不情愿地背上空气呼吸器，装作没听到她的嘀咕："人老了，腰痛，路又远，背上好重的。"

柳君刚调来大猫坪中心站，因为快退休的原因，她平时喜欢和同事唠家常，摆谈退休后的生活安排，大家都亲切地称她柳阿姨。柳君之前在低含硫井站上班，没有养成巡检背空气呼吸器的习惯。为了让柳阿姨愉快着陆，也为了强化大猫坪中心站的安全管理，我制定了一个帮助柳阿姨"安全到退休"的个人培训计划。

首先是安全经验分享，分享的内容是关于硫化氢中毒的事故事件。在分享的过程中，我偷偷地瞄了一眼柳阿姨，发现她正认真地做着笔记，抿紧着嘴，显得有些沉重。不错，有效果！为了加深印象，我决定趁热打铁。安全经验分享完毕以后，我立马播放关于硫化氢中毒的视频，柳阿姨看着视频，不时地感叹道："好造孽哦，年纪轻轻的就中毒了。"

"柳阿姨，你发觉没有，那些人都是咋中毒的？"

柳君眼睛盯着屏幕，想都没想就回答："硫化氢嘛，还能是啥中毒嘛。"

"不是，你再好好看看。"

"不是啊，这里面的人明明都是硫化氢中毒啊，怎么会不是啊？"柳君疑惑地扶了扶眼镜，突然转过头来，笑着说："你娃娃，变着法地说我不爱背空气呼吸器哈。"看着柳阿姨如梦初醒的样子，我忍不住大笑起来。

第二天，我正在做资料，听见柳阿姨的大嗓门喊："周玮，快点来帮我一下，空气呼吸器腰带卡住了。"我的第一计划成功了，第二步计划该上场了。

"兄弟们，大哥大姐们，快点儿出来，今天25号，该应急演练了。"和往常一样，我像打了鸡血一样在坝子里面扯着嗓门喊。很快，人员集中在坝子里。我对应急演练内容和人员分工进行了宣布，柳阿姨负责疏散警戒。

"阀门泄漏，报警仪报警，事态紧急，安全观察和警戒的人员立即出动。"按照预案，大家各就各位。两名抢险人员背着空气呼吸器冲向几百米外的生产区，柳阿姨还在和空气呼吸器拉拉扯扯。10分钟后，演练完成。我把大家集合起来点评。点评到柳阿姨的时候，我问道："柳阿姨，你作为疏散警戒人员，周围老乡是由你第一时间通知撤离，如果你不能及时通知他们，会对他们的生命安全带来极大威胁。"

柳阿姨落寞地点了点头，说道："哎，年龄大了，有点跑不过年轻人。"

"抢险人员都到生产区了，你还没有出发，不是因为你跑得慢，而是你空气呼吸器使用不熟练。在高含硫天然气泄漏的时候，有可能因为你晚出发1分钟，就有很多无辜的人会失去生命。"柳君猛然抬起头目光坚定地说："我会好好练的，达到你们的水准。"

功夫不负有心人，用了3天的时间，柳阿姨空气呼吸器佩戴的速度从50多秒提高到20多秒。安全技能水平的提升，为自己和他人的安全树起了一道坚实屏障。

◆ 作者：重庆气矿万州采输气作业区大猫坪中心站　赵　雷

【思考】安全的保证不能仅仅依靠技术手段和制度手段，安全意识才是确保安全的最后一道防线，大多数的事故发生都是因为安全意识的薄弱。那么，如何才能提高员工的自我保护意识，真正做到识安全、重安全？

【点评】安全不是除了工作以外还要做到的其他事情，而是开展工作的首要条件，若不能确保安全，宁可先暂停下来。从事后采取应急处置措施，到事前将安全融入进去，安全意识的提高至关重要，事关你我他。

我们的工作团队中，有小鲜肉，有同龄人，当然也会有叔叔阿姨辈的老同志，安全这一命题事关每一个人，概莫能外。党的十八届四中全会正式提出

"形成不敢腐、不能腐、不想腐的有效机制",这是党风廉政建设和反腐败斗争的重大战略目标。安全管理领域,可以借鉴这一思路,推动实现由不敢违章到不能违章,再到不想违章的转变。大家的安全意识提升了,即便规章制度、操作规程存在些许瑕疵,即便安全监督力量稍事减弱些,大家也不会去违章操作、违章指挥。

2020年年初的一场新冠疫情,让人们戴起了口罩,这是对自己负责,也是对他人负责。网上数据显示:疫情过后,将继续保持戴口罩的意愿高达81.3%,更有94.1%的人表示家中将常备口罩。意识的提升,无疑是惨痛的代价换来的。安全上亦是如此,大家安全的意识提高了,注重自身安全了,安全生产就能确保。

【链接】跳蚤变"爬蚤"——习惯的养成[1]

一位教授曾做了一个实验:他将一只跳蚤放进一个容器里,容器的高度刚好为跳蚤能够达到的位置。为了防止跳蚤从容器里跳出,教授特意在上面放了一块玻璃隔着。第一天,跳蚤表现得十分活跃,它一次又一次地撞击着玻璃,大有不达目的不罢休之势。可是,它的力量实在太单薄了,无论怎么努力,始终无法冲破玻璃的阻隔。尽管如此,跳蚤还是没有放弃,每隔一段时间,它又会发起一阵猛烈的攻击。

过了几天,教授再去观察,发现跳蚤上跳的频率明显减少了,它没了先前的冲劲和锐气,变得有些懒惰和绝望了。

又过了几天,教授再去观察,发现跳蚤几乎丧失了斗志,只是在容器底部跳来跳去……就这样,过了几个月,教授惊奇地发现跳蚤已不再做任何努力,它终日得过且过地待在容器底部。随后,教授将容器上方的玻璃抽掉了,他满以为跳蚤会一下子蹦出来。但出乎意料的是,跳蚤丝毫没有这样的举动,它已经完全习惯了现在的生活。

紧接着,教授又将另一只跳蚤放进一个容器里,容器的高度略微超过跳蚤上跳的极限,上面没有再加盖子。经过一段时间的观察,教授发现,跳蚤每天都会习惯性地往上跳,虽然每次它都无法超越容器的高度,但它仍然乐此不疲,把这当作每天的必修课。半年后的一天,奇迹发生了,跳蚤逃离了容器,重新获得了自由。见此,教授不禁发出一声感叹:"习惯的力量是多么的可怕呀!"

---

[1] 周礼.习惯的力量[J].阅读,2013(23):10-11.

第二篇

班组沟通与员工管理

第一章　班组沟通

将信息传送给对方，并期望得到对方做出相应反应的过程就是沟通。人的生理、文化、安全、自尊以及自我实现等需求，都是需要在沟通过程中才能获得和实现的。

美国著名的未来学家奈斯比特曾指出："未来的竞争是管理的竞争，竞争的焦点在每个社会组织内部成员之间及其与外部组织的有效沟通上。"无数事实证明，良好的管理必然建立在良好的沟通之上。沟通是成功的基石。可以说，没有沟通就没有管理。沟通是管理的一项基本职能，从一定意义上讲，是管理的本质。管理离不开沟通，沟通渗透于管理的各个方面。沟通对于班组管理也极为重要。班组决策前的调研、计划的制定、人事的管理、部门间的协调、与外界的交流等都离不开沟通。班组长做的每一件事情都是在沟通。

班组是企业的基层单位，更是企业发展的基石。班组成员都有自己的脾气和秉性，这些往往会成为他们交往中横隔着的一道道无形的"墙"，妨碍彼此的沟通，这是一个对班组团队建设非常不利的因素。改善沟通方法，促进有效沟通，是班组迫在眉睫的事情。但是，有效沟通谈何容易？

人是社会的产物，无时无刻不受着环境的影响。一个班组，要进行有效沟通，关键是要有个良好的沟通环境。作为班组长，就要善于为班组成员创造一种在需要时可以无话不谈的沟通环境。怎么创造良好的沟通环境，促进有效沟通？

1. 建立多种沟通渠道

（1）上行沟通渠道。通过这种沟通模式，使员工可以将自己的意见直接向领导反映，能够获得一定程度的心理满足；同时上层决策者也可以通过这种方式了解员工队伍的思想状况，实现管理水平的提升。

（2）下行沟通渠道。通过这种沟通模式，使单位各个层次的活动可以得到协调，员工也能及时了解单位的目标和领导意图，增加他们的向心力与归属感，从而使组织纪律性得以加强。

（3）同级沟通渠道。通过这种沟通模式，可以简化办事的程序与手续，达到节省时间、提高工作效率的作用。同时，也有助于克服本位主义倾向，有助于整体观念和合作精神的培养，培养员工之间的友谊，提高员工的工作兴趣。

2. 选择适合的沟通方式和方法

沟通有两种基本方式：语言沟通和肢体语言沟通。语言适合沟通的是信息，肢体语言适合沟通人与人之间的思想和情感。据了解，在沟通中有65%的信息是通过肢体语言传递的。

（1）语言沟通。语言沟通包括通过口头语言、书面语言、图片或者图形进行沟通。口头语言包括面对面的谈话、开会等。书面语言包括信函、广告、传真和E-mail等。图片包括一些幻灯片和电影等。在沟通过程中，语言沟通适合于用信息的传递、思想的传递和情感的传递，尤其适合于信息的传递。

（2）肢体语言的沟通。肢体语言包含内容非常丰富，包括动作、表情、眼神。实际上，声音里也包含着非常丰富的肢体语言。人们在说每一句话的时候，用什么样的音色去说，用什么样的语调去说等，都是肢体语言的一部分。

3. 讲究沟通艺术

（1）沟通，伺机而发是关键。沟通应抓住最有利的时机，根据情况采取合适的方式来进行。时机不成熟就鲁莽行事，只会贻误时机，使某些信息失去意义。

（2）沟通，积极倾听是艺术。班组长要听懂员工的意思，在听对方讲话时就要专心致志，切不可心不在焉或心存成见，更不可急于做出评价而打断对方讲话，或者表现出不耐烦的情绪，否则，将会使沟通无法继续进行下去。此外，还要做到对对方的情感变化和言外之意心领神会。

（3）沟通，有效表达是艺术。沟通是信息的双向交流的过程，有效表达自己的意见也是关键。在沟通进行时，双方应措辞清晰明确，尽量使用双方都能理解的用语和示意动作，并注意情感上的细微差别，力求方法和语气的准确，确保对方能有效接收所传递的信息。

（4）沟通，以诚相待是前提。沟通问题的主导方要心怀坦诚地向对方传递真实可靠的信息，并以自己的实际行动维护信息的可信度。此外，实心实意向对方征求反馈信息也很关键，有利于沟通双方的信任和感情的建立。

"沟通、采纳意见、愿意倾听"是管理者博得众人尊重的最重要的特质。要成为真正受人尊重的班组长，就要多花些时间、精力，学习和增强与人沟通的态度、能力和方法。

"问题"员工变形记

改革开放40多年来,中国的富人群体正以前所未有的速度不断涌现。与"富人群体崛起"现象相伴而生的是"富二代"问题青年的出现。对于这些家里"有矿"的问题员工,到底该怎样进行有效的管理,帮助他们成长呢?

在老百姓还没普及私家车的年代,小罗第一天就开着父亲送的高档轿车来上班,同事们对豪车都啧啧称赞,而小罗却一点儿也不爱惜。站长好心劝道:"你还是爱惜点嘛,争取开个10多年。"小罗一脸不屑地说:"早点旧,早点换呗。"站长追问:"现在父母健在,有人给你提供好的物质生活,父母不在了你靠谁?"小罗脱口而出:"父母去世了分财产呗(他家里有两兄弟)。"他对父母的去世说得如此轻松,仿佛在说一个毫不相干的陌生人,站长惊愕得差点掉了下巴,替他父母心痛得直想掉泪。因此,对于这份工作,他并不在乎。可"不幸"的事情发生了,输气处随机抽取班组选手参加技术竞赛,他被选中了。接到这个通知,他腾地而起,像一匹受了惊吓的野马惊慌失措。

他立刻给站长发微信:"站长,我想辞职,考试我完成不了,会丢死人的。"

站长:"因为怕考试就辞职和考差了相比,你觉得哪个更会让他们看不起你?"

小罗:"我现在是进退不得,能怎么办?"

站长:"小罗,你家庭条件虽然很好,但是你也是成年男子汉了,男子汉就要有男子汉的担当和骨气,打铁还得自身硬,你不试试怎么知道你行不行呢?难道打算直接缴枪认怂,让别人说你一无是处,连上的勇气都没有?"

沉默片刻,小罗回道:"嗯……嗯……没有信心。"

站长:"放心,只要你按照我的计划来完成每天的任务,我保证你85分以上。"

小罗:"真的?有这么牛?"

站长:"是男子汉就干一把!"

就这样，在站长不断的鼓励下，经过周密的计划和严格的监督，小罗虽没有达到预期的目标成绩，但却从零基础达到了中等技能水平。考完后他找到站长说："我脑袋里装的是豆腐渣吗？换了一个方向，那个图我就不会画了。站长，你为我付出那么多，我对不起你！"他在"抱怨"，但这次他抱怨的不是别人，而是他自己。他是对自己的表现不满，是没有取得好的成绩对站长的愧疚，他对自己有更高的期望和更高的要求。

由于市场萧条，小罗父亲的生意一落千丈，回去看到父亲满脸愁容，低声下气四处求订单，深深地体会到了父亲的不容易。小罗给父亲做了一顿在站上学到还算可口的饭菜，饭后回了自己的房间。小罗父亲打开房门看到正在学习的儿子，像看陌生人一样摸摸小罗的头说："儿子，是你吗？我咋都不认识了呢？"再摸摸额头说："没发烧吧？""没有，快出去，我要复习，岗前培训要考试呢。"说着把父亲半推了出去。后来，小罗在给我们聊这件事的时候，我从他眼睛里看到了欣喜的光芒和为自己骄傲的神情。如今的小罗，已经成长为一名工作骨干，活跃于输气事业的各大站场。

在我看来，由于青年员工的成长轨迹、个性特质等不同因素，他们的需求也不同，他们希望被尊重，得到认可，管理者需要在亦师亦友的关系下扮演好"教练"和"导师"的角色，激发他们的积极性，帮助他们迅速成长。郭沫若说，沧海横流方显英雄本色，管理亦是如此。在面对包括青年员工在内的越来越多元化的人员结构挑战的时候，管理者必须时刻充电，以高度的自信和高超的管理技巧不断提高班组管理水平。

◆ 作者：输气管理处自贡输气作业区威远输气站 曾晓英

【思考】对于这些家里"有矿"的问题员工，他们对工作不在乎，总是怀着不重视的态度。我们到底该怎样进行有效的沟通，帮助他们成长呢？

【点评】班组长在日常工作中的沟通主要是针对班组成员，所以寻求与员工的良好沟通，对班组长开展工作极其重要。良好沟通的前提是了解员工，要耐心地去了解员工的想法。班组长必须了解员工的一般心理，把握沟通的重点，才能更好地与员工进行沟通。员工的常见心理:(1)谁都想支配自己的行为,不想被人像木偶一样任意操纵。(2)希望班组长客观评价自己的能力,如果知道班组长对自己有所期待,愿意全力以赴。(3)想回避被人强制、糊弄的事情,希望班组长听取自己的意见。(4)自己所做的事不想被人轻视、耻笑或当作笑柄。案例中的站长对"问题"员工的心理拿捏得很准,沟通效果就很明显。

【链接】与员工沟通的注意事项

在与员工打交道时,作为班组长要不恼怒、不苛求、不偏袒,要有主动姿态。实际工作时要注意:

(1)率先表明自己的态度和做法。当有难题要应付时,员工都盯着班组长,如不及时阐明态度和做法(哪怕是错误的),员工会认为班组长很无能。同样,要想和员工打成一片,必须先放下"架子",不要高高在上,要有适宜的言行举止。

(2)批人不揭"皮"。现场人多,即使员工做得不对,如果当着众人的面训斥员工,会深深挫伤其自尊心,认为你不再信任他,会产生极大的抵触情绪。记住:夸奖要在人多的场合,批评要单独谈话,尤其是点名道姓的批评,更要尽量避免。

(3)交流时间短而多。频繁短时间接触员工,他们更容易感到亲近,更容易知道你在注意他、关心他。

(4)要想人服,先让人言。纵使说服的理由有一百条,也别忘了让员工先说完自己的看法,不要连听都不听就取消别人的发言权,这是不信任的最直接表现。

(5)必须诚实。诚实对待的方式可以淘汰很多不合理的想法。因为无须担心后果,员工之间、员工与班组长之间可以自由地交流真实的想法。

(6)双向沟通。在信息时代,一线基层员工也是信息链上重要的环节。当员工得不到应有的信息时,他们便会产生一种自己被排斥在外的感觉。这就像员工提建议而得不到班组长的回应时,就会觉得自己被忽视,自己的能力被低估,自己对公司无足轻重一样。

(7)更多地了解员工。花更多的时间,用于了解员工。

"争"出来的规范

"争吵"在大家看来，并不是一件好事，但在碳窑湾输气站，却是一种能够提升班组管理水平的好事，大家时常通过"争吵"来解决工作上的分歧。

我有句口头禅：人要有"收拾"。用大家的话来说，我就是"强迫症晚期"。做什么事情都喜欢规规矩矩，没有一点多余动作。

一天，我利用作业区下发的"三手册一图册"对站场设备进行查漏补缺，发现在站场管理手册中提到：卡箍式快开盲板每次操作前应通过顶部油杯向背部轴承进行一次注润滑脂。碳窑湾输气站的卡箍式快开盲板并没有配备油杯，于是一次班务会上，我把这个疑问提出来让大家讨论，是否修改站场管理手册。

我认为，既然是站场的管理手册，就应该接地气，针对每个站的特点来制定，这样，即便是一名新员工，也能按照手册上的内容一步步地进行规范操作。操作时，可以向他们讲解可能发生的情况，但不需要保留在管理手册上，应去掉多余部分，去掉跟本站设备不相关的内容。

可站员凌云却不这样认为，他觉得既然是专业管理手册上的规章制度，就应该保持，碳窑湾站的卡箍式盲板没有油杯，可以在操作时不做这个动作，但应该保留完整的管理规程。

就这样你一句，我一句的"争吵"，最终，谁也没有说服谁。我们将意见上报给作业区管道管理办公室。办公室经过分析，结合目前站场管理标准化、精细化的要求，决定去掉此条内容。

后来，我和凌云站在宿舍的走廊上摆"龙门阵"，我骄傲地对他说："这回是我赢了。"凌云笑着说："虽然这次你赢了，但是你放心，下一次，我一定会提出更好的合理化建议，争取当一回赢家"。我高兴地说："欢迎，只要是能够提升管理质量、提高管理水平，随时欢迎你来PK。"

站场是我们的家，管理不能以"官职"大小来决定。任何对站场管理有益的建议都应该虚心接受。站场的每一个员工都应该切身参与到站场的管理工作中。只有人人都是主人翁，站场管理水平才能不断提高，真正做到站场管理标准化、精细化。

◆ 作者：输气管理处重庆输气作业区碳窑湾输气站 李 博

【思考】通过"争吵"来解决工作上的分歧，这是一个好主意。这种沟通方式有什么奥妙？

【点评】人有不同的观点和思路，工作中当然会有不一致的地方，争议、冲突在所难免。通过"争吵"来解决这种分歧，正是应用了沟通中的推动技巧。

推动技巧是用来影响他人的沟通行为，使其逐渐符合自己的议题。有效运用推动技巧的关键，在于以明确、具体的积极态度，让对方在毫无怀疑的情况下接受你的意见，并觉得受到激励，想完成工作。

推动技巧由4个方面所组成，分别是回馈、提议、推论与增强。(1)回馈就是让对方了解你对其行为的感受。提供回馈时，要以清晰具体而非侵犯的态度提出。(2)提议就是将自己的意见具体明确地表达出来，让对方了解自己的行动方向与目的。(3)推论就是使讨论具有进展性，整理谈话内容，并以它为基础，为讨论目的延伸而锁定目标。(4)增强就是利用增强对方出现的正向行为（符合沟通意图的行为）来影响他人，也就是利用增强来激励他人做你想要他们做的事。

使用上述沟通技巧，对于成为一位成功的管理人员是十分重要的。这些技巧可以更快捷地解决问题、把握机会、建立一个群策群力、生产力高的班组。

案例中班组管理者通过"争吵"来解决工作上的分歧就是一个非常生动和值得借鉴的例子。

【链接】说服力就是领导力

上下级在工作交流过程中用得最多的方式，一是命令，二是说服。命令是一种硬权力，直接对下属发出行政指令的方式来完成工作部署和安排。命令如山不打折扣，没有商量的余地。说服是一种软权力，通过沟通让下属自愿按照你的部署或安排去做，较为温和友善。

班组长是不是一个合格的管理者，能否胜任班组长这个管理职位，其说服能力是一项重要指标。因为说服能力作为沟通、交流过程中的一种必备技能，它是管理过程中消除障碍、获得支持的重要手段。只有提高说服能力，才能更好地集合有限资源，施展自己的宏图和抱负。班组长要想切实提高自身的说服能力，就应该掌握和说服能力密切相关的几种要素。

需要说明的是："说服"与"命令"并不是孤立、对立的，常常是你中有我、我中有你。在班组工作中，班组长要想练就强大的说服力，有三大原则需要注意。

（1）互惠互利，双赢至上。

不要老是强调"集体利益"，要挖掘出下属的个人利益。现在讲究的是双赢：集体利益要保证，个人利益需兼顾。因此，在你说服下属如何去做事时，尽管心里想着的是公司利益、团队利益，但一定要站在下属的角度，说说能给他带来哪些个人利益。

（2）是非曲直，对比判断。

"横看成岭侧成峰，远近高低各不同，不识庐山真面目，只缘身在此山中。"人们经常会被情感、欲望以及种种错综复杂的事情蒙蔽了双眼，以致不能明白中间的利害关系。要想说服别人，就需要帮助对方拨开眼前的迷雾，拓宽狭隘的视野。这就不仅需要如簧之舌，还要有透过现象抓住本质的锐利眼光。

一般来说，身在管理岗位的人，其信息掌握得要比下级多，视野也相对宽阔，因此完全有条件、有能力来抓住问题的关键，条分缕析、一针见血地将其中的利弊区分得清清楚楚。

在不违背原则的前提下，人人都具有趋利避害的天性。如果能将利弊关系讲清楚，下属自然就会做出对自己有利的选择。

（3）进退有度，从容不迫。

当说服遇到阻力时，无休止的争辩是没有意义的，即使赢了，也只是口头上的胜利。操之过急是说服的大敌。聪明的管理者会认真地记下对方反对的理由，然后退下来。

在给对方一定的时间思考与消化的同时，也给自己一点时间平复心情，并再次组织有针对性的说服工作。

惊讶的理由

中心站是一个大家庭，不同年龄层段的员工都有，每人有自己的习惯、性格和沟通方式。各个岗位的工作和管理方式方法不尽相同，处理问题也不都能尽如人意。所以，在工作和生活中必然会出现各种误会和矛盾。

有一次，我和几名外围值守站同事出差，闲谈时得知：中心站本部某师傅不想继续留在本部工作，甚至愿意到相对偏远的值守站，原因就是对值班岗岗长的工作安排有意见，有时还对他的批评和提醒有些许抵触情绪。我当时很诧异，甚至有些不敢相信，因为印象中某师傅虽然不善与人交流，但并没有表现出对岗长有任何矛盾和不满。

出差回来，我首先找值班岗岗长了解确认情况，岗长本人也感到很不可思议，因为在平时工作和生活中没察觉到该名员工有不满情绪。于是我找了个适当的机会与某师傅谈心，传言却得到了证实。我说："某师傅，有意见、困难和不满你大可以随时找我交流，我一定会想办法解决的。"他说："你们一个是站长，一个是岗长，站长肯定要帮着岗长说话。所以，我没有给你说。"我拍拍某师傅的肩，说道："实在是对不起啊，是我平时太粗心、太大意了，没有及时发现你有情绪和不满，这个事情责任完全在我，是我工作失职了。请你放心，我对待和处理事情一定会公平、公正。但是，如果你不与人交流，那么你们之间必定会产生误会，误会不及时解除，就会演化成矛盾，有了矛盾就会影响工作和生活。如果你对人对事有意见和建议，一定要及时提出，大家开诚布公地寻求科学合理的解决办法，就会避免很多误会和矛盾。"某师傅听后沉默不言。

在随后一段时间的工作中，我创新性地让某师傅和值班岗岗长的职责互换。经过一段时间，某师傅的话语明显增多了，与同事们一起工作的时候也有了欢声笑语……

之后的一天，某师傅找到我说："以前我少言寡语是因为对岗长的工作安排不满意、不理解，这都是因为我没有站在他的角度和立场看问题，现在我才体会到岗长每天面临和处理的事情太多，付出的也比我们多得多。以往对他的工作安排和工作方式不满，是源自我对他的不了解和不理解。在以后的工作中，我一定会积极配合岗长保质保量地把工作干好，如果有意见和建议，也一定会积极提出、寻求改进，把中心站工作向更高更好的方向推进。"

这件事让我认识到，班组管理不仅要抓好安全和生产，做好员工沟通和思想工作也尤为重要。平时要多关心员工，密切关注他们的思想动态，发现误会和矛盾要积极沟通、努力协调解决，这样才能使班组管理工作正常、健康地开展下去。

◆ 作者：蜀南气矿安岳采气作业区高石梯集气总站中心站 陈晓华

【思考】班组长在员工管理中经常会遇到员工的抵触，如何通过沟通来化解呢？

【点评】面对员工抵触，班组长首先要认识到：抵触是自然反应，是必经的过程。所以对于各种改变，员工需要时间调整，更需要班组长的沟通与协助。其次，不应将员工的抵触视为阻碍，要正视员工的反应，去了解背后的原因，化解员工的抵触心理。第三是了解员工心生抵触的原因。

本案例中的管理者作为一个基层管理人员，注意到了管理过程中员工心理和情绪的变化，用有效的沟通对策和正确的处理方法，灵活处理了管理过程中潜在的危机，保证了管理目标的实现。

【链接】化解抵触的注意事项

（1）不是要安抚情绪，而是要化解疑虑。班组长与员工之间时常处于信息不对称的状况，许多的信息或者事实只有班组长知道，会让员工觉得不公平，更会对改变本身产生怀疑。

（2）不要谈论价值观，而是沟通具体的事实。除了清楚表达你对于改变的期望之外，还应说明具体的作为。

（3）不要刻意隐瞒，要确实说明可能的困难。

（4）不要只顾虑员工的想法，而要去影响员工。

担任班组长的职务，最重要的就是运用自己的权力去影响别人。这不是说擅用职权，强迫员工接受命令，而是班组长运用的决策权，决定什么事情应该做、必须去做。

班组长不应该担心自己与员工的意见相左，许多时候必须去要求，而不是完全让员工自己决定。

当好娘子军的"党代表"

我所在的永川工业园区中心站是一座名副其实的"娘子军"班组，站内8名女职工。俗话说"三个女人一台戏"，作为站长，又是站内唯一的男性，确实增加了我很多管理上的难度。她们有时亲如姐妹，有时为了点小事又斤斤计较，看来要建立良好的班组氛围，仅仅搞好我跟员工间的关系是绝对不够的，解决员工内部冲突和使她们保持良好的关系也是班组长要承担的重要工作之一。

记得2018年渝西采气作业区迎接分公司"基层建设红旗单位"的检查验收，我们中心站被定为检查验收的井站。随着检查的日期越来越近，领导的要求越来越高，检查了几次仍达不到要求。这天，领导又要来检查准备情况，每间宿舍要求衣柜整齐划一，物品统一摆放。老员工胡蓉对同宿舍的年轻员工赵亚兰说："一会领导要来检查，你赶快把自己的内务整理好，不要拖宿舍的后腿，再通不过就说不过去了。"小赵当时只是漫不经心地"嗯"了一声。不一会儿，有人告诉我，胡蓉和小赵吵起来了。我马上赶了过去，听胡蓉怒气冲冲地说："我怎么告诉你的！自己的私人物品不收好，衣柜乱得像狗窝一样。"小赵也不甘示弱："我哪里没整好嘛，要被批评、要扣钱有我，不关你的事。"

看着两个人剑拔弩张的样子，我马上过去调解，认真地倾听了她们双方的诉求，但并没对她们提出批评，只是希望她们换位思考。比如，让胡蓉想象一下："如果你是小赵，听到别人那样指责你，你会有什么感受？"让小赵也思考一下："如果是因为你的问题让你们寝室受到批评，你会有什么感受？"。同时又对她们晓之以理，动之以情，老员工应该多帮扶年轻员工；年轻员工也更该学习老员工一丝不苟的作风。大家都是一个整体，一年有一半的时间都一起工作和生活，都要学会理解与尊重。通过多方面的调解她们最终和解，一起重新整理了内务，并顺利通过了检查。

通过此类似的事情，我觉得在一个班组中，如果缺乏和谐的氛围必然会影响到团队的凝聚力，进而导致整体水平的下降。因此，班组长有责任，也有必要来维护好员工间关系的融洽和顺畅。那在解决员工之间的冲突矛盾时，班组长该如何进行沟通调节呢？我觉得应该做到以下几个步骤：第一步，尽量弄清下属间产生矛盾冲突的原因，矛盾发生的过程；第二步，无论面对怎样的矛盾，班组长对当事双方一定要公正对待，偏袒只会使矛盾激化；第三步，班组长要针对不同的冲突内容选择相应的解决方法。

◆ 作者：重庆气矿永川采输气作业区永川工业园区中心站黄202脱水站　刘　奎

【思考】班组长面对工作中的冲突，如何做好各方的协调沟通工作？

【点评】班组长的角色是一个协调与管理者，他的工作是接受任务，然后计划并与班组员工协作完成。协调就是班组长为调整大家的工作方向，达到观点、理念的基本一致，或者为了任务更好地完成，而对某一特定问题与有关人员联系，彼此交换意见，借以保持双方的和谐与融洽。简言之，协调的意义，不仅包括目标与观点的共识，还包含问题意识与职务意识的提升及鼓舞士气。案例中管理者准确分析冲突的类型，能够及时了解原因，从双方共同点开始沟通，再慢慢解决分歧，措施得当，化解了矛盾。

【链接】班组工作协调与沟通要领

1. 应有的态度与作为

（1）信任别人，不怀疑他人诚意与健全心智。（2）关心并珍惜彼此关系，对观念上的差异愿意沟通。（3）接纳外来影响，并愿意改变自已。（4）运用倾听来了解他人。（5）运用倾诉而被人了解。（6）从双方共同点开始沟通，再慢慢解决分歧。

2. 与同事沟通基本原则

（1）以解决问题为前提。（2）不要有先入为主的观念。（3）互相尊重。（4）不要有门户之见。（5）双赢的观念。

3. 用沟通代替命令

（1）提升员工积极接受命令的意愿。（2）让员工事前参与。（3）让员工明白事情的重要性。（4）让员工提出疑问。（5）用反问的方式。（6）确认员工的了解程度。（7）共同探讨状况、提出对策。（8）让员工感到被信任。

火急火燎的刘班长

　　担任站长有一段时间了，员工开始接纳我，领导也对我的工作表示认可，一切似乎都步入了正轨。由于之前没有管理经验，我在班组管理上一直抓得比较紧，要求也很严格。但问题就来了，虽然我一直努力放低姿态，试着跟其他人搞好关系，但似乎收效甚微，总感觉跟她们隔着什么，彼此间过于客气。

　　去年，基层战队手册编制进度落后，我心里真是火急火燎，当时抽调正在轮班休息的综合班长刘利来站帮忙。可刚刚干了2天，她说身体不舒服想回家休息一下，要是在平时我还会关心地问几句，但现在是什么时候啊！我当时就很不客气地说了她几句，也没有准假。当时她没说什么就去继续工作了。3天过去了，我发现虽然编制组成员都没有请假，但似乎每个人都闷闷不乐的，工作热情也很低，工作进度也很慢。万般无奈之下，我找了编制组的另一个成员胡蓉了解情况。胡蓉说："刘站长，其实我们和你一样很着急想尽快把活干好干完，但说实话，你对工作的要求实在太苛刻了，大家都觉得特别累。"胡蓉的话一下子让我明白了问题的所在。原来，大家的压力不是来源于工作而是来自我啊。听胡蓉说了很多大家对我的意见，我心里难受极了，自己平时怎么没有意识到这些呢？

　　班组管理过程中，对员工的高要求、严管理是非常必要的。但是关键在于，"高"和"严"是否被员工所认可和接纳，方式、方法是否得当？也许，你认为做事就是要认真负责，追求完美，但是员工可能会觉得你很苛刻，并因此产生压力；也许，你认为班组长就是要表现出够威严，但可能你表现出来的方式会让人感觉是霸道、粗暴，并心生反抗。一只木桶能盛多少水，并不取决于最长得那块木板，而是取决于最短的那块木板。有时候，决定自己发展高度的并不是优点，而是不足。

发现自身的不足，并在管理中加以有效弥补，是每一个班组长应该解决的重要问题。如果脾气比较暴躁，经常通过大声训斥员工来管理工作，那么你的火暴脾气就会完全抹杀你实际上对工作负责、追求完美的认真态度。每次想当众发怒的时候，不妨尝试先离开一会，让自己冷静的同时也给出错的员工留些思考的空间与时间。

◆ 作者：重庆气矿永川采输气作业区永川工业园区中心站黄202脱水站 刘 奎

【思考】管理者需要提出具有挑战性的工作目标，以激励员工取得更好的工作绩效，但是如何沟通才能更好的效果呢？

【点评】管理者对工作提出更高的要求，让员工努力去完成具有挑战性的工作目标，很有必要掌握对员工下达命令的方法。命令的目的是让员工按照你的意图完成特定的行为或工作。下达命令需注意5W2H，即Who(对象)、What(任务内容)、When(何时完成)、Where(地点)、How many(数量)、How(如何做)、Why(完成任务的原因)。

另外在下达命令时，还需要考虑员工的意愿与能力，来决定下达命令的内容以及衡量员工对命令执行的力度。下达命令，口令清楚是基本要件，所以要因人因事因地制宜地给予指令，以达到最好的效果。此外管理者提出要求的同时，要为员工达成任务提供技能指导、能力提升、实施环境等辅助支持，而且要将任务的完成与成就、认可、责任、个人成长等激励因素相衔接。避免相关管理措施堕入消极的心理性KITA（KITA是kick in the ass的简写，中文意思是"踢屁股"），争取采取积极的KITA，形成正向激励。

【链接】KITA激励法[1]

慈不掌兵，管理者肯定要给团队提出工作要求，施加一定的压力，以促使成员努力工作，也就是要踢踢屁股。但是KITA分为消极的心理性KITA和积极的

---

[1] http://www.doc88.com/p-0166484383466.html。

KITA 两种。消极的心理性 KITA 是指利用权力等级实施带有心理威慑的领导，制造一定程度上的压力、焦虑和恐惧。短期内也许会创造出良好的业绩，但长期不利于团队发展。积极的 KITA 是将赫茨伯格双因素理论在工作中运用，将工作目标与激励因素（成就、认可、工作内容、责任、晋升与提拔、成长）有效衔接，让员工在工作本身中获得激励，形成积极向上的团队氛围。

善于倾听 当好"领头羊"

2019年11月1日，我来到攀枝花中心站担任站长。第一天上班便有员工对我提出希望调整岗位到LNG站上班，甚至有辞职的意向。对此，我感到困惑，是什么原因造成员工的思想波动呢？

于是我单独找他们谈心，询问缘由。员工甲说："孩子还小，没人带。"我想了想没有正面回答他的问题，只是和他聊起了家常，了解到他和父母住在同一个小区，又是独生子女，父母年轻且无负担，所以也不存在孩子没人带的问题。员工乙说："父母年事已高，配气站上班离家太远，照顾不到，希望调换工作岗位，要不就离职不干了。"我同样未回答他的问题，只是和他谈心，了解其家庭状况。通过这次谈话才知道，他们的问题并不是真不想干了，而是另有原因。

难道是公司对他们关心不够吗？于是我把这两位员工召集在一起，直奔主题说："跟我讲讲，你们为何有辞职的想法啊？企业培养你们，就是希望你们好好干下去，以后我们站五型班组的创建还需要你们，你们说不干就不干了，这配气站工作咋整？你们说说看。"他们见我说到这份上了，便说出了小班班组长的问题。原来，他们和班组长屡次产生争执。"班长甚至把我们告到公司去，说我们不支持他的工作，不服从工作安排。"我一听，原来是班组管理上出现了问题。

于是我找到班组长，询问其缘由，班长说："我安排的工作他们不做，上级安排的工作无法推动，我也不想管这班组了。"班长说班员有问题，班员又说班长有问题，这咋回事啊？

我立即把班组人员召集在一起召开了班务会，对班组长进行了严厉的批评："班组不好管理，你就不想干了，出现问题只管往公司反映，公司就为我们一个配气站操不完的心，我们这些兵头将尾的作用在哪里呢？"同时也批评了班员："遇到困难就不干了，也不支持班组长的工作。"这时班员甲说道："不是我们不支持班组长工作，是他不喜欢听我们的建议。大家有好的工作方法一提出来，就被他挡回去了，还说我们不支持他工作"。听到这里我明白班组问题原来是员工之间的性格差异，导致工作方式有冲突，相互间信任感不强。

经过一段时间观察，我感觉班组长在工作上敢于管理，敢于担当，这是优点。但是性格上属于跳跃性思维，谈话时极易打断员工话语，不分析员工的想法，当员工提出不同见解时，没有积极去倾听，直接武断处理，所以在班组管理上，班员做得累，班长管得也更累。

对于这一问题，我采用私下会谈的方式，做班长的思想工作，教会他"慢三秒"的工作方法，同时召开班务会、站务会时让班员先说话，班长后表态的办法，提升班员在班组管理上的参与积极性，让班长好好听班员的意见和分析，纠正以前的毛病。一段时间后，班长不再像以前那样说话了，班员也开始积极配合班长工作，站场工作风气和面貌发生了极大的变化。当听到他们下班后还经常召集在一起聚会活动时，我知道他们终于已经消除隔阂能像家人一样不分彼此，团结且更加努力。

俗话说：管事易，管人难。班组管理离不开一个好的"领头羊"。员工的想法未能通过正当渠道积极与班组长进行沟通，班组长未能静下心来倾听员工的想法，都不可能带动班组共同进步。

◆ 作者：四川川港燃气有限责任公司攀枝花公司中心站 阴文霖

【思考】面对员工集体要求换岗的情况，站长发现原来是班组长与班员之间存在着一些矛盾，而根源就在于班组长的管理方式，可见倾听是多么重要。那么作为班组长该如何倾听下属班员的意见呢？

【点评】案例中站长通过对班组长与班员之间矛盾的跟踪调查，发现了问题根源在于班组沟通中存在着倾听障碍的问题。作为班组长，倾听班员心声是班组管理的一种重要方式，是团结班员的关键途径之一。聆听的原则在于心耳并用与换位思考。出君之口，入我之耳，深入我心。说的就是聆听需要心耳并用，用心倾听。而换位思考则告诉我们：聆听后应该要站在对方的角度去思考，在行为上体现用心。

【链接】善于倾听 ❶

　　有人曾向日本的"经营之神"松下幸之助请教经营的诀窍,他说:"首先要细心倾听他人的意见。"松下幸之助留给拜访者的深刻印象之一就是他很善于倾听。一位曾经拜访过他的人这样记述道:"拜见松下幸之助是一件轻松愉快的事,根本没有感到他就是日本首屈一指的经营大师。他一点也不傲慢,对我提出的问题听得十分仔细,还不时亲切地附和道'啊,是吗?'毫无不屑一顾的神情。见到他如此的和蔼可亲,我不由得想探询:松下先生的经营智慧到底蕴藏在哪里呢?调查之后,我终于得出结论:善于倾听。"

---

❶ https://www.qinxue365.com/kczx/121885.html。

第二章 员工管理

彼得·德鲁克曾说过："管理的第一要素是人。"在人、财、物等生产要素中，人是最重要的因素。因为所有的事情都是要人去做的。

一个企业对基层员工管理的好坏，直接关系到经营是否成功，关系到企业发展状况和竞争力的高低，直接影响产品质量、成本、安全生产和员工士气，影响企业的经营成败。

优秀班组建设是企业和服务组织提升管理效率的重要手段。班组长作为连接中层管理与员工的桥梁，在企业组织中具有举足轻重的作用。他不但要管物、管事，而且首先是管人。把人管好，让员工在心情愉悦的状态下以较高效率完成工作任务，自然达到管理的目的。聚焦班组人员管理的问题，是因为"人"相对于"事"来说更加复杂，尤需到位、精细。

1. 分类管理

分类管理是人员管理精细化的基本方法。可以以技能、态度两个维度把班组员工分成四类，然后有针对性地采取不同的管理方式。第一类态度好，能力强。对这类员工采取"放任式管理"，把工作交给他就行了，即只问结果，不管过程。这类员工不是很多，绝大部分员工都是"听话的不能干，能干的不听话"。第二类能力强，但态度差，对这样的员工可以采用扬长补短的方式监督，即时时关注、提醒，督促其完成工作任务。比如，不时到工作现场看一下，拍拍肩膀，发个短信、微信等。第三类态度好，但能力弱。新进员工很多就是这种类型。对他们应采用辅导的管理方式，帮助他们尽快提高作业技能，适应工作需要。也可以安排老员工一对一结成帮扶对子，通过"传、帮、带"这一传统方式来完成这一工作。第四类态度差、技能弱。这一类员工是班组长最头疼的了。可采取指挥的方式，帮助其尽快成长起来，以实现员工技能与岗位要求的匹配。班组长要从态度上引导，技能上培养，两个维度同时着力，弥补其短板。通过这样的人员管理方式，班组员工就会真正达到人尽其才。

2. 高效沟通

沟通是班组长人员管理中一项很重要的工作。班组长不是一个人在单打独斗，而是要凝心聚力，带领全班组人员通力协作完成工作任务。在这个过程中班组长进行必要、有效地沟通是不可或缺的。事实上班组长40%左右的工作时间都是用在沟通上。

3. 布置精准

很多班组长在布置任务时，往往非常简单，有时就是一句话："某某，你把那件事情做了。"殊不知，现在的简单往往意味着以后的复杂，因为在随后的工作过程中，不时就会有大大小小的问题等着他去解决。按照精细化管理的要求，布置也应有套路。布置工作清单的具体内容一般包括工作内容、责任人、质量要求、数量进度、重点难点、流程方法、检查时限、考核奖惩。一项工作的布置，因为有了以上八个要素精细地安排，准时完成任务的可能性会大增，敷衍塞责的可能性一定大减。因为工作方法都交代得明明白白，员工还会在作业中屡出差错吗？更重要的一点，什么时间检查，怎样检查，做好了怎样奖励，出差错如何罚都说得清清楚楚，又有谁敢打马虎眼呢。

让员工人尽其才、各得其所、心情舒畅地工作，是班组长每日必修的一门功课，因为班组长是一个实实在在的管理者，是带领大家完成任务的人。所以沟通、帮助、培养、控制是班组长工作内容的几个最主要的关键词，它们的着力点都在于人。因为，"事"是"人"做的，只有"人"顺了，"事"才能顺。

用"家人意识"以心换心

三年前,前任班组长因工作原因调离班组,于是班组长的担子落在了我的肩上。

刚接手的那段时间里,除了谈工作,我与班员们几乎没有别的交流,大家对我不冷不热,安排工作也不是很配合,我时常陷入被动的境地。

一个月后的班组会上,大家给了我一个"中评"。在会上我当着所有班员的面承认了自己的缺点:"我的个性属于心直口快,有时说话不太中听,让人感觉不好接近,在这里我给大家做出承诺:在以后的日子里,我会尽力像对待家人那样与你们相处。"

在大家关注的目光里,我时刻注意自己的言行举止,空闲时经常与大家拉家常、召集员工过生日小聚会等,慢慢地拉近与班员们之间的距离。

一天凌晨,患有肾结石的员工突然发病了,疼得直冒冷汗,急需送往医院。恰好值班车司机公差外出未回,员工公寓又地处偏远山区,交通非常不便。情急之下,我赶紧叫来同事,几经周折终于把他送到了20多公里以外的县城医院。

第二天大家去探望他,他充满感激地说:"我刚来班里就遇到生病,大家跑前跑后地帮我,这份情谊让我真的很感动。"我笑着说:"因为工作需要,我们身处异乡,每天相处的时间可能比自己的家人还要长,彼此不是亲人胜似亲人,你是这个大家庭中的一员,家人遇到困难了,帮助你不是应该的吗?你要快点好起来,你不在班里,我们觉得冷清了好多呢。"这番话让他有了"家"的感觉,也进一步拉近了我与大家的距离。

还有一次,一个班员工作时不在状态,心不在焉,我关切地问他怎么回事。通过了解,我弄清楚了事情的原委,原来他女朋友生病住院了,希望他能回去陪伴。由于生产任务重，他没有请假，结果让女朋友误以为是他在找借口，现在还在气头上，电话也不接了。看他心急如焚的样子，我安慰着他："别担心，一切会好的。工作上的事还有我们呢。"然后我拨通了他女朋友电话，详细询问了病情，并帮他消除误会，解决了他的"燃眉之急"，这一举动让他和他女朋友都觉得很暖心。

就这样，渐渐地，我用细微之处的关心兑现了承诺，与大家的关系变得融洽了，班里多了欢声笑语，逐渐形成"像一家人一样和谐相处"的氛围，安排下去的事情大家都积极配合，班里各项工作开展得越来越顺利。

我切身感受到，班组长要善于灵活运用情感交流的"软管理"模式来管理班组，管人先管心，对班员要像家人一样，通过感情的力量，以心换心，用"雪中送炭"般的温暖，帮助员工解决困难，改善与员工之间的关系，获得信任，相信真心付出总会有回报的一天。

◆ 作者：成都天然气化工总厂氦气分厂生产一班　周　静

【思考】作为班组长，如何调整管理风格？

【点评】任务管理型班组长往往缺乏管理能力，态度和作风生硬，其目的在于高效地完成工作，对员工缺乏关心，造成上下级关系紧张。亲和型班组长更关注促进自身与班员、班员之间的和谐关系的建立，更关心与满足班员的情感需求。除此以外，管理风格还包括教练型、命令型、授权型、民主型等。对于不同管理风格，每一个管理者，可能自身有比较倾向的管理风格，但是作为一名优秀管理者，他可以在至少3种以上的管理风格之间进行切换。这就是团队管理中的情境管理，不同的情境下，运用不同的管理风格。

【链接】爱出者爱返，福往者福来 ❶

"爱出者返，福往者福来"这句佛语出自汉代贾谊的《新书》。

---

❶ https://www.jianshu.com/p/c97bba52534d。

这句话原文的意思是用爱来对别人，将来别人也一定用爱来回报你，你用自己的金钱、智慧等去帮助别人，付出你的福报，将来得到的也是更大的福报。你怎样对待别人，别人也往往会用同样的态度对待你，人际关系实际上始终呈互动的、来往的过程。在人际交往过程中，没有无缘无故的接受、喜欢和帮助的。

"杂牌军"管理的挑战

犍为液化天然气生产四班，是我职业生涯中带的第三个班组，组建之初班员有6人，由4个工种组成，其中聂某（女）和田某是有解返聘人员。这支技能不同、身份迥异、来自不同岗位的"杂牌军"给班组管理带来不小的挑战。

班组组建后，我急于想通过外塑形象、内强素质的方法把班组早日带入优秀队伍行列，让大家的工作得到组织的认可。在日常管理中，为了把这支"杂牌军"Hold住，但凡有人冒个杂音，我就板着脸批评一顿，要是还有反驳意见，我就用语重心长的口气讲一番以大局为重、从集体利益出发、莫计个人得失的道理，企图用"集体利益"压制情感宣泄。经过一段时间的磨合，还算波澜不惊、相安无事，只是感觉少了些欢快的气氛。

后来，班组来了几个市场化用工技校生，这些新员工刚到单位时收入与返聘人员持平，特别是第一次领到工资后优越感爆棚，逢人就乐、见人就说，殊不知，技能与收入反差无形间戳痛了返聘员工的小心脏。

一天，大家又在中控室晒收入，聊得欢畅时却忘了填工艺报表，本来就有怨言的聂某不满地说："拿了工资要干活哦！"正在聊天的欧某说："你多干点嘛，他们才领钱，激动着呢！"聂某说："我这点收入，干这么多，凭啥！"口无遮拦的欧某硬生生地回道："你是老大姐，正该多干点好树立榜样！"性格刚烈的聂某不甘示弱："你带着年轻人吹牛不干活，还说风凉话！"两人你一言我一语，一个拍桌子双眼瞪成了铜铃，一个摞凳子纤纤玉手攥成了拳头，眼看武戏就要上演，空气瞬间凝固。

"君子动口不动手！有看法，摊开说，不背后议论，不人后八卦。"我故作镇定地说道。一顿吵闹，让我"经营"的优秀班组分崩离析，"和谐"碎了一地。

此后，大家除了工作对话，谁也不敢多言，怕踩雷，一副老死不相往来的阵仕。我想，一定是自己用错了管理方法，决定和大家谈一次心。

通过了解才知道，返聘人员本来就有自卑感，班组在谈话间口无遮拦，经常戳到痛点；费用高的 AA 活动出于好心没叫她，无意间造成了孤立；劳动组织的不同，机制的差异，收入悬殊确实是迈不过的坎。

我让班组其他同志学会换位思考，多些理解和包容，注意说话分寸，不要铸成无心之错。

我将班费交与聂某管理，让她了解开支是本明白账，并没有厚此薄彼。

同时，在班组营造传帮带氛围，我特意将新员工交给聂某教导。在职代会上我提出应在返聘人员中评选先进工作者，给予鼓励和肯定的提案，得到附议实施。谈心以后，班组和谐氛围真的出现了。聂某肠胃不适，厨艺好的小林，特意熬制米粥、制作爽口的凉拌三丝，烹饪营养早餐；副班长负责夜班饭，不断翻新菜品，让舌尖上的美味把误会无声化解；欧某也主动为聂某把关新男友，希望她的第二春幸福美满。

在大家的理解下，气氛越来越融洽，班组有了家的味道；这支"杂牌军"成功迈入分公司金牌班组、四川省安康杯优胜班组的行列。

班组长要善于交心谈心、化解矛盾，激活每个细胞形成合力。在探索工厂新管理模式的过程中，班组可能会是合同工、劳务派遣工、外包工的大组合，会有很多新情况新矛盾出现，要不断创新管理方式，因势利导，才能为 300 亿战略大气区建功立业。

◆ 作者：成都天然气化工总厂液化天然气分厂 蒋 军

【思考】班组成员技能的不同、身份的差异、来自不同岗位都为班组管理带来不小的挑战。如何营造一个和谐的班组环境，凝聚每一位班组成员的力量呢？

【点评】班组是一个大家庭，有温馨的一面，有严厉的一面，有彼此闹矛盾的时候，有彼此相理解的时候，有民主集中的讨论，有一言堂式的拍板。这是最真实的一个写照。管理者应该明白种种问题的出现，先从自身管理方式找问题，敢于自我批评，善于与员工谈心谈话。读懂每一位员工的心，看懂每一位员工的情,换位思考,多加理解,互相帮助,彼此交心才能凝聚班组员工的心,班组管理才能左右逢源。

【链接】谈心谈话

习近平总书记指出:"对干部经常开展同志式的谈心谈话,既指出缺点不足,又给予鞭策鼓励,这是个好传统,要注意保持和发扬。"继承和发扬这一优良传统,组织部门责无旁贷。实践证明,要用好谈心谈话手段,确保其实际效果,必须注重"三性"。所谓"三性"就是告诉我们在用好谈心谈话时应该注意:(1)严肃认真,注重政治性;(2)问题导向,注重针对性;(3)有的放矢,注重实效性。

"全能王"攻关

相国寺储气库集注站生产运行班员工赵兵，爱学习，善钻研，一有空就"鼓捣"各种设备设施。在他的摆弄下，一个个废旧的物件总能焕发"新春"。

2011年，赵兵调到相国寺储气库，在短短的几年里，他自学弄懂了机泵、压缩机、油气管道的操作维修，还学会了叉车、电工、焊工、气瓶充装等多项操作，取得了11个操作证书，6个职业等级鉴定证书，其中有4个操作证是高级技能等级。在生活和工作中解决的各类问题不计其数，大家都称他为"全能王"。现在说到赵兵，大家不一定瞬间能与人对上号，但说到"全能王"，可都知道就是那个爱"捣鼓"的小伙子。

2017年8月，赵兵刚由管道巡护班调整到生产运行班，还在跟班的他，通过中控室监控大屏看到生产现场一切运行正常，空闲间便拿起他心爱的"宝贝"钻研起来，不经意间他却发现其他值班人员如临大敌，坐立难安，一刻都不敢放松地看着监控大屏，分析电源控制情况。经过询问他才知道，原来是因为110千伏变电站值班室内开关电源控制柜总是发生温度超高报警，多次排查却都没有找到问题。

电源柜担负着给储气库压缩机组供电的重要任务，一旦运行异常，将会造成全站机组异常停机，每日1000多万的注气量将瞬间变为零，这不仅将影响相国寺储气库的注气进度，甚至影响全国天然气大管网的安全平稳运行。

赵兵到现场了解情况后，查阅了大量关于电机方面的书籍和资料，并将电机发热问题与资料上所讲的电机运行规律进行对比，经过几天不断地现场查看和大量的资料查阅对比，最终发现开关柜最大的缺陷其实是柜内设备太多，散发的热量大，加之散热风扇效果差，温度降不下来，导致电源控制柜温度过高。

但是他又遇到了问题：开关柜内设备不能移动，而且散热风扇不能更换，可怎么办呢？这可难不倒这位"全能王"，他想到了家里微波炉的散热原理，于是在机柜上钻了几个孔，增加了散热面积，提高了散热功能。经过他的改造，机柜再也没有出现过热现象。从这件事后，大家更加佩服他了，"全能王"的名声也越来越大。

◆ 作者：储气库管理处相国寺集注站生产运行班 李洪斌

【思考】如何在班组中发挥那些技术过硬、爱钻研爱琢磨的技术骨干的作用，提高班组的战斗力？

【点评】每个班组都有技术骨干，班组长要充分发挥这些技术骨干的引领作用；同样，班组中每个班员也都有自己一技之长，要善于发现他们的特长，用人之长。只要班组中能将这两个方面的积极性都能发挥好，经常开展技术协作，让每个班都有施展的用武之地，那么整个团队的作战能力也会大幅度提升。

【链接】打造技术过硬的学习型团队

班组中需要培养一批素质过硬、工作责任心强、一岗多能的合格员工，这对提高工作效率，完成工作指标，降本增效，起到积极的促进作用。岗位培训在内容上，应注重从实际出发，突出个性，因地制宜，加强各岗位的技能培训、操作规程、安全规程和应急预案等学习，开展经常性的岗位技能培训和训练，提高员工技术素质，使员工能够熟练掌握安全知识和操作技能，能够熟练正确地传达、执行作业指令，使作业活动实现规范化，从而从源头上避免三违现象和误操作事故的发生。在方法上，要灵活多样，通过安全预知、班组活动、业余自学等多种形式和方法，有针对性地对员工进行安全意识、安全知识和安全技能培训。在时间上，要有长期规划，短期安排。要根据工作和任务的需要及时调整计划，及时学习公司下发的事故通报，总结事故经验、教训，举一反三地做好安全台帐以及员工的警示教育。在方式上要突出以班组为单位的安全教育和学习，对在岗员工进行安全基本常识、安全技术交底、安全措施、杜绝违章现象等方面进行培训。

范师傅的提点

川东北气矿气田维护中心电工班，现有成员 6 人。其中，2 名电工技师，4 名电工中级，平均年龄 33 岁。就是这群"老少"组合承担着气矿基地、作业区基地和 68 座井站的高低压电气设施设备及 161.9 公里 10 千伏配电架空线路春秋季集中检修与日常维护维修工作。

我们是平凡的，但电力安全工作却极不平凡。大家深知团结协作的重要性，为了让班组年轻人更快地成长，更好地承担起肩上的责任，为大巴山的电力安全保驾护航，在实际工作中执行外出工作任务时，不论年龄、不论技术能力，一律采取轮流带队负责的方式。带队负责人，从接受任务开始，根据任务派遣单上的任务简述，初步判断现场情况，自主挑选搭档和准备器具材料，并组织完成现场的作业指挥、联络协调和资料收集等工作，直至任务结束。

班组员工小姚，从 2011 年来到班组，一直都是任劳任怨、勤勤恳恳工作的好青年。在第一次担当任务负责人时，小姚怀着既紧张又期待的心情，接受了自己的第一份任务单，开始组织人员，根据任务简述及相关联系人的描述分析现场故障原因，准备工具、材料，与作业区相关负责人沟通作业流程，并完成了作业许可票证的申办。就在准备出发时，同行的技师范师傅提醒他：数字万用表在哪里，是准备到现场变个魔术，给大家"惊喜"？小姚恍然大悟，原来电工最重要的检测设备，也是最基础的检测设备——数字万用表，差点忘带了。

到达现场后，范师傅私下对他说："不要紧张，回想以前我们的现场工作流程，谁都有第一次，没有谁的经验是与生俱来的。"就这样在范师傅的提点下，从工作的组织安排、故障处理、作业现场资料收集，直至工作任务结束，都没再出现任何"惊喜"。时值冬日，忙活一整天后，小姚安全帽下的两鬓已经起了白毛般的一层汗霜。他自嘲地对大家说："还好有范师傅的提醒，不然今天可能就

'惊喜'不断,这个负责人也确实不是嘴上说得那么简单。"

电工班的每一个人都是从一开始的懵懂少年到清楚明白岗位职责和岗位工作的重要性,到最终明白每个工作任务到底为什么做、怎样做,明白工作中的每一个角色的重要性,明白对自己的工作负责,才能对周围的兄弟同事负责,对单位负责。作为气矿的一个"年轻"班组和"小型"班组,8年来先后多次荣获气矿"金牌班组"、公司"工人先锋号"等荣誉称号。班组成员也多次荣获气矿劳动模范、优秀工作者、优秀共产党员等荣誉,实属不易。我们获得荣誉的源泉,都是来源于大家对"工匠精神"的卓越追求,来源于实现自己人生价值的渴望!我们只是星河里普通的一颗,散发着毫不夺目的微光,却怀揣着成为最闪亮的那一颗的梦想。

班组年轻人和老同志共同协作,可以增进彼此融合,既可以给老同志带来新理念与活力,又能给年轻人的血液中注入责任与担当、传授全面的理论和技能知识,年轻人在老同志的耳濡目染下,全情投入,敢于担当,才会茁壮成长。

◆ 作者:川东北气矿气田维护中心电工班 袁 航

【思考】随着年轻员工加入班组,班组中新员工和老员工平衡管理的重要性则不言而喻。那如何促进新老员工和谐、共同发展?

【点评】在一个高效的组织里面,组织内部人员的流动就像血液流动一样,不断地注入新鲜血液,有利于去帮助组织去更好地成长和创新。但是就像输血会发生"排异反应"一样,新来的员工会在组织内部有一个适应过程,其中,不可能避免的会出现新老员工的冲突和对立,对企业也会产生很大的负面影响。

通过构建宽容、开放、平等的班组文化,促进班组内新老员工的良性沟通和互动。班组文化对新老员工的影响是潜移默化的,如果制度为骨,文化就是肉,骨肉交融才能促进企业的快速成长,脱骨或者离肉都不是明智的做法。一个有领导魅力的人,在新老员工的眼中都会成为学习的典范,也就能加快新老员工的融合、促进奋发。同时班组文化中也要涵盖公正、公开,包括领导者从上至下提倡公平的工作氛围,坦诚的沟通气氛,不偏不倚,不急不躁,才能帮助新员工顺利度过适应期,帮助老员工顺利接纳新员工。

【链接】新老员工间的"排异反应"

首先客观来说,新老员工在价值观、工作认知、职业发展、物质需求、工作行为上有所不同。其次,由于老员工的潜意识中的自我保护机制会给新人造成提升上的天花板。最后,最根本的原因在于,企业管理办法和管理机制是否能够支持新老员工的和谐相处,比如健全的职业发展通道和薪酬制度可以帮助新员工和老员工在物质需求上取得平衡。

新生代员工管理从"心"开始

我们站上有一位1992年出生的年轻女生，她是在2014年入职的。当时我也是一名经验不足的新班长。她刚来时，我手把手地教她站上的流程、参数、阀门类型等基本知识，教完后问她会了吗？她也能基本复述出来。

在一次到站考核中，领导随意指着一个用户的安全阀问她："这个用户的安全阀起跳压力是多少啊？"她却支支唔唔说不出来。领导走时语重心长地对我说："还是要做好青年员工的培训工作啊！"

我百思不得其解，这些知识都培训过，她也通过了考核。为什么会被一问三不知呢？领导走后我并没有批评她，只是把一些基本知识再次讲解了一遍。而我的心中却怪自己往日对她关注不够。于是我开始偷偷地观察她。经过多日的观察，我发现小姑娘并不笨，却有些心浮气躁，有些自负。

小姑娘学习时从来不做笔记，做事时总觉得差不多就行了。这下我找到问题所在了。然后，我开始拿出我班长的威严命令她要如何做，她总是说一次做一次，下一次你不说她就依然我行我素。我意识到这个方法行不通，只能另辟蹊径。

偶然的机会，我发现她很喜欢看韩剧和美剧。我便从这方面入手，经常跟她聊我觉得哪部美剧好看，哪部韩剧的男主角帅，以引起的她的共鸣，拉近我们的关系。随着话题越来越多，慢慢地我就将话题往工作中转，委婉地提出她在工作中的不足，并提出改进方向。渐渐地，大家都发现她做事没有以前毛躁，在开展技术培训时手中也会拿着纸笔了，大家给她提的一些建议她都虚心听取，后来在设备维护保养评比中还受到了表扬。

她的转变让我知道在班组管理中不是只有强势弹压一种方式，每个人都是不一样的，有的人吃硬不吃软，有的人却吃软不吃硬。所以，必须要摸清每个班员的性格进行针对性的管理才能真正使班组管理达到实效。

◆ 作者：四川川港燃气有限责任公司南充公司储配二站　唐　瑜

【思考】年轻的90后、00后员工与其他年龄层的员工心态不同，他们成长环境复杂，有很强的个性，造成做事毛躁，遇事退缩，过度自信的工作不良表现。面对这样一群年轻人，班组长们该如何管理呢？

【点评】80后、90后、00后的员工已经陆续在我们的各个岗位中出现，这样三批人群有着完全不同的成长环境，各有不同的性格特征。年龄稍大的领导们面对这样一群个性独立，有时候我行我素的员工总是倍感焦虑。案例中的班长用一种很好的方式演示了如何走进这些人，潜移默化的改变他们的行为，激发他们在工作中的热情主动和创造力。这种方式其实就是尊重他们的体现。年轻员工有思想、有个性、有能力，往往反感强制性的工作施压和行政命令。但是如果我们从非正式的渠道，与年轻员工交心，尊重彼此，很容易激活员工认真工作的动力，激发他们为班组付出的行为。换言之，过度的集权强压无法从根本上一劳永逸地激发员工的工作热情，但是通过非正式沟通可以取得意想不到的效果。班组长人员管理的基础之一就是"带人先带心"。

【链接】班组员工有哪些行为风格

人与人是不同的，因而员工与员工也是不同的。班组长的首要任务就是弄清员工每个人的情况，并且弄清他们之间的不同之处。要管理好员工，首先需要鉴别员工的类型。

通常来说，构成行为的两个基本要素包括果断性和情感性。果断性是反映一个人的行为在别人眼里显示出来的坚强有力和始终如一的程度。情感性是反映一个人的行为在别人眼里显示出来的个人情感和关心他人的程度。这两个因素合在一起就形成了一个人的行为风格。包括四种：分析型、结果型、表现型、顺从型。简单来说分析型的人考虑存在什么问题，顺从型的人考虑如何达到目标，表现型的人对问题喜欢高谈阔论，结果型的人对问题当机立断。

（1）分析型。分析型指果断性和情感性都较弱的行为风格。与分析型员工相处的窍门是：遵守时间，不要寒暄，尽快进入主题，要多听少说，做记录，不随便插话。不要过于亲热友好，尊重他们对个人空间的需求，减少眼神接触的频率和力度，更要避免身体接触。不要过于随便，公事公办，着装正统严肃，讲话要用专业术语，避免俗语。摆事实，并确保其正确性，信息要全面具体，特别要多用数字。做好准备，考虑周到全面，语速放慢，条理清楚，并严格照章办事。谈具体行动和想法，而不谈感受，同时要强调树立高标准。避免侵略性身体语言，如阐述观点时身体略向后倾。

（2）结果型。结果型指果断性较强，情感性较弱的行为风格。与结果型员工相处的窍门是：直接切入主题，不用寒暄，多说少问，用肯定自信的语气来谈。充分准备，实话实说，而且声音洪亮，加快语速。准备一张概要，并辅以背景资料，重点描述行动结果。行动要有计划，计划要严格高效。处理问题要及时，阐述观点要强有力，但不要挑战他的权威地位。从结果的角度谈，而不谈感受。给他提供两三个方案供其选择，他讨厌别人告诉他应该怎么做。增强眼光接触的频率和强度，身体前倾。

（3）表现型。表现型指果断性与情感性均较强的行为风格。与表现型员工相处的窍门是：声音洪亮，热情，微笑，建立良好的关系，表现出充满活力，精力充沛。大胆创意，提出新的、独特的观点，并描绘前景。着眼于全局观念，而避免过小的细节。如果要写书面报告，请简单扼要，重点突出。讨论问题反应迅速及时，并能够做出决策。夸张身体语言，加强目光接触，表现出积极的合作态度。给他们时间说话，并适时地称赞，经常确认及简单地重复。注意自己要明确目的，讲话直率，用肯定而不是猜测的语气，注意不要跑题。重要事情一定以书面形式与其确认。

（4）顺从型。顺从型指果断性较弱，情感性较强的行为风格。与顺从型员工相处的窍门是：热情微笑，建立友好气氛，使之放松，减小压力感，避免清高姿态。放慢语速，以友好但非正式的方式，如可以谈谈生活琐事，特别是关于你的个人情况。提供个人帮助，找出共同点，建立信任关系，显出谦虚态度。讲究细节，淡化变化，从对方角度理解，适当地重复他的观点，以示重视。决策时不要施加压力，不要过分催促，更不要限制严格的期限。当对方不说话时，要主动征求意见，对方说话慢时，不要急于帮对方结束讲话。避免侵略性身体语言，如阐述观点时身体略向后倾。

从"王打药"到"王大厨"

在我刚当班长的时候,班里有位老师傅有个响亮的绰号"王打药"。因其经常吹牛无底线,像地摊上卖跌打药的一样,故而得此绰号。

不仅如此,他在工作中有些不好的习惯,让跟他一起出差的同事犯难。比如,吃饭的时候单独要包烟,把账却结在饭钱里面。如果乘车人没有随他的意,夏天他就会故意不开空调,要么就是说身体不舒服要回了。

我所在的越野车班组,有越野车15台,员工15人,承担着川西北石油片区气矿、专业化公司以及后勤主要生产指挥用车的工作任务。管理这样的老师傅,我确实有些底气不足。一则因为自己是晚辈,二则因为当班长时间也不长。打铁先要自身硬,我觉得要让班员信服我,首先要严于律己,保持良好的自我形象。为此,在征得单位领导同意后,我提出了用"三个避免"来提升服务质量的想法。一是避免乘客有紧张感。要求大家在行车中要控制好车速,保持合理的车距,注意观察,采取预见性驾驶方案,尽量避免紧急制动,给乘客带来紧张感。二是避免乘客有郁闷感。要熟记国道、省道、县乡道路、井场公路,甚至学校、医院、政府所在地,避免在路上绕来绕去,半天不能到达目的地,给乘客带来郁闷感。三是避免乘客有烦燥感。在途中车熄火,乘客烦不烦燥?在途中发生擦刮,乘客烦不烦燥?司机提出不合理的要求,乘客烦不烦燥?这些,司机都要想到,不要只顾着自己开车,不考虑坐车人的感受。

作为班长,自己怎么做的,别人看在眼里。随着时间的推移,班里有些老师傅原来的老毛病也在慢慢改变。2008年,"5·12"汶川大地震发生后,我们住的房屋都成了危房,大家只能在单位停车场里搭简易帐篷临时居住。单位几十位员工及家属的一日三餐便成了大问题。在这种特殊时刻,单位领导号召大家自力更生,在办公楼旁搭建起了临时厨房。厨具粮油等准备就绪,谁来主厨却难倒了我们领导。这时,"王打药"主动站了出来,不求报酬,心甘情愿为几十位职工和家属准备一日三餐。饭菜的味道得到了大家的一致称赞。由于每天站立的时间太久,导致他的小腿出现了浮肿的情况。每位职工家属看在眼里,疼在心里,亲切地称他为"王大厨"。

从"王打药"到"王大厨",我见证了王师傅优秀的一面。其实我们班组长应当清楚,每个员工都有自己的特点,怎样让员工改掉"老毛病",纠正坏习惯。首先班组长要以身作则,发挥好表率作用。其次在班组管理中讲究方式方法,巧点醒,善批评,对症下药。

◆ 作者:川西北气矿汽车服务中心驾驶一班 李小伟

【思考】新任班组长面对老员工们的管理总是困难重重。能否有一些好的方法帮助新任班组长们快速"降服"班组员工们呢?

【点评】班组长们都希望自己的员工团结友爱,工作积极,耐心热情,有责任心。尤其对于老员工,总是希望他们能够帮助自己带领着大家把班组建设得温馨和谐、优秀先进。然而,面对老员工们的一些"特殊习惯",不少新手班组长却犯难了。不服管、不好管的声音充斥脑海。案例中的班组长只做到了两点,就潜移默化地改变了班组"老顽固"们的行为。第一,以身作则,严于律己。凡事冲锋在前,做到最好,成为组员们的表率,在工作上使人信服。第二,灵活管理,巧妙沟通。老员工们特别注重年轻员工对自己的尊重,但他身上也有些不良习惯,想要改变他们的这些不良习惯,正面批评总是不讨好,还会引起矛盾。注重沟通方式,缓和矛盾,善待"老将",往往能够让老员工主动接受意见和建议并激发他们进行自我反省。另外,还有很多方式适合年轻班组长与老员工们沟通,如委以重任、"传帮带"、树立榜样等,这些方式也能够激发他们的责任心和使命感,从而令他们自己树立一种以身作则的意识。

【链接】以身作则[1]

《论语·子路》:其身正,不令而行;其身不正,虽令不从。就是说,当管理

---

[1] http://www.hxlsw.com/html/myjj/2009/1018/46048.html。

者自身端正,作出表率时,不用下命令,被管理者也就会跟着行动起来;相反,如果管理者自身不端正,而要求被管理者端正,那么,纵然三令五申,被管理者也不会服从的。

楚威王问莫敖子华:"从先君楚文王迄于今,是否有不图晋爵加俸而只为国担忧的人呢?"莫敖子华就向他列举了历史上各式各样为国担忧的人。楚威王听后,长叹了一口气说:"这些都是古时候的人了。现在,怎么能得到这样的人呢?"莫敖子华回答说:"从前,先君楚灵王喜欢腰细的人,楚国的士人就节食,弄得身体很虚弱,依靠着东西才能站立,扶着东西才能起来。有的国君爱好射箭,他的臣子就都学习射箭。如果大王喜好贤才,上面那样的贤臣自然也就会来到您身边。"由此可见,管理者做好表率很重要,只有以身作则,当好榜样才能令行禁止。

采气女工的转型记

石油情缘的根系一代系着一代，采气女工刘梅是典型的油二代。1978年刘梅父亲退伍进入石油行业，1993年她参加工作也进入了石油企业，从事化工专业，一干就是18年。2011年单位人员整体分流，刘梅转行来到我的班组，步入了采气操作岗位。

"采气的工作环境都特别艰苦，井站都在偏远山区，买菜至少都要走上一个小时的烂泥路，生活单调枯燥，缺水少电，通信设施信号也是时有时无。"这是她在来新岗位之前对采气工作环境的认知，因此对分到井站多少也有些情绪，对新的工作也没有积极性和主动性，每次让她干工作都要催上好几遍，她才慢吞吞地动起来。工作环境突然间的转变、井站生活的枯燥无味、新工作地处九龙山缺水导致十天半月才能洗一次澡等，让她更加难以适应，整个人的精神状态也跌至低谷。

有一天，我无意间发现她对拍照还颇有兴趣。"这可拍得不错，喜欢拍照是好事儿，在工作中你也可以多拍一些，多关注一线员工风采，再写一些新闻报道，也能丰富自己的业余生活。"

从什么是光圈大小，如何选择光线来构图，这对于一个完全不懂摄影的"小白"来说就是天方夜谭，拿着相机就只会用自动挡。"只看理论知识怎么行，缺少了实际操控，那不是一切都是纸上谈兵吗？这个就和我们采气操作工干工作一样，要实际动手做得多才能积累经验，要尝试多拍才能找到要点。"利用工作之余，刘梅一步一步开始学习摄影知识，参加摄影培训班，购买摄影器材，凭着不服输的劲头和对摄影的痴迷，一年四季刘梅拿着相机记录下工作和生活中动人的点点滴滴。从那以后，在她的镜头里时常都有"石油红"的身影。

学会了摄影，刘梅又主动学习新闻写作，作业区了解到情况后，安排她参加各类新闻写作培训班，她的写作水平迅速提升。利用业余时间，刘梅把笔头和镜头对准一线，采写了大量鲜活接地气的宣传报道，宣传了一线职工敬业奉献的工作精神，充分发挥信息宣传对外塑造形象、对内凝聚力量的积极作用。拍摄的新闻图片《风雪九龙山》荣获中国石油第四届新媒体内容创作大赛二等奖，撰写的《最美"冰花女王"》和《超燃！这里的元旦白茫茫一片》微信图文被西南油气田公司"西油记"微信公众号刊载，塑造了作业区井站员工克服困难保供的良好形象。《石油花的温暖》《我的父亲》《紧急疏通》《滋养一树暗香》《巡护者的风景》等文章也被《四川石油报》刊用；创作的摄影作品《责任（组照）》获2016年西南油气田公司"中国梦·石油情"职工原创小说、诗歌、散文朗诵（录像）比赛铜奖；参与演出川西北气矿新闻中心拍摄的微电影《东来顺的回锅肉》获2016年西南油气田公司第二届新媒体大赛三等奖。短短数年，刘梅迅速成长，由于工作出色，她个人荣获气矿先进生产工作者荣誉称号。

没有无能的兵，只有无能的将。大部分人只要放对位置都是人才。作为一名班组长，在平时要多注意身边员工的优点和长处，善于发现那些他们的优点，因势利导和合理安排，充分调动全体班员的积极性和主动性，创造团结和谐的班组氛围，齐心协力，更好地完成班组工作，更好地为企业的发展增添动力。

◆ 作者：川西北气矿广元采气作业区新观首站中心站 唐明华

【思考】每个人都有其特长和优势。如何在班组工作中发现其特长并加以积极引导和培养？

【点评】班组的每位班组员工都会有独特的多面性，作为一名班组长关键是要去发现这独特而闪亮的一面，并让其在生活和工作中展现出来。班组管理要有"七心"：对班员充满"爱心"；对班组员工充分认可和信任，能"放心"；"用心"做事，做实做精；"细心"观察班组员工情绪和心理变化；"耐心"沟通与引导；对班组员工多"留心"多关注；保持"恒心"，坚持不断创新管理方法，持续提高班组管理水平。

【链接】知人善用

凡事"成也在人，败也在人"。知人善用是古今中外管理者的头等大事。

汉高祖刘邦曾说："我和项羽的成败，全在用人。运筹帷幄、决胜千里我不如张良；治理国家、安抚百姓，我不如萧何；统帅百万大军，战必胜、攻必取，我不如韩信。这三人都是人杰，我能重用他们，所以我能得天下"。因此，人才是企业发展的重中之重，是提升企业核心竞争力的基础，是企业的生命支柱。

用人首先要认别人。如何识别人？孔子曰："听其言，观其行"。孟子曰："其心正，则眸子眊焉。"

"落选"老员工的"第二春"

2016年,川中油气矿磨溪开发项目部组织了一次班组、员工"双向选择",员工公开选举产生心目中优秀的班组长,班组长上任后再挑选手下的"兵",员工通过自愿报名的方式投给各个班组长,最终一名老员工被贴上了"技能欠佳""脑筋转不过弯"的标签,被划为了"落选员工"。虽然落选了,但是项目部没有放弃,而是被分配到我们班组跟班实习3个月,只拿基本的工资、奖金。

第一天来的时候,我见他闷闷不乐,就主动上去跟他谈心:"你跟我一样都是老员工了,我知道你落选了很不开心,但是3个月以后还有重新达标考试的机会,到时候过关了你的工资奖金就能恢复了,这个时候可不能气馁!"他见我敞开心扉地跟他谈,也打开了话匣子。他说:"忠哥,我没觉得的我哪里做得不对,我们就一直是这样干的,把活做好就行,哪有那么多需要背啊、记啊的东西,人老了脑筋不好使,背了就容易忘。"我安慰他说:"慢慢来,往后3个月只要你跟着我每天都出去巡检、干活、加强学习,我保证你到时候肯定能过关。"

第二天一大早,我就把他叫了起来,拉着他去工艺流程区巡检,边巡检边告诉他新设备的工艺原理和操作步骤等。他时常提问,我都立马回答。就这样,在接下来的日子里,每天我都带着他到现场跑,抽空也会在现场考他。开始的时候他基本上都不会,到后来他就能回答上来一些,最后也越来越熟悉了。3个月后,项目部办公室人员安排他重新考试,他顺利过关了,作为站上的一名员工成功留在了我们班组。

在班组会上,我表扬了他,号召班组其他员工都向他学习,大家也都表示认可:这名老员工跟来之前变了一个样,从原来的"这也不学、那也不会"变成了现在的达标上岗。龙王庙气藏是新区块,产量高,信息化程度也高,这些都需要我们不断学习新技术和新设备,不能停止不前,不然就会被淘汰。正是在我的说教中潜移默化、体会到了继续学习的必要性，这名老员工才会重拾信心，焕发他的"第二春"。

培训教育不是一味地填鸭式灌输，要针对个人找到命门，才能对症下药，在日常工作中潜移默化地影响他，让他与你交心谈心，让他能够不断进步。

◆ 作者：川中油气矿磨溪开发项目部西眉清管站　杨　忠

【思考】如何引导员工改掉固有的坏习惯？

【点评】习惯的力量是巨大的，它无时无刻不在影响着我们的思维方式和行为模式。我们每天大部分的行为都是出自习惯的支配，可以说，几乎在每一天，我们所做的每一件事，都是习惯使然。坏习惯可以毁掉一个人，好习惯可以成就一个人。面对员工身上固有的坏习惯，班组长应该积极想方设法地影响他们做出改变。

【链接】查尔斯·都希格《习惯的力量》[1]

《习惯的力量》2012年在美国出版，随即成为一本风行全球的"习惯改造指南"。它融合了当前顶级的神经学家、心理学家、社会学家、企业家和优秀市场营销人员关于习惯的最新认知，同时综合了国际一流企业：宝洁、谷歌、微软，世界顶尖大学：哈佛、耶鲁、剑桥和MIT关于"习惯的力量"的最新研究结果。这本书告诉我们：习惯不能被消除，却能被替代。只要掌握习惯回路，学习观察生活中的暗示与奖励，找到能获得成就感的正确的惯常行为，无论是个人、企业还是社会群体，都能改变根深蒂固的习惯。学会利用"习惯的力量"，就能让人生与事业脱胎换骨。

---

[1] https://baike.baidu.com/item/习惯的力量/18908541?fr=aladdin。

一场暴风雨带来的改变

伴随着划开天际的雷鸣电闪，倾盆大雨哗哗落下，装置上那让人安心的嗡鸣声陡然沉寂。对讲机里传来了中控主操手急切的汇报声："班长、班长，装置晃电，自动联锁了！"

经过一番鏖战，装置终于恢复正常，重新启运。班组员工们穿着湿淋淋的雨衣、拖着疲惫的步子回到了值班室，安静的空气里只听得见大家粗重的喘气声。

"班长，每年一到雷雨季节，装置经常会因晃电联锁停机，大伙儿不怕辛苦，就担心频繁启停膨胀机组和产品气压缩机组会对装置造成不良影响，引发更大的安全问题。"小高的话打破了值班室里的宁静，大家小声地议论起来。

由于生产装置所处地势较高、金属设施多，每年7—8月份雷雨季节到来时，容易因过载保护引发装置自动联锁停产。频繁启停，对人和设备都是一种巨大的考验，也是一种不小的安全隐患。"该怎么办呢？"一个大大的问号萦绕在每个班员心里。

"大家想想办法，看怎么解决这个问题。"打铁趁热，现在正是解决工作难题的好时机。

"装置能自动预测天气就好了！"小周嘀咕道。他的一句话惊醒了所有正在思考的人，值班室里热闹了起来，讨论声此起彼伏。

"我们可以根据季节性天气变化，让容易受天气影响的设备提前进入战备状态，这样即使雷暴天气再恶劣，装置也能平稳运行，待到风雨过后再恢复正常生产。"小罗说道。

"不止这些，冬天我们可以减少空冷器风扇运行数量，降低循环水流量，能够节约不少电；夏天我们可以提前运行前端预冷设备，降低预冷温度，有利于后段参数平稳。"

"还有，还有，暴雨来临之前我们可以提前打开雨水外排口，不让雨水进入事故应急污水池，减少污水转运次数。"

热烈的班组讨论就此展开，值班室里思考的气氛越来越浓厚。

后来，经过大家不断讨论推敲，再由技术员审核、领导批准，一场暴风雨为广安轻烃站迎来了《夏季雷雨天气生产运行方案》《清污分流方案》《装置节能降耗方案》的诞生。这些方案有效降低了装置停产次数、保证了装置开工率，同时降低了关键设备维护费用，有效减少了隐患发生率。通过班组员工的集思广益、技术人员的认真研判，能耗设备根据季节变化调整运行状态，每月节约水电费用数万元。清污分流以后，污水转运次数明显减少，降低了装置运行成本。班组成员们看着自己制定出的方案得到有力执行，装置平稳运行得以保证，都倍感自豪。大家的工作动力更强、学习热情更高涨了，越来越多的生产运行方案从一线操作员工中诞生。

班组员工是生产操作的直接执行者，对于设备设施等现场生产情况，他们才是最了解的人。只有他们积极参与到生产过程、应急方案的编制中去，才能更好地保证装置安全、平稳、高效运行。在不断地思考、探索和调整中，走出一条属于班组员工自己的安全生产道路，不断推动着生产操作人员业务能力的提升，为满足企业高速发展源源不断地输送人才。

◆ 作者：川中油气矿轻烃厂广安轻烃站操作一班 杨育霖

【思考】班组员工是生产一线操作执行者，也是对现场生产情况最了解的。那如何激发他们齐心协力解决现场问题呢？

【点评】马克思说过："人是生产力中最积极最活跃的因素。"如果班组中每个人的积极性和主观能动性都能调动起来，那么就能提高班组的凝聚力和战斗力。俗话说："三个臭皮匠赛过诸葛亮""众人拾柴火焰高"。当班组遇到复杂难题的时候，班组长更需要带领班员集思广益，开展团队共创，齐心协力地解决问题。

【链接】众人拾柴火焰高，三家四靠糟了糕[1]

"众人拾柴火焰高"出自《中国谚语总汇·汉族卷》，解释为众多人都往燃烧的火里添柴，火焰就必然很高，比喻人多力量大。这里有一个与其寓意接近的典故。一个国王有20个儿子，可是他们都各自为政。有一天，久病在床的老国王看到墙上挂的弓箭，终于想到了办法。于是他召集自己的20个儿子，让他们每人都折断1支箭，然后再同时折断2支，依次继续。刚开始的时候大家都十分轻松，可是越到后面就越难了，后来要求他们同时折断20支，再也没人能够做到。老国王就问："你们知道我让你们这样做的用意了吗？"其实，这也就是众人拾柴火焰高的寓意——团结就是力量。虽然大家都知道众人拾柴火焰高这句俗语，但是很多人可能不知道这句俗语并不是完整的，它还有下半句"三家四靠糟了糕"，意思是如果自己不努力，总是依靠别人，其实也是靠不住的。

---

[1] https://www.sohu.com/a/308170239_692703。

给过滤器"洗洗澡"

我们站的分离器是多管干式过滤器，个头又高又大。因此，要对它进行一次清洗还真的不容易。我们想尽了办法，比如把毛巾缠到叉衣杆上，再站在人字梯子伸手去擦。可是叉衣杆长度有限，人字梯又不稳，每次清洗分离器既不安全又累人。为了保证人员的安全，我们只好放弃这种方法。于是我们又做了一个操作平台，但是做好的平台只能够到分离器进气管处，分离器顶部出气管就够不着了。每次清洗的效果真是差强人意。

2011年，我到榕山输气站参观学习，学习到他们给分离器"洗澡"方法。回站以后，我就召开一个班会把榕山输气站的经验做法分享给全体班组员工，让大家都来帮忙想办法，看看怎么把这个先进办法学以致用，也给我们的多管干式过滤器"洗洗澡"。

事情是说起简单做起难。我们首先要解决的一个难题是要找一条大毛巾，站上平时都是用的小毛巾肯定不行，专门买一条大毛巾又有点贵。有人主张把几条小毛巾缝起来用，但是万一缝不结实，在使用的时候散了不是更麻烦了吗？这个办法一下就被大家否决掉了。

就在大家一筹莫展时，班上的老员工唐姐灵机一动想到了："我们每个人都有不少的旧工衣，拿旧衣服擦设备不正好废物利用吗？而且还解决了我们的第二难题，绳子要固定在毛巾的四角上，如果是毛巾就不好固定了。我们可以利用工裤的裤腿来拴绳子，这样会更牢固。"经她这么一说，大家都觉这比用大毛巾靠谱。

但是，接下来我们怎样才能把工裤送到最高点上呢？扔绳子太费力了。爱动脑筋的熊师傅想到了："我们先把旧工裤缠在分离器管线上，两个裤脚用一根绳子的两头分别固定，并洒上清洗液，再用一根长竹竿把工裤顺着管线送到最高点，问题不就解决了。"

心动不如行动，我们按照想法实施后，果然两人分别站在分离器两旁拉动绳子轻轻松松就给分离器洗了个澡。这个方法不但有效地解决了分离器的清洁保养问题，而且还实现了废物利用，真的是一举两得的好办法。

通过这件事情，让我们深刻地认识到团队意识的重要性，只有大家心往一处想、劲往一处使，才能发挥更大的力量，集体的智慧是无穷的。

◆ 作者：四川华油集团有限责任公司重庆凯源北新分公司北新配气站　王　岚

【思考】团队工作是基层站点工作的主要组织形式，每一个站点负责人都必须思考：如何调动每个成员的积极性，充分发挥个体的智慧，产生协同效应，以有效提升团队工作绩效？

【点评】团队已经成为安排工作活动不可少的一种设计形式，团队由灵活的个体组成，贡献个体的智慧，提高团队的绩效。为了实现高质量的解决方案，团队成员需要有效整合不同的信息，促进团队更好的决策。

【链接】构建高效团队[1]

当团队中的员工拥有自由和自主权，有施展不同技能与天赋的机会，有能力完成一个完整的、可识别的任务或产品，有能力完成有重大意义的任务或项目时，此时的团队运作是最好的。有证据表明，这些工作特征增强了员工对于工作的责任感和主人翁意识，进而在完成工作时会表现出更多的兴趣。

---

[1] https://baijiahao.baidu.com/s?id=1660489502470187640&wfr=spider&for=pc。

注重思想育人是企业最大的成功

我是一名来自基层的班组长,曾经当过兵,扛过枪。进入公司20年来辗转多个站场,现通过身边的2个小故事与大家分享班组管理心得。

1. 专业技术过硬是管理的基础

我刚调到一个站场,就有位老员工告诉我分离器噪声较大。经过检查、计算及综合分析,我得出了分离器过滤器流通能力偏小的结论,然后向上级汇报并提出整改建议,紧接着便对这两类设备进行整改。

打铁先得自身硬,作为班组长要想让员工服气,首先个人技术就得过硬,能带领员工处理本站各种设备故障。安全生产,这个问题虽老生常谈,却是不容忽视的基础工作,多年的工作经验告诉我,必须要有仔细踏实的态度,发现问题立即解决,决不能敷衍应付。

2. 培养和训练是管理的未来

我所在的站场来了个小姑娘,她悟性高,成长得很快。慢慢地我却发现:年轻人在工作中毛躁了起来,填写日报表的时候连续几天小数点都写错。我带着她将问题处理后,对其进行了严厉批评:"多次出现相同的低级错误,看似小事其实说明了你的工作态度浮躁。浮躁是魔鬼,细节尤为重要,我们是在高危行业工作,安全是一切工作的基础,每一点每一滴都是在为自己和企业负责。"她含着眼泪低下头一声不吭。

我安排她每天写一篇工程字,带着她保养设备,特别是在涂抹黄油时要求其做到适量、均匀。她的性子慢慢开始变得沉稳,在填写资料时再也没有出现低级错误。同时我也制定了"每日一题,一练一结"的培训计划,要求她对当天的工作进行分析总结,这使得她得以循序渐进地学习和掌握各项专业理论知识,不断夯实实际操作技能。就这样，在一年多以后她也担任了站长，我内心由衷的高兴，能为企业培训出合格的输气工是件很值得骄傲的事情。自从担任站长后，我充分运用自己多年的一线站场工作经验，为企业培训了一大批合格的青年员工，其中有 10 名优秀者还担任了站长职务。

今年我和 Q 办共同主导编制了一个站的"两手册一图册"，并以此推行到了其他站，大大地增长了站场员工在设备运行本质防护、风险控制措施等方面的知识。

培训，展开来说就是培养 + 训练，是给受训者传授其完成某项工作所必需的思维认知、基本知识和技能的过程，这一过程的传递效果是决定培训效果好坏的根本。

这是我工作中的两个小故事，对别人来说可能微不足道，却丰富了我的人生。回想起来，我倍感骄傲和自豪。

班组管理看似简单，却千头万绪，而且是我们企业管理的基础。俗话说得好万丈高楼平地起，没有班组管理，也就无从谈起企业管理。

◆ 作者：燃气分公司沙湾营销部犍南站　罗　川

【思考】油气生产属于高危行业，面对复杂的设备、高危的介质，我们对自身专业技术的要求也必须提高，打铁还需自身硬。复杂的设备操作、维护等离不开人，人若出了问题，就是大的问题，安全、高质量发展都是空话。

【点评】思想是人之根本，可往往人的思想又是最为复杂的，看不见摸不着，只能通过其外化出的行为来观察。一个班组要有强大的战斗力，全班人员必须心往一处想，劲往一处使，团结得像一个人一样。人非圣贤，孰能无过。小毛病小问题谁都难免，过而能改就是我们的好同事，不能因为一点小错误就否定一人。班组长更是要以团结为出发点，关心和帮助班组成员，共同建设自己的集体，干好本班组的工作。

班组中新生代员工越来越多，他们聪明、学习能力强；自尊心强、好胜心强；可也正因为年轻，多多少少也存在着毛躁的习惯。班组长在对其进行教育时，更要讲究方式方法。面对新生代员工，在工作中要把他们当成自己的兄弟姐妹，在生活上给予他们无微不至的关怀，在工作之余和他们谈心，交流感情，了解他们生活中的酸甜苦乐，帮助他们排忧解难，让他们全身心投入工作中去。此外，既要坚持以老带新，又要做到新老同志一视同仁，使新同志很快成为为独当一面的骨干；要特别注意不让思想不稳定的同事带着情绪上岗，以杜绝安全隐患。

我们常说态度决定行为，作为班组长更把思想教育作为培育团队精神、教育员工、培育员工的一把金钥匙，贯穿于生产、生活、班前、班中、班后，使管理产生事半功倍的效应。

【链接】洛萨达比例[1]

动物界某些共同特征甚至横跨不同物种，我们称之为"物种设计原理"。其中一个设计原理是，对坏事的反应要强于对好事的反应。动物对威胁及讨厌事物的反应，要比对机会及喜好事物的反应更快、更强烈、更难以克制。这种我们称为"负面偏好"的原则，充分显现于人类所有心理层面。在与人沟通，教育员工时，必须要特别留意这其中积极表述和消极表述的合理运用。

巴西心理学家马塞尔·洛萨达研究发现，在职场中，当积极与消极的比例大于3:1时，公司就能蓬勃发展。在婚姻关系中，要想获得亲密的、充满爱的婚姻，积极和消极的比例就要达到5:1。这就是"洛萨达比例"，又称为"洛萨达线"。

---

[1] https://www.jianshu.com/p/a1efa99a4eec。

知兵爱兵，以情带兵

正式分配工作独立上岗的时候，我就到了城厢输气站。当时我们几个小年轻是由一位老前辈站长带领着，大家一起学习成长。不久这位老站长去了更需要他的地方，这个艰巨又沉重的责任便落在了我的肩上。面对有几个年龄比我还小的站员，我只有凭借着老站长往日传授的管理经验充当起"大姐姐"的角色。大家年龄相仿，都是家里的掌中宝，我该如何调动他们对工作的热情呢？苦口婆心成效不大，还成了大家口中的"唐僧"；严格考核，又成了他们心中的"包租婆"。看来我的方法需要变通。

他们爱打游戏。在闲暇时，我和他们一起聊游戏，拉近彼此的距离；冬天因为想赖床他们没有吃早餐的习惯，我就早起把大家的早餐都做好焖在锅里；干活时我召集完大家，自己先去做，即便他们迟到一会儿我也总是很宽容。日复一日大家对我"盛情难却"，再也没有了不想干活的意思，而是主动凑上来共同完成工作。当时我们每天报气量时计算工作特别多，要从不同的用户汇总数据，并经电脑计算输差后方能获得结果。每天早晨8点交接班后，值班员人工计算气量就要花费半个小时。为了计算精准，另一位接班员工还得进行复核，一来一往时间都花费在计算上了。这时有个爱打游戏的90后发挥了他电脑的强项，通过建立电子表格，设定好公式，只要输入数据，结果就自然输出。这样，多个用户气量不到半分钟就全部显示出来，比人工计算更快更精准，工作更简单轻松。月底考勤出来了，我给他多分了一点奖金。虽然他是个"富二代"，但是在面对班组对自己的嘉奖时脸上也难掩喜悦。

班组是企业最小的细胞，班组长是细胞核，企业的发展离不开班组，班组的发展离不开每位班组长对班组倾注的心血。生活中的一点关心，工作中的一点担当，都能让人感受到温暖，提高团队凝聚力，让团队不断创新不断发展，让每个班组成员心往一处想，劲往一处使。

◆ 作者：输气管理处成都作业区成都输气站　彭郁洁

【思考】工作是有严格标准的，标准是固定的，对所有人都是一视同仁的。但情与法怎么衡量？团队怎么带？

【点评】刚柔并济是带团队的技巧方法，作为班组长也应坚持严与爱的辩证统一。在规章制度面前人人一律平等，作为班组长更是要以身作则，"身教"胜于"言传"。在联想内部有这么一个规定"开会迟到是要被罚站的"，而且这个罚站不是说一边开着会，这个迟到的人在后面站着，而是他进来之后，主持人要把会停下来，让迟到者站一分钟，这是很尴尬的场面。有一次，柳传志在一个酒店开会，快开会的时候去了一趟洗手间，正好碰见了当时中国科学院的院长，柳传志当然得跟他聊一会儿，这一说话就耽误时间了，回去开会自然是迟到了，柳传志也很自觉地罚站。员工看到老总都这么做了，其他人自然就没什么理由不执行了。这便是管理者的以身作则，高标准、严要求。

人非草木，孰能无情。员工并不是电脑，你给他输入一个程序，他便会自动运转，只要程序正确，便会输出正确的结果。苏轼曾向朋友赠言："威与信并行，德与法相济。"

新生代员工爱打游戏，闲暇时便和他们一起聊游戏；年轻人没有吃早餐的习惯，便提前把早餐准备好；在工作任务面前，自己先干起来……"视卒如婴儿，故可与之赴深溪；视卒如爱子，故可与之俱死。"真情关注员工的成长进步，真心帮助他们排忧解难，真诚为他们解疑释惑，真正在他们身上倾注感情，任务面前，大家自然会与你心往一处想、劲往一处使。

【链接】以情带兵不等于网开一面❶

近日，某部士官小刘在营区门口执勤期间，违规使用手机被纠察发现并登记

---

❶ http://www.81.cn/jfjbmap/content/2019-02/12/content_227133.htm。

通报。出于"关心爱护"战士的考虑，小刘所在连队没有按条令规定对其进行处理。一件违反条令条例的事件，被大事化小、小事化了，引发官兵议论。

　　这种对违纪现象网开一面的做法，看似赢得兵心，实则埋下隐患。以情带兵，是我军开展思想政治工作的优良传统。善讲情理、以情育人是基层带兵人抓管理的好方法。但少数干部骨干在管理过程中执纪不严，形成变通走样、情大于法等人治思维模式，出现送人情、钻空子、软执行的现象，名为"关心爱护"，实则害人不浅，甚至发生有法不依、执法不严、违法不究的问题。诸如此类，不仅起不到凝聚军心士气的作用，还损害法规制度的权威，背离依法治军的原则。

　　常言道：大仁不仁。作为管理者，要清楚严管是厚爱、放纵是伤害，惩前毖后、治病救人的道理。如因养虎为患、积恶成疾而导致违法犯罪、刑罚加身，则悔之晚矣。

　　军无法不立，法无严不威。执法不严，尺度宽松，对违规违纪睁一只眼闭一只眼，导致法规执行失之于宽、失之于软，形成"破窗效应"，法规制度的威严就会黯然失色，部队的战斗力凝聚力就无从谈起。基层带兵人不仅要以情带兵，更要依法带兵，实现铁规发力、铁纪生威，推动法治军营建设迈上新台阶。

佛系员工变成香饽饽

某员工，和我年龄相仿，家庭条件较好，对待工作却没有热情，属于那种既不认真又不犯错的佛系员工，在同事中还有不少粉丝。有时遇到工作繁重的时候，他和几个人一边做，一边抱怨，影响了整个班组的情绪。

有一次，我要出差，上级又有检查。我对他说"您是我的好哥哥，这几天我不在站上，又有检查，您见识多，经验丰富，站上的事情就请您多费心。"他爽快地答应了。

回站后，他把检查提出的问题记录下来，并告诉我哪些问题已经整改了，哪些问题需要怎么整改。我通过这个事情看出了他的能力。

上级领导来我们站安全联系，我把这件事情当众做了汇报，大家都肯定了他的做事能力。他腼腆地笑了。

以后的日子里，我经常把班上的事务交给他做，如流程介绍，资料整理等，并经常和他交流一些工作经验。在不同场合对他进行表扬和推荐。他的工作热情也越来越高，还影响了班组的其他人，其他员工也主动要求承担责任，在班组里形成了良性竞争。

我们班组在几年时间里的考核中都名列前茅，并获得了西南油气田分公司"金牌班组"等荣誉。在上级组织的各种技能大赛上，他和其他员工都取得了优秀的成绩。

不久后，作业区将我们站这些员工分散到各个班组充当骨干和领头羊，我很是不舍。分别的时候他说："我以前不喜欢枯燥工作，上班的时间难打发，觉得无聊，现在工作上有了目标，在工作中和同事们相互竞争、拼搏，感觉每天都过得充实。"

在我看来，班组管理中，一个人的力量是很渺小的，一个班组长，不光会做演员，还要做导演，给员工提供搭台唱戏的机会，激发员工上进心。员工有了工作的激情，班组就形成了合力，班组就能搞得好。

◆ 作者：输气管理处合江输气作业区纳溪西输气站　王　锐

【思考】佛系员工，网络流行词，主要指已经入行两年以上，在公司遇到各种奇葩事后，看破红尘俗世，能以一种平和的态度笑看一切工作的人。但在工作中，遇上"佛系员工"，作为管理者，作为老板，只能表示"呵呵"，抑或是"倒吸一口凉气"？

【点评】在工作中，我们常常看到，总会有那么一些人对于什么事情都提不起兴趣，做什么都没有兴趣，都是简单应付。该故事中的"某员工"即是如此，"对待工作却没有热情，既不认真又不犯错"。

佛系员工往往给人一幅很轻松的样子，然而生活并不是轻松就代表着享受。人，其实是群居动物。人在本性上是渴望与周围的人产生深度链接的。也就是说，我们大多数人在情感上是需要一定的社会交往的。我们为什么需要工作？仅仅只是为了赚钱吗？实现财务自由依然勤奋工作的大有人在。心理学家实验也证明，人们真正感到内心愉悦的时候，往往是在心流状态，而心流状态往往出现在工作中。我们可知，佛系员工在心理上、在感情上需要一份有意义的工作。作为管理者，作为老板，我们也需要员工积极主动地投入工作，而不是天天处于佛系的状态。故事中的管理者，没有将佛系员工搁置一边不理不问，而是给员工搭台唱戏的机会，让佛系员工与这个世界保持链接，使其觉得这个世界跟他有关，他就会更加热爱生活，热爱工作。

那些抑郁症患者往往会觉得"生活没有意思、工作没有意思"，其实也是因为他们无法参与到这个世界中，失去了参与感，失去了体会各种感情的能力。而研究表明，当一个人在一份工作、一项活动中投入的精力越多，参与得越深入，他可能会更加愉悦。所以在班组的日常管理工作中，让员工参与进来，激发员工的工作积极性、主动性、能动性。

【链接】小米——如何在参与感上做到极致[1]

互联网思维核心是口碑为王，口碑的本质是用户思维，就是让用户有参与感。小米开放做产品做服务的企业运营过程，让用户参与进来。和用户做朋友就是和用户一起玩，不是做形式化的用户调查或高大上的发布。和用户如朋友般一起玩、讨论产品，通过论坛、米聊或微博等沟通就是需求收集，就是产品传播。和用户做朋友这个观念转变，是因为今天不是单纯卖产品的时代，而是卖参与感！在企业运营过程中，如何快速构建参与感？构建参与感，就是把做产品做服务做品牌做销售的过程开放，让用户参与进来，建立一个可触碰、可拥有、和用户共同成长的品牌！

以MIUI举例，为了让用户深入参与到产品研发过程中，小米设计了"橙色星期五"的互联网开发模式，核心是MIUI团队在论坛和用户互动，系统每周更新。在确保基础功能稳定的基础上，小米把好的或者还不够好的想法，成熟的或者还不成熟的功能，都坦诚放在用户面前。每周五的下午，伴随着小米橙色的标志，新一版MIUI如约而至。随后，MIUI会在下周二让用户来提交使用过后的四格体验报告。通过四格报告，可以汇总出用户上周哪些功能最喜欢，哪些觉得不够好，哪些功能正广受期待。

小米成立四年来，参与感在实践中的深度和广度都在不断提升，它已不仅仅局限于产品和营销，更是深入到全公司的经营。（以上内容摘自《参与感：小米口碑营销内部手册》）

用雷军的话解释："我们办小米的目的就是聚集一帮人的智慧做大家能够参与的一款手机，当你真的参与完了以后，你提的这个建议被我采纳了，我手机有这个功能，再有人抱怨晚上被谁吵醒的时候你说改用小米，这个功能我设计的，你看我自己多牛，你看小米按我这个改了吧，就是我设计的，这种荣誉感是他们推销小米很重要的动力。说得直白一点，小米销售的是参与感。"

---

[1] https://baijiahao.baidu.com/s?id=1606502570414115189。

要让"毁掉"的青工"复活"起来

2012年，三合输气站建成投产，我担任了值班长，并跟另一位年轻员工搭档值班。

站场设备比较少，就一个典型配气站的流程。那时候我认为就两个人，凑合干就行了。对班组员工的要求自然也比较低。搭班的年轻人的学习积极性也不高，工作生活也较懒散。一次，作业区书记到站上开展安全联系，随机抽问了他一些基本问题，结果那位员工连站场流程都不清楚。我清晰地记得，书记临走时对我说："你这样会毁了一个人。"

没多久，在作业区的班组长竞聘中，我"下岗"了。我们两个只能结伴儿去了另一个站场，跟一位技术、管理经验都很丰富的站长搭班。他的工作方式和我就完全不一样，安排了的事，必须按时完成，不然就会按制度说话，丝毫不会留情面。

接下来的一年里，我开始一边学习一边总结自己曾经工作中的不足。后来，重新走上了值班长岗位，我在双选中依然把小兄弟带在身边。我从最基本的站场卫生、基础资料、设备结构、工艺流程等一步步开始教导。我要让这个在我手里"毁掉"的青工能成长起来。

还记得第一次安排他每周五检查站场灭火器，他很爽快答应了。当我去检查时却发现他什么都没有做。我没有生气，而是选择直接找他谈话。我耐心地说："站场的工作看似很细微，无足轻重，但如果不认真对待，这些细小的问题就会日积月累，可能就会发生严重的安全事故。这跟领导在不在是没有关系的。"接下来，每到周五，我主动跟他一起检查消防器材。一个月后，我发现检查消防器材的工作，不再需要我安排，他也会主动去做。

就这样，做好一项任务后，我就安排他去做另一项任务，然后再慢慢让他做不太熟悉的任务。闲暇之余，我主动和他聊聊工作、聊聊生活。站上的资料员、安全员、后勤生活、设备管理等工作，他从最开始的不情不愿到主动请缨，也从开始事事都要催促到主动站在值班长的角度思考站场工作、安排站场的日常工作。作业区领导也看到了他的改变，把他调到作业区一类站。

我经常和站上的同事说："我们每年在一起的时间可能比家人待在一起的时间都多，既然有缘分待在一起，那就搞好关系，谁也不希望我们这个团队在每次的检查或评比中都在最后吧。"

没有教不好的学生，同样也没有带不好的员工。只要找到方法，有足够的耐心，就没有干不好的工作，带不好的团队。

◆ 作者：输气管理处梁平输气作业区渡口河输气站 汤旭东

【思考】如何带好青年员工，实现青工从被动执行到积极主动工作的转变？

【点评】做好员工思想工作是首要的。要想实现员工积极主动工作的行为变化，首先要实现他们思想上的转变。思想工作要入情入理地释疑解难，循循善诱地引导，真心实意地关怀员工成长，用自己的行动和关心来增强思想工作的感染力，真正地调动激发青年员工的内在积极性和主动性。

【链接】管事先管人，管人要管心[1]

判断一名管理者是否称职，不在于他个人如何完成工作，而是看他是否具备组织团队成员共同完成任务或实现目标的能力。当管理者将团队绩效低下的责任转移到员工身上时，这就是管理无能的表现。如何判断一名管理者是否称职，一个只会管事的人只能叫"总管"，一个会管人的人才称得上是领导。管人的精髓在于管心，管好了人心，你才能人心所向，才能让员工从行为上、精神上都有一种自动自发的意识，使大家为团队的目标积极主动地工作。所以，管事先管人，管人要管心，从心开始做管理，你才能成为优秀的管理者。

---

[1] 王剑.管事先管人.管人要管心——成功管理者的领导智慧[M].台北：台湾出版社，2013。

计量事件之后

近两年，我在工作过程中发现班组成员都能做好自己的值班值守工作，但对班组公共事务缺乏主动思考，参与意愿不足。班组呈现出一种缺乏冲劲，固守安稳的精神面貌，有时候还能听到一些消极负面的声音。

今年春节收假第一天，我所在班组出了计量事件：站上的超声波流量计因在线组分分析仪通信中断，流量回零后一个半小时才被发现。启用流量计备用组分数据后流量计才恢复正常。后经沟通，用户同意气量补偿，未对企业造成实质损失。

查找事件的原因，发现流量计在上次倒换后遗漏了报警下限设置，超声波流量计流量回零后没有触发下限报警，以至于值班人员未能第一时间发现异常。

事件发生后，我对自己遗漏设置报警下限而深深自责。同时也对整个事件复盘思考，认识到班组职责划分不清晰，监督检查机制缺失是未能第一时间发现异常的重要原因。彼此都认为对方去完善报警下限设置，结果都没去设置。

借助对此计量事件总结经验的契机，在此事件的总结班会上，我决定将班组各项事务的职责划分到个人，改变之前因为责任划分不清而产生遗漏和相互推诿的状况。具体操作方式为：将班组事务划分为计量管理、安全管理、目视化和设备管理、班组建设及资料管理4个部分，每个部分都有对应的班组成员。我作为班组长负责监督另外3位班组成员的工作完成情况，而副班长负责监督我的工作完成情况。这样每个部分就分配了一位责任人和一位监督人，责任人负责执行，监督人负责检查工作完成的数量和质量。当我提出想法时，顺利得到了大家的支持。甚至有人说，其实早就应该划清职责，工作上谁出问题谁就承担责任，谁干得好谁得奖励。

因为总结经验而明确职责，事发2个月后再看，班组成员精神面貌发生了可喜变化，积极向上的一面越来越凸显，大家遇到工作任务都能迅速地确认谁来执行、谁来监督。推诿和遗漏在减少，积极主动地完成自己责任内工作在增多。更可喜的是班组的两位成员因为工作细致而发现流量计温度轻微的异常变化还获得了作业区的奖励。

担任值班长以来，秉持管理好班组就是自我价值实现的信念，以往在班组事务中存在着大包大揽行为，很多时候担心班组成员完成质量不佳而将工作任务分配不下去，表面上看这是一个班组长的担当，久而久之却朝着负面的方向在发展。班组事务职责不清，遗漏和推诿就成了必然。只有工作职责分配到每一个人，工作压力也传递到每一个人，各尽其责，班组的面貌就会朝好的方向发展。

◆ 作者：输气管理处梁平输气作业区忠县输气站 唐梓喻

【思考】井无压力不出油，人无压力轻飘飘。客观地讲，人还是需要一定压力的，压力大小也适中。职场上员工的压力从何而来，自然是组织、岗位赋予其的工作职责，职责不到位，职责不合适，员工就会轻飘飘、缺乏真主动性，遇事往后躲。

【点评】作为班组带头人，班组长个人素质的高低，直接决定了整个班组的工作效率。然而，班组并不是班组长一人的班组，而是全体班组成员共同的班组。要成为一个优秀的班组，并不是靠某一个人的个人能力就能取得成功的，它不仅需要班组的每一个人都各司其职，还需要班组长制定详细的计划以及分析到位运行过程中可能遇到的风险。只有面面俱到，才能使班组在一个正确的轨道上运行。

班组每一个人都各司其职，其前提便是合理、清晰地明确每一个成员所肩负的职责。职责要合理，要把危机意识和压力传递到每一位员工，使每一个成员始终处于激活状态，才保证了组织处于激活的状态。相反，让一个员工待在一个他不能成长和进步的环境中，或者说不给予其成长、锻炼、成才的机会，或者说仅安排了不符合其能力担当的极少量的工作，才是真正的野蛮行径或者"假好心"，是真正的残酷。

华为常务副总裁曾举过一个"好望角蜜蜂"的例子：这种蜜蜂从来不工作，

只会吃现成的蜂蜜，靠自己的卵伪装的功能，混在其他蜂种的卵中，不被发现而寄生。凭着这本领，让其他工蜂傻乎乎地抚育着自己及其蜂卵。几个月后，这种蜜蜂在蜂巢中成倍增加。但由于他们只会消耗花蜜，而不工作，整个巢就将面临崩溃。大到一个公司，小到一个班组，莫不如是。通过明确班组每一个成员的职责，使每一个成员处于激活状态，保证组织处于激活状态，大力提倡"以奋斗者为本"的文化。

菲哥与小李的光

从学校毕业进入单位已是5年时光，担任班组长也4年有余，辗辗转转换了4个站场，期间也遇到许多管理上的难题，但让我印象最深刻的还是我刚上任的时候。

那个时候我刚工作1年，由于比较有想法又有良好表现，懵懵懂懂中成了作业区最年轻的班组长，管理着2名员工：1位老员工"菲哥"，1名和我年纪相仿的"小李"。菲哥是出了名的"老油条"，工作中贯彻着"三不干"原则：不是我的日常工作不干，我不懂的东西不干，别人不干我也不干。而小李则是典型年轻人思维，还没有从学生到职场人的身份中转换过来，年轻人不愿意做苦活累活的毛病在他身上体现得淋漓尽致。

我决定先从了解他们开始，发现他们各有特点。菲哥作为一名老员工，不擅长运用电脑，不喜欢做烦琐的资料，但业务能力扎实，现场设备维护保养工作更是无可挑剔。他告诉我："现在检查只看结果，不看过程，做得越多越容易犯错。叫我去搬两个阀门没问题，做资料容易出错，那我就做我会的就行了，这样总没问题了吧？"小李是一名新时代青年，虽然怕吃苦流汗，电脑却用得不错。

摸清了情况，仔细一想，何不让他们在各自擅长的领域做自己擅长的事情呢？

于是，我对他俩的日常工作进行了划分。菲哥主管现场，主要负责设备维护，承担日常保养工作；小李主管资料电脑录入，以及日常通用资料建立；而我，做好站场统筹安排，并对两方工作进行配合协调。我们都在自己擅长的领域，相互督促，共同进步。站上的工作事项很多，3人的团队虽小，却一点也不凌乱。

当领导下站检查发现站上各项事务安排得井井有条，员工也变得积极主动介绍自己业务板块的时候，毫不吝啬地给予夸奖。他问我怎么做到的，我说："我只是看到了他们所拥有的光！"

人无完人，每个人都有所擅长的，所不擅长的，一味强行让不擅长的人做不擅长的事往往会得不到理想结果，好的管理者应该做到取之所长补之其短，如此才能抓准重心，事半功倍。

◆ 作者：输气管理处仪陇作业区巴中配气站　王　捷

【思考】要使班组成员心往一处想、劲往一处使，班组长需要怎么做？

【点评】班组是一个最基层的团体组织，如何把全班人员的力量凝聚在一起，形成一个拳头，如何使全班人员心往一起想、劲往一处使，这是衡量班组长的能力问题。作为班组长，在工作当中团结和欣赏每一位班组成员，了解每个人优缺点，并根据每个人的特长进行工作上的分工，以此来调动他们的积极性，让他们感受到信任，从而进一步加强他们自信心和责任感。同时对表现好的要及时表扬，对其工作予以肯定，这也是对班组成员的最大尊重。

【链接】懂得欣赏，发现他人的光[1]

人都有一种强烈的愿望——被人欣赏，欣赏就是发现价值或提高价值，我们每个人总是在寻找那些能发现和提高自己价值的人。欣赏是激励和引导，是理解和沟通，是信任和支持。它包括认可、接受、称赞和鼓励，是真正发自内心的健康之爱，是发掘潜能、创造奇迹的最好方法。掌握欣赏他人的技术，需要掌握五个原则。

（1）及时性：尽量在对方做的过程中给予欣赏，让对方在期待被欣赏时给予欣赏，可使效果事半功倍。

（2）准确性：欣赏时要用词准确，不要夸大事实，更不要滥用赞美之词。

（3）适时性：准备给予肯定的欣赏之前，先确定对方个性特征、当下的情

---

[1] https://book.douban.com/reading/10769754/。

绪状态，再给予合适的用词、语气、姿态，否则就有可能把欣赏扔到炸弹上，适得其反。

（4）持续性：对他人的欣赏一定要有持续性。

（5）客观性：欣赏不等于不能批评，批评中肯也是一种欣赏，但一定要一语中的。

一个爱抱怨年轻员工的心路转变

自2018年9月高石梯集气总站中心站成立以来，让我有机会与更多的同事一起工作、学习和生活，体会到管理值守站和中心站有很大区别。由于工作需要，接触的人比起以往在值守站更多，遇到的事也不计其数。感触最深的就是营造一个积极向上的工作环境和良好的工作氛围，是做好班组管理工作的一个必要条件。

我们站上有一名刚参加工作不久的年轻员工，负责电子巡查岗工作，刚开始与他接触觉得他一切都还行，业务能力也算得上比较突出。但随着更深地接触和了解，我发现他经常会有意无意地对工作提出抱怨：哎……我干的工作比别人更辛苦；其他的岗位都没有我的岗位重要；这个月工资好少；班组工作安排不合理……

于是我建议他在工作之余不影响合理休息的情况下，与外围巡护岗的师傅们一起工作，多交流多学习，体会不同岗位工作内容以及背后的付出和艰辛。

一段时间后再次与他交流时，我发现他不像之前那样爱抱怨了，他告诉我："以前我的岗位大多数时间是在站控岗位上工作，在跟随外围巡护岗的师傅们一起工作的过程中，看到他们工作热情、吃苦耐劳、一丝不苟，我才真正体会到他们工作的艰辛，体会到不同的岗位都有其重要性，都有存在的价值和意义，要想把工作干好、管好都要付出大量的精力和艰辛。以前我只是站在自己的岗位和立场上考虑和比较，不懂得体谅别人，看问题不够客观和全面，以至于抱有很多消极和负面情绪。现在看来，问题都出在我自身心态上，我不单是在思想上得到了进步，在业务上也得到了提高，真是收获颇多。"

从那以后，这名年轻员工再也没有像以往那样抱怨，在工作中他调整了心态，遇事积极、乐于助人，后经站上员工一致推举，被选为中心站电子巡查岗岗长。

这件事情使我收获颇丰。俗话说"光说不练假把式",如果当初我不让这名员工到别的岗位上去工作、体会,与其他岗位师傅们交流、学习,利用积极的氛围去感染他,而只是简单地通过交流谈心去改变他,不一定能让他主动调整好自己的心态,改变自己狭隘的想法。所谓的"大岗位",大概也是希望在条件允许、资质合格的情况下,让更多员工到不同岗位上去轮换,体验不同岗位的工作内容和思维模式,培养更多全能复合型人才。

◆ 作者:蜀南气矿安岳采气作业区高石梯集气总站中心站 陈晓华

【思考】团队中难免会有个别工作积极性相对较差的员工,如何通过比对和换位思考帮助他们转变观念,发挥工作潜能?

【点评】人是受环境影响的。在思维上容易受到周围人的熏陶,在行为上也会无意识地与同类人保持一致。对于后进的员工,一对一的指导帮助是一种方法;将其投入到一个积极向上的集体中,透过团队环境的影响潜移默化地矫正其认知和行为是另外一种方法。通过环境来改造人,是从思维和心理内部的变化来改变人的行为。所以,营造一个积极向上的环境和良好的工作氛围,有利于塑造团队成员良好的工作行为,是做好班组管理工作的一个必要条件。

【链接】社会认同

人生活于社会群体之中,社会认同对于个人具有较大的影响力。当我们进行是非判断时,尤其是决定什么是正确的时候,一般会趋向于和集体中的群体成员保持一致。"大多数人都做的事情,总不会错吧!"这是我们做抉择的时候内心深处的声音。通过与集体保持一致获得团体(社会)认同,是人的正常心理习惯。反过来,借助这种心理习惯,通过积极向上的集体环境对员工施加影响,矫正员工的认知和行为,则是一种明智而有效的管理方法。

转压力为动力

我们中心站有位女同志40来岁，人聪明，反应机灵，有一定技能，就是不好学，做事有拖拉推诿的坏毛病。若不改掉她的这个坏毛病，时间长了，不但她自己的能力素质得不到提高，还会在班组造成不良的影响。在一次班组人员调整中，我决定将她调到外围配气站担任小组长磨炼一番。

新岗位的工作除了日常供气计量、设备维护保养、班组资料填报、人员管理，偶尔还有施工作业属地监督任务。刚到岗的那段时间，明显感觉到她有些慌乱，思路还没理顺。时常打电话跟我说"压力大，可能管理不好，怕影响生产，有时想着工作上的事情连觉都睡不好。"

于是我对她说："可能管理不好？那就是有管理好的可能；睡不好觉是因为你工作开始上心了，有责任心了，这是好事呀！工作上按照班组管理手册和操作手册上的安排开展就行。我相信你，有不清楚的地方随时都可以打电话问我。"

每一次的沟通交流我都会细心地讲解，还利用每周巡检和自主培训的时间到配气站去帮她清理资料、梳理工作、分享班组管理心得，并时常对她进行表扬夸奖，帮她树立信心。

两轮班后，她的电话逐渐少了。在两次月度检查中，她所在的班组得分一次比一次高。半年后在中心站评选月度明星时，同事们一致评选她为"最佳进步奖"。

领奖时，她腼腆地笑着说："谢谢大家的鼓励，以前我是见了重活儿躲，现在是小组长了，脏活重活领头干，累是累了些，但出了成绩还是蛮有成就感的……"

没有干不好的员工，只要善于发现他们的优点和潜质，适当的增添担子压力，并时常鼓励，就能激发出他们的工作热情和责任担当。班组管理就应该善于发现员工的亮点并大胆使用，而不是一味地姑息将就，这样才能激发班组活力。

◆ 作者：蜀南气矿泸州采气作业区阳101井区中心站 王 军

【思考】充分挖掘员工潜力、有效激励员工是队伍管理的永恒主题。如何通过岗位的科学安排，适当压担子，让员工在克服压力、完成任务的过程中发挥潜能，在自我肯定和组织认可中获得激励？

【点评】喷泉之所以美丽，是因为水有了压力；瀑布之所以壮观，是因为水有了落差。人的成长和进步也一样，人没有压力，潜能就得不到激发，不能更好地发挥自己的作用。很多研究发现，适度的压力，有利于保持良好的状态，更加有助于挖掘潜能，提高个人与社会的整体效率。

【链接】压力是潜能之母

一个领导如何激发员工的潜能？首先要发现员工存在的潜能，然后采取相应的措施。委以重任可以给员工带来工作激情，这种激情是激发潜能的基础，也是对其工作的肯定；其次提供学习、发展的机会，这既是对员工的需求，也是员工的一种福利；最后每一名员工都希望自己能够被重视，工作能力能够得到提升，能够得到快速的发展，作为领导应该给予员工这种发展的机会，让员工时刻具有工作的欲望和压力。

用人的法宝——知人善任

2000年由于企业重组，各单位开始人员调整，我所在的井站分来了3名员工。1名是刚转业来的小伙小赵，另外2名是转岗员工，男的郑师傅年龄50多岁，小学文化，女的杨师傅年龄也40多岁。

他们刚刚来的时候，我按照此前的培训方法，给他们培训采输的资料录取、气井分析、增压机操作管理及注意事项等，然而培训效果甚微。每天早上该交班了，郑师傅还在那里埋头算产量，哭丧着脸。我对他们的资料进行审核，经常发现不少错误；他们每天工作也都绷紧神经，害怕出现差错。井站的气氛异常紧张。

我私下同郑师傅、杨师傅分别进行交谈，他们表示工作也尽力了，苦于文化底子薄、年龄偏大，吸收东西比较慢，面对岗位工作内容相对比较吃力。但通过一段时间的了解观察，我却有了新的发现。郑师傅虽然在采输方面相对较弱，但是凭借在钻井队机房当过司机的工作经验对于机械管理还是比较在行，对机械的学习比较容易吸收。杨师傅对机械方面了解相对较少，用她的话说："听到压缩机的叫声就心里发毛，站在压缩机上搞卫生脚都在打闪闪。"但她却拥有女性的细腻和认真，对采输资料管理方面比较认真，对油压、套压的细微变化，针阀的适时调节都能了然于胸。小赵人年轻、脑子反应快、学东西能很快投入角色，但做事情有点毛手毛脚不够细心。对他们的情况了解透彻后，我的心里慢慢就有底了。

针对井站采输生产、增压运行、巡查输气管线等主要工作，我大力推行属地划分管理。杨师傅负责采输生产，每天就是按时录取资料，观察压力变化，采取适当措施保证生产正常运行；郑师傅负责压缩机维护保养，周保、月保和完善相关资料；小赵负责输气管线和井口的巡查维护保养。通过一段时间的运作，我发现他们在自己的属地干得有声有色，不仅能很好地完成本职工作，还彼此相互帮助，团队更加融洽，井站也传出了阵阵笑声。

有针对性地管理，是班组长的一大法宝。班组长一定要充分了解自己员工的个性特点、技能优劣，用人所长，充分肯定员工的价值。当员工的价值得到承认后，就会激发他们强大的工作激情和活力。

◆ 作者：蜀南气矿合江采气作业区牟8井中心站 黄育春

【思考】尺有所短，寸有所长。一个团队内的成员能力有高有低，素质肯定参差不齐。作为一个基层站长，面对团队成员，应是扬其长，还是避其短？如何有效盘活现有人力资源？

【点评】对团队成员的业务能力和综合素质进行逐一分析、比较，客观评价每个人的优点和不足，发挥每个人的长处。基于个人能力的相对优势，合理划分团队工作任务，将合适的人配置到合适的岗位上，把个人长处和工作需要相结合，人尽其才，形成合力，实现团队共同工作目标。

【链接】用人所长

彼得·德鲁克在《卓有成效的管理者》中专章论述了"用人所长"。有效的管理者择人任事，都是以一个人能做些什么为基础。所以，他的用人决策，不在于如何克服人的短处，而在于如何发挥人的长处。如果管理者用人只是避免其短处，那其领导的团队必然是平平庸庸的。所谓样样精通，实际可能是样样稀松。管理者要知人善用，是因事用人，而不是因人设事，要清楚工作任务，将任务分配与员工个人长处相结合，提出绩效要求，发挥每个人的长处，促进团队目标的达成。

1+1 会不会大于 2 ?

金无足赤，白玉有瑕，人亦无完人。我担任井站长有 15 年了，遇到的问题倒也不少，解决的问题也不少，久而久之，积累了一些识人用人的心得和体会。

A 员工是一名工作三十年的老石油人，工作任劳任怨，勤恳细心。对于每次我安排的工作，他都能很好地完成，其唯一的缺点就是文化水平不高，初中毕业就参加工作了。

B 员工是刚参加工作的年轻人，工作认真，肯学，嘴巴甜，但是有点冒冒失失、丢三落四。

我观察了他们俩几天，发现 A 工作完成得好，就是每次汇报的时候特别慢，电脑键盘都认不完，就别提打字了。B 操作电脑很快，却总是粗心大意。于是我把他们两人安排在一个组内一起工作，希望他们相互吸取对方的优点，实现优势互补，共同进步。

年龄差距大、生活方式迥然不同的两个人要一同工作开始确实有些困难。他们都曾向我抱怨过，但是我安抚双方情绪后，点出对方的优点正是他们自身所缺少的，鼓励他们多磨合，多相互理解。

刚开始，A 员工觉得自己年龄大了，学不会电脑这样的"高科技"，B 员工就主动提出帮助老同志，一点一点地教他怎么打字、怎么发消息。A 员工看 B 员工热心地帮助他，也愿意虚心学习，不懂的地方总能虚心地请教。年轻的 B 员工也很有耐心，不厌其烦地、一次又一次地教他熟悉电脑操作。

年轻的 B 员工以前总是毛毛躁躁的，后来跟年长的 A 员工一起工作后，只要出现粗心马虎的时候，A 员工就不厌其烦地提醒他：再检查一下工具拿完没有？洗完孔板计量是否已经恢复？打扫现场了吗？慢慢地，年轻的 B 员工也就形成了"条件反射"，每次做完工作总是想起 A 员工在自己耳边的唠唠叨叨，自然会一次又一次地检查。

经过一个月的磨合，我欣喜地发现 A 员工可以独立地进行电脑操作，B 员工粗心的毛病也改变了很多。

近朱者赤近墨者黑，每个人都想变得更好。他们聚在一起学习对方的优点、改正自己的缺点，两人搭配就把所有工作完成得非常完美。在不久后的班组考核中，他们得到了前所未有的高分。

萧伯纳说："你有一个苹果，我有一个苹果，彼此交换一下，我们仍然是各有一个苹果；但你有一种思想，我有一种思想，彼此交换，我们就都有了两种思想，甚至更多。"你有一个优点我有一个优点，我们相互学习，我们就都有了两个优点。尺有所短、寸有所长，你的缺点可能是我的优点。班组管理的时候，我们要善于发现和挖掘员工的优缺点，让他们发挥自己的优势，取长补短，人尽其才，共同进步就能达到 1+1＞2 的效果。

◆ 作者：蜀南气矿自贡采气作业区自 2 井中心站　严付彪

【思考】班组中的每一个员工都会具有不同的能力、素质和个性特点，如何有效管理和发挥他们的最大效能？

【点评】"用人之长，天下无不用之人；用人之短，天下无可用之人"。识人用人是一个成功的领导者最重要的能力之一。班组长要综合分析员工的性格和特长，充分发挥他们的优势与潜能，用其之长，安排在合适的工作岗位上以实现团队人员优化组合搭配，相互补位、相互配合，使其最大限度地发挥作用，实现成员与团队共同成长，达到 1+1＞2 的效果。

【链接】管理协同效应[1]

协同效应简单地说就是 "1+1＞2" 的效应。1971 年，德国物理学家赫尔曼·哈肯提出了协同的概念，并在 1976 年系统地论述了协同理论，发表了《协

---

[1] https://baike.baidu.com/item/%E5%8D%8F%E5%90%8C%E6%95%88%E5%BA%94/1112361。

同学导论》等著作。协同理论认为：整个环境中的各个系统间存在着相互影响又相互合作的关系。社会现象亦如此，例如，企业组织中不同单位间的相互配合与协作关系，以及系统中的相互干扰和制约等。

管理协同是对现有的各种管理要素进行整合，运用不同的方法、不同的手段使得各要素之间的相互作用更加协调，使得要素的组合出现1+1＞2的结果；本质上就是实现系统要素之间的优势互补，这里的优势互补并不是简单的协同要素的功能叠加，而是通过彼此之间的协同运作，使得企业的管理呈现最优化的结果。

班组除草记

2015年4月，西河口气田和凉东气田的13口单井及其5名员工统一集中到文星站管理，正式成立为文星中心站。中心站的成立方案在2014年底就已经在调研和筹划中，单井上的员工都知道成立中心站是大势所趋，在班组调整的那段时间里大家上班比较散漫，管理松懈，以至于各个站放任野草疯长，遍布了井站的各个角落。

上班的前两天，我和巡检组的员工对所有无人值守井进行了巡检，看着杂草丛生的井站，我倍感压力。回到中心站，我立即召集班务会，对当前的形势和现状及下一步的工作进行分析安排。中心站工作制度是两班倒，由于巡检组中一名女职工怀孕待产，不能参与到巡检组的工作，只有我和4名巡检组员要完成13个井站的除草，工作量相当大。

第二天，我们5人一早出发，凉东3井留下2个人，剩下的3个人到凉东10井。经过1天的努力，成效不明显。晚上我们对全天的工作进行总结分析，大家抱怨纷纷。有的说："太累了，看不见效果，做着感觉也没进度。"有的说："人员分散了，说话的人都没有，工作枯燥、乏味，工作也没劲儿"。最后大家一致决定5人作为一个集体，统一工作力量，一起参加巡检除草工作。接下来的几天，我们5个人一起在日常巡检工作完成后，紧接着就对井站进行杂草的清除。大家在欢声笑语中，越干越起劲，虽然手套磨破了好多双，每个的手上也被磨出了老茧，但是看着干净整洁的井站，心里满满的成就感。

一周后，我们又来到第一个除草的站，发现工艺区碎石上又冒出了星星点点的小草。因为在除草初期，草有半人高，我们只能用手拔，没将草根拔除，真的印证了：野火烧不尽，春风吹又生。这星星点点的小草可能数天后又会郁郁葱葱地遮盖整个工艺区。必须要将杂草彻底消除，连根拔起！

回到中心站，我们利用站上脱水装置大修后留下的废圆条和钢板，做成撬棍，人手一根。在清除碎石上的杂草时，找到杂草的最根部，用撬棍将整个草根连根拔起。虽说这样工作起来比较慢，但是除草的效果相当明显。

经过5个月，虽然都是重复着平凡的除草、除草、再除草工作，但文星中心站的每个无人值守井的工艺区已经看不到一点杂草。在全站员工的共同努力下，2016年文星中心站荣获"重庆气矿优秀'五型'班组""西南油气田金牌班组"。

我们可能每天只是在重复着细小的工作，但将每一件简单的事做好就是不简单，把每一件平凡的事做好就是不平凡，现实工作中，细节以各种方式影响到我们的工作质量。作为现场员工，就是要把每个操作步骤做好，细节管理落实到位。只有把每一个细节做好，才有可能成就大事。

◆ 作者：重庆气矿邻水作业区文星中心站 何春燕

【思考】班组日常工作是由许多重复的、细小的工作组成的，班组长如何带领班组成员把这些工作做好做到位？

【点评】简单的工作重复做，重复的工作用心做。知名企业家董明珠曾经说过："世上本没有什么大事，把小事做好，到最后就是大事！"除草是看似平凡小事，但是班组长充分调动班组成员力量，不断地用心改良工作方法，把简单的事情做出效果。

【链接】天下大事，必作于细 [1]

《道德经》第六十三章："为无为，事无事，味无味。大小多少，报怨以德。图难于其易，为大于其细。天下难事必作于易，天下大事必作于细。"最后一句意思是说：天下所有的难事都是由简单的小事发展而来的，天下所有的大事都是从细微的小事做起来的。由此可见，一个人要想成就一番事业，就得从简单的小事做起，从细节入手。即使是那些复杂又困难的事情，我们也可以从"细"处着手，化简为繁，方能窥得事物的本质。

---

[1] 王卡.老子道德经河上公章句[M].北京：中华书局，1993.

新老搭配，干活不累

俗话说"一样米养百样人"，每个人都有属于自己的思维方式与不同之处。班组的建设过程中自然避免不了人与人接触和相处。面对不同的员工，我认为并不能生搬硬套"管理模版"去解决日常班组管理中出现的问题。

某员工是我们班组中的一名老技师，参加工作也有二十多年，要说专业技术水平与生产现场经验也绝对是数一数二的。就是这样一名员工在最近一年中却沉迷于电子游戏无法自拔，几乎丧失工作热情。只要一有空，在值班室中谈论的就是游戏。这严重影响到青年员工工作状态。本希望这位老员工能起到"传、帮、带"的作用，尽快帮助青年员工提高技能水平和专业素养，反而在他的影响下，值班室常成了游戏讨论的会场。长此以往，班组员工的工作效率下降，玩乐之风盛行，影响了班组整体士气。

针对这样的情况，我下定决心要从根本上改变这位员工的想法，重新激发他的工作热情。同时，我也考虑到要注意沟通方式，正式的交谈必定引起他的反感，需要在日常生活中循序渐进地交流。于是我常常利用空余时间找他聊天："老哥，等会下白班干什么啊？"他的回答肯定是："打游戏啊，又没啥事可以干。"这时我就会说："别啊，看这群小孩子现在什么都不懂，以后工作上肯定要出大问题的，老哥技术那么好，跟我一起去给他们补补课。"在我的盛情邀约下，老技师加入授课队伍中。最开始我是会先定好每天的讲课内容；慢慢地，他开始会对年轻人的"补课"内容提出意见，到后来，在值班室中他帮助年轻员工解决工作上的问题就成了常态。老技师的心态慢慢发生改变，将他带入一个"良师益友"的角色状态，那么之前的情况再也没有发生了。我期望中的"传、帮、带"作用真正地发挥了起来。

由于我管理的中心站工艺流程较全面，所以这里也成了培养新员工的"摇篮"。去年夏天，作业区的某新员工来中心站实习，一开始并不适应班组的工作环境，与班组员工也缺乏交流。有幸这名新员工在学习专业技术方面还较为主动。作为班组管理者，我努力帮助新员工拉近与老员工之间的距离，并且给他传授更多的经验。平时除了安排他跟着老员工一起巡井，还会刻意增加他们相处的机会。遇到生产上的问题，我会建议新员工多向老员工请教。在生活上，我会让老员工尽量多照顾新员工，要让他感受到班组如家庭般的温暖。新尊老，老护新，班组和谐有利于班组工作的顺利开展。

班组是企业生产经营活动的基础环节，是直接完成企业各项生产指标的根本，搞好班组建设自然离不开班组长。班组长就是班组安全生产活动及其他各项工作的组织者，更是单位与班组员工之间的"润滑剂"。因此，班组长管理方法要善于变通，因人而异，切中要害方可事半功倍。

◆ 作者：重庆气矿万州采输气作业区高峰场中心站 程 锋

【思考】在班组管理中，如何充分利用老员工的特殊优势为班组服务？

【点评】在班组管理中，密切注意新老员工不同特点，使他们优势互补。在人员配备时，考虑新老员工的搭配，避免新员工或老员工相对集中。因为日常一起工作的同事之间，更容易相互看到对方的优点，理解对方的缺点。老员工帮助新员工尽快融入团队，老员工应当把关心、帮助新员工当成是自己义不容辞的义务，是不可推卸的责任。老员工由于在工作时间较长，接受各方面培训较多，工作经验和工作技能相对也较高，因此，要培养老员工把帮助新员工的工作看成是自己的责任和义务，帮助新员工尽快融入企业的文化，帮助新员工尽快提高相关的知识和技能，帮助新员工做好职场角色的转变。

平衡新老员工的优劣势，互补促进班组建设。新老搭配，以老带新，以新促老，促进组织间的和谐共处，并发挥互补优势，促进班组建设与发展。

【链接】员工差异化管理

正如在世界上找不到两片完全相同的叶子一样，企业里没有两个完全相同的管理者，也没有两个完全相同的员工。面对企业中形形色色的性格气质、年龄性别、工作角色、价值取向各异的员工，在员工的不配合、抱怨、顶牛甚至抓狂、吵架的时候，有的管理者束手无策，或者处理不当，造成了工作的被动，影响了工作的开展和团队绩效。这就需要管理人员具有一定的员工差异化管理技能、方法和技巧。学会从不同角度看待员工、理解员工、尊重员工，进而正面地疏导，提高员工管理的科学性、针对性和有效性，强调尊重差异、因人管理的理念，最大限度激发员工的潜能，化解员工的负面情绪，游刃有余地处理好员工之间的各种矛盾和问题，理顺员工的思想和情绪，建立和谐团队关系。

班组管理二三事

2016年底，我被工段和全体班员推选为天然气净化总厂遂宁净化公司净化工段生产一班班长。说实话，当了几十年的班长，加之年龄偏大，我的内心一开始是拒绝的，但转念一想，第一次民主选举，大家都推选我，说明大家对我是认可的，心里又感到无比欣慰，决心一定要干好这个班长，不负众望。

我所接管的班组，在各方面都稍显落后，想要扭转不良形象就得从不良现象着手。毛主席曾说过："调查就像'十月怀胎'，解决问题就像'一朝分娩'。"要想解决问题，必须要找到问题根源所在。于是，我决定先按班组照原有的制度执行，好让问题充分暴露出来。

遂宁净化公司是新建的一座年轻净化厂，拥有100亿立方米的年天然气处理能力，班组人员来自天然气净化总厂各个分厂，不仅员工多、女工多、夫妻档多，而且年龄差距较大、拉帮结派不团结的现象比较突出。

为了解决班组内团结的问题，我想到了2个方法：一是让岗位人员流动起来，定期轮换，让大家从工作中了解同事、熟悉同事。二是多与女员工谈心，了解她们的想法，牢牢抓住夫妻员工，让夫妻双双共同进步。

有一位年轻的男员工一直不愿意轮换到中控操作岗位，并且平时爱说牢骚话，工作也不够主动积极。于是，我就找他妻子交换意见，让她多负责一些班组事务，慢慢获得大家的认可。妻子的进步对丈夫的触动很大，他也像变了个人似的，欣然地接受了班组安排。看到这样的变化，我感到很欣慰！

解决了班组的共性问题，却还有许多顽固的个性问题依然存在。比如迟到早退、爱玩手机等。针对这些现象，我发动全体员工参与班组管理，鼓励大家献计献策，多提合理化建议，多想"金点子"，进而实现自我管理。这样一来，既调动了大家的工作积极性、创造和谐的工作氛围，又能够进一步提升班组管理水平。

　　班组里有一位班员总是爱迟到，每次迟到扣他20元根本不起作用，扣多了也影响班组和谐，但不及时处理又难以服众，班组就更不好管理。这时，一个员工提议，用扣他的罚款给班组买瓜子，大家聚在一起吃瓜子时，让他说说迟到的理由。几次下来，他感觉自己很没面子，主动在班会上发誓再也不迟到了！

　　企业的发展离不开班组，班组的发展离不开一个好班长和一群给力的好员工。打铁还需自身硬！班组长要以身作则，严格要求自己，不断地完善自己，加强提高自己的业务水平，起好带头作用。现在我所在的班组是一个和谐的班组，是一个能吃苦、特别能战斗的班组，安全意识、操作水平、工作质量也上了新台阶，我感到无比高兴！我知道，这些都离不开全体班组成员的共同努力！

◆ 作者：天然气净化总厂遂宁净化公司生产一班 李云志

【思考】面对班组成员来自不同的单位，员工数量多、女员工多、夫妻成员多且年龄差距大、拉帮结派不团结的现象比较突出的情况下，如何打造一个团结凝聚的和谐班组？

【点评】一个好的班组，先是一个和谐的班组。班组长首先要管好人，其次是要管好事，不仅要与员工在工作上建立尊重和信任的有效渠道，而且要善于营造一个良好的和谐气氛，提高班组凝聚力。要使班组成员像亲兄弟一样抱成团，心往一处想，劲往一处使，生活上互相关心，工作上互相帮助，结下深厚的友情，形成一个和谐温暖的"大家庭"。

【链接】调查就像"十月怀胎"，解决问题就像"一朝分娩"❶

　　调查研究是解决中国革命与建设问题的钥匙。1930年5月，毛主席在《反

---

❶ 毛泽东.毛泽东选集.第一卷[M].北京：人民出版社，1991.

对本本主义》一文中指出:"你对于那个问题不能解决么?那么你就去调查那个问题的现状和历史吧!你完完全全调查明白了,你对于那个问题就有解决的办法了,一切结论产生于调查研究的末尾,而不是它的先头。""调查就像'十月怀胎',而解决问题就像'一朝分娩',调查就是解决问题"。这形象地说明充分的调查研究是发现问题、解决问题、破解矛盾的必由之路。

一个"编外人员"的转变

蒋有为，天然气净化总厂万州分厂生产三班员工。在工作和生活中，他都属于"编外人员"。班长觉得他干不好事，同事觉得他很难相处配合，不太愿意和他共事。渐渐地，他的工作圈子和人际圈子都越来越小。

有一天，装置区的工作十分繁重，各个岗位的人都忙得不可开交。突然一个临时的工作需要马上派人完成，班长看着坐在角落发呆的蒋有为，有些犹豫。正好我也在，作为大班长，我便主动提议让他承担工作，并全程陪同协助。班长思考片刻，勉强点头答应。

我俩合作，工作很顺利就完成了。在回值班室的路上，我看到他的脸上出现了少有的笑容，有一种发自内心的喜悦。在跟他聊天的过程中，我发现他只是接纳新事物的程度稍微慢，其实内心是非常想要做事情的，加上那段时间他的师傅也调离了班组，大家可能没有那么多耐心去关心他，造成他的情绪有点低落。

这种情况下，我主动承担起了他师傅的角色，每天带他熟悉装置流程，学习操作步骤，同时定期对他进行考核，督促他的学习。在工作中，只要有班长安排给他的任务，我都尽量陪着他去完成，让他心里建立安全感。慢慢地，我减少了陪他操作的次数，改由同组的同事监督，让他大着胆子独立操作，培养他的独立性和成就感。

接下来的日子里，班长和同事对他肯定多了，他在工作中的积极性越来越高，操作技能有了质的飞跃，和同事的关系也变融洽了。

2019年，分厂临停检修，他主动申请加入我负责的开停产小组来学习。他说："一年一度的装置检修，是学习知识、提升技能的最好机会，而开停产又是其中最重要一环，我要抓住这次机会，跟着您多看、多听、多学。"

对于所谓的"问题"员工,我们要正确引导,用真情和关爱去温暖他们,走进他们的内心,深入了解他们的想法,积极带领他们走出迷途。

◆ 作者:天然气净化总厂万州分厂净化生产班 张 军

【思考】如何关爱和用心用情地管理"问题"班组成员?

【点评】关爱员工,用心用情。从管理的角度来看,给予员工关爱的意义在于人与人之间的社交诉求:两人基于平等关系、互相尊重的情况下,给予对方关爱,让对方觉得彼此是同一战壕上的战友,而不是简单的管理与被管理关系,从内心会感受到你由衷的关爱,满足了他在心理上得到尊重和认可,以及渴望被理解的需求。营造良好的关系,能让以后的工作合作更默契、更真实地进行对话和交流,把双方的建议和观点融合讨论,就容易达成共识,向目标出发。另外,也会激发员工的主观能动性,自己提出来的解决方案,想尽办法去执行,自我驱动,不用太多的监督。

【链接】如何满足员工需求

这里所说的满足员工需求是指有效满足或适当满足。不可能无限度地满足员工的所有需求和欲望(包括切合实际的和不切合实际的),即使有能力也不能够完全满足。要做到有效或适当地满足,这就必须考虑以下几个因素:激励效果、主导需求、企业能力。

实现员工的各种愿望,前提条件是企业必须具备这种承受能力。另外,面对员工的需求,不能只是被动地满足,而应当主动分析和处理。对于那些能够起到较大激励作用,或是占主导地位,但超出了企业能力范围的员工需求,就应当将其转变,通过引导使员工产生企业能力范围之内的新的需求,淡化原来的需求。这样,可以将员工的需求引向企业所期望的方向,而且企业也有能力给予适当的满足。这样的结果自然是企业与员工都满意,实现双赢。

对于长期在一线工作的员工,要满足他们的需求,班组长应该做到以下几点。

（1）明确岗位职责和岗位目标。让员工明白单位对他的希望和要求。

（2）做好设备和办公用品的管理。每个员工进行工作时都要有相应的设备和办公用品。之所以在这方面出现问题，往往不是设备和办公用品的数量不足，而是管理不善，在需要的时候物品往往找不到。班组对物品的管理应该由专人负责，借用和领用都应有相应的登记管理制度。

（3）加强管理沟通。让每个员工去做最擅长的事情。了解员工，不但要观察员工的工作行为，还要注意多与员工进行沟通，特别是管理沟通，认真听取员工对公司管理和部门管理的建议，了解员工的思想动态，并让员工对自己进行工作评价，以便统一员工与直接领导对工作的认识。

（4）建立意见反馈机制。在具体工作中，员工难免会对单位或部门的一些管理行为产生意见，从而影响工作情绪。而这些意见并非都适合直接告诉直接领导。从管理流程上讲，应该有这样一个"第三方"来收集员工的意见，并将这些意见整理、归类，然后直接反映给最高层或管理部门，这也是对各级管理人员的一种监督方式。

（5）进行恰当的工作评价。很多单位都有对员工进行工作考评，在工作考评后不仅要进行及时的考评沟通，还要有书面的工作评价。工作评价可以每半年进行一次，在工作评价中要诚恳地对员工的优缺点进行分析和总结。在员工拿到自己的工作评价时，对自身的情况会有一个客观地了解，并且会感觉到单位在时时刻刻地关心着自己的成长。

（6）完善职务升迁体系。职务的晋升是对员工工作的肯定和嘉奖。完善职务升迁体系是为了使每一位员工都感觉到有发展前途。

爱迟到的"192"

"192",本名游尚敬,1983年生,现为天然气净化总厂引进分厂生产一班员工。因其身高达到了惊人的192厘米,同事们都笑称他为"192"。

这个身材颀长、看似成熟稳重的人曾有一个特别的缺点:经常睡过头,上班迟到。不知这个大高个是不是被瞌睡虫附体,一觉睡下去,往往就睡过了头。

以前他所在的班组,为了改掉他这贪睡迟到的毛病,班长想了不少办法:批评、扣钱,甚至专门安排同事提供叫醒服务,也没有把他爱迟到的毛病纠正过来。

直到班组重组,"192"来到了我所在的生产一班。我们班组可是连续8年获得西南油气田公司"金牌班组"称号,也斩获了中国石油先进集体。在这样先进的团队,突然来了个"后进"分子,说实话,我一点都不愿意。但分厂领导希望借这次机会,让他在我们班好好进行"改造",改掉他爱迟到的老毛病。

于是,我暗下决心:"一定要啃下这块'硬骨头'!绝不让他拖班组后腿。"

要改掉毛病,首先要找到"192"贪睡爱迟到的原因。通过和他一段时间的真诚交流,以及对他日常行为的仔细观察,我发现他迟到的真正原因——责任心不强、做事拖拉马虎。找到了问题的根源,就能对症下药。

为尽快让"192"融入生产一班,感受良好的集体氛围,班组各类活动我都让他参加,加快他和班组员工的熟悉了解,使他在融入班组的同时,也让班组员工快速接纳他。

很快,"192"本人也发现生产一班的不同。班员之间相处十分融洽,同事宛如亲人,任何一个岗位有事情,大家都会帮忙。最突出的是班组集体荣誉感非常强烈,每个人对待工作的态度都十分积极,大家心往一处想、劲往一处使,齐心协力做好班组各项工作。

随着与同事越来越熟,"192"迟到的现象也在减少,大多数时候都能按时上班。生产一班这个团结友爱、互相关心的集体,正在潜移默化地影响着他。

对于"192"的变化,我都看在眼里。为巩固成绩,我乘胜追击,多次找他谈心,分享自己的工作态度和人生经验,甚至进行了一场男人间的对话,话题直指对责任的认知。

虽然,后来"192"也迟到过两三次。但是,我对他的处罚也是轻拿轻放。因为我知道"192"的责任心已经树立起来。我认为,对于懂得反思和自责的班组成员,出现问题只需要点到为止。

几年后,"192"不仅成长为一名技术成熟、经验丰富的操作能手,更是一名遵章守纪的标兵。在我去广州脱产培训前,"192"跟我讲了这样一番话:"罗班长,谢谢你!以前我自觉性很差,一直抱着得过且过的心态。当我来到生产一班,感受到了你和班组的温暖,我才意识到自己的一些错误。感谢班组对我的接纳,今后我一定会站好我的岗,为班组增光添彩。"

班组管理,要坚持"不抛弃、不放弃"的原则,针对个别"问题"员工,一定要查找问题根源,因材施教。班组管理不是一味地用制度"框"人,而是把制度与温度有机结合,寻找最佳的平衡点。

◆ 作者:天然气净化总厂引进分厂生产一班 罗小林

【思考】在班组中,会有不同类型的"问题"员工。当遇到责任心不强、做事拖沓的员工,那如何有效应对呢?

【点评】制度管人,温情化人。在面对"问题"班员,若一味用制度约束,往往适得其反。班组长在班组管理中注入柔性的情感管理,用温情感化人,了解员工之需、体察员工之情,使员工有一种归属感,体会到家一般的温暖,全身心地投入到工作中。员工秉性、道德水平、综合素质都各不相同,其行为模式也有所差异。作为班组长,要根据不同类型员工的特点,采取不同的方法灵活应对。

【链接】制度也要有温度

　　管理是一门学问，也是一种智慧。善管理者，如春风化雨，以特有的人格魅力和管理智慧去引导浸润被管理者的行为，让被管理者自觉接受并遵守工作制度和相关规定，从而心甘情愿地追随管理者前行的步伐；不善管理者，似猛药去疴，用冰凉的制度规定和奖惩办法去规范被管理者，在短期内看似效果显著，实则暗流涌动，必遭员工所诟病。缺乏温度的制度不是合理的制度，得不到员工认可的制度更不是科学的制度。制度不仅要有力度，更要有温度。

恩威双管齐下

安全生产是班组管理不可逾越的红线。记得有一次，班组员工在现场过滤器排污操作中，习惯性违章操作，幸好被我及时发现。我当即责令他们停止操作并进行了严厉批评，也进行了一定处罚。其中一位老员工觉得没给他面子，表现得极不高兴。事后我找他谈心，讲明了利害关系。当然，我也向他道歉，解释了当时情况紧急，语气过重，请他谅解。后来，我们反而成了好朋友。如果不严格管理，一味温和，就容易发生安全事故！

有一次，中控人员发现硫黄回收单元废热锅炉液位下降，并立即汇报给单元技术组长。操作手和组长处理问题不冷静，在没有搞清楚液位下降原因时，就盲目下达指令！

我根据现场情况判断应该是上水压力问题，我立即通知现场人员打开上水调节阀旁通，并通知中控人员减小酸气量和废热锅炉蒸汽蒸发量。即便如此，依然无法恢复液位，我又迅速判断：上水进废热锅炉单向阀有卡堵！于是，马上通知再启动一台上水泵，加大上水压力，单向阀被冲开，液位恢复正常。

故障处理完后，我表扬了发现问题的中控手，并在月奖中兑现了奖励。在班后会上，我对这次应急处理做了分析，指出了组长遇事情不够冷静，组长也认识到了自己的错误，口头做了检讨。通过这件事我意识到，表扬班组员工的感情流露要"浓淡"适度，对其评价也应该公正准确。

我们班上，有一位班组员工作不够积极主动，总是爱迟到。突然有一天，他老婆来探亲，我便在当晚组织班组聚会，邀请他老婆参加，当着他妻子的面表扬了他的长处，也指出了他的不足，令他感动不已。之后，他工作也积极了，也不会无故迟到。每个人都有面子观念，班组管理要善于调动各方面的力量，来化解种种矛盾和突出问题，既要达到教育的目的，又不伤害班组员工的自尊心。

这件事使我体会到，班组管理要掌握一个度，做到恩威并举。但说起来容易，真正做到却很难。班组管理是一种动态的平衡、动态的和谐，需要不断进行调整调节。没有适度，班组和谐无从谈起，没有和谐，班组管理也根本不可能实现！

◆ 作者：天然气净化总厂龙王庙净化厂生产一班 李云志

【思考】如何把握班组管理宽严的"度"？

【点评】对班组成员宽严得宜，恩威并用，感情流露浓淡适应，才会事半功倍。如果班组管理缺乏威严，一味温和，班组员工就会像一群在溺爱中成长的孩子不听教诲，很容易被惯坏，言行随意，难以成为可用之人。但是，如果对任何事情都采取过分严厉的态度，班组成员或许在表面上遵从，但绝不是心服，甚至滋长对抗心理，工作也很难顺利推进。

【链接】恩威并用刚柔并济[1]

恩威并用，刚柔并济。"恩"在前，作为一个管理者，首先要有一颗感恩之心，然后才是自己的威望、威信。作为一个班组的领头人，也要做到刚柔并济，用自己的魄力建立威望，用"刚"性树立自己的威信，同时也用自己"柔"性的一面，用自己本就必须具有的那颗"仁"心去感恩他人，心怀他人，方可让他人心中有你。因为真正的"威"是在别人的心里，而不是脸上或嘴上。

---

[1] https://wenku.baidu.com/view/f17f551f6bd97f192279e97f.html。

第三篇

员工激励与班组培训

第一章　员工激励

班组是企业生产经营活动的基本单位，企业最基层的组织，是人数最多的集体，负责为企业创造价值。班组长做好下属的激励，可以为企业创造最大的价值。

所谓激励是指通过特定的技巧和手段，满足员工的需要和愿望来激发员工的潜力，调动员工的积极性，使员工主动积极工作，为企业创造最大价值，实现企业和个人目标。

一个经典的公式：激励 = 效价 × 期望值

其中，效价是激励的方式对于员工的吸引力，期望值是激励实现的可能性。所以，要实现好的激励就要想办法让效价和期望值都高，才能达到激励应有的效果。

现实中，存在着一些对激励认识和操作的误区。(1) 激励就是常说的奖励，认为激励就是发奖金、发礼品。其实奖励只是激励的一部分，通常奖励是事后的。(2) 员工就是为了金钱。激励的方式有物质激励和精神激励，只考虑到金钱的物质激励，没有考虑到个人荣誉，领导认可等方面。(3) 激励没有考虑过程，只考虑结果。按照制定的目标是否达成，没有达成则扣绩效或者全盘否定，没有考虑目标达成的条件和过程。(4) 对于基层员工的激励不足。有些企业设置的激励措施对于中高层奖励力度大，但是基层激励措施不足。

一般来说，激励方式主要有两大类：物质激励和精神激励。(1) 物质激励：主要有薪资（工资、绩效、奖金等）、福利（旅游等）、礼品（节日礼物等）。(2) 精神激励：主要有晋升成长、荣誉感、符合兴趣的工作、参与感、公开表扬、树立榜样等。

激励的作用是巨大的。适时的激励，可以使班组成员同心同德、众志成城，提高工作绩效。美国哈佛大学教授詹姆士曾在一篇研究报告中指出：实行计时工资的员工仅发挥其能力的20%~30%，而在受到充分激励时，可发挥至80%~90%。

然而，对于班组长来说，激励似乎很难实施，这是因为他手中缺少很多权力，特别是在物质奖励方面，班组长一般都没有最终的决定权。但正因为这样，在有限可利用的资源的前提下，能够对班组员工进行适当激励，有效提升班组士气，就更能体现出班组长的管理能力。

有效的激励技巧有助于达到有效激励员工的目的。（1）建立员工晋升通道，让员工看到发展机会，例如推荐优秀员工参与技术员、维修员、品检员的应聘。（2）把企业的发展目标、发展前景和企业成果和员工分享，树立员工荣誉感。（3）倾听员工的心声，采纳员工的建议，尊重每一位员工的意见。（4）关心员工，在员工特殊的日子给其赠送有意义的礼品。（5）制定有激励作用的绩效制度，要让优秀的员工受到奖励。（6）奖励机制要公平、公正、公开，要一视同仁。（7）小奖励可以起到大效果，要注意平时的小金额的奖励带来的效果。（8）表现出对员工的肯定，鼓励员工展现自己的能力。（9）"胡萝卜"和"大棒"和结合使用。通过上述激励技巧，形成班组良性的竞争氛围，激发员工的主动性，满足员工荣誉感和满足感，为企业创造更大的价值。

大山里的巡检人

山还是那座山。井场还是那些井场，高压线还是那段高压线。巡检维护班的员工们每日重复着对相国寺储气库7座注采站、6口监测井、18口封堵井、60余公里10千伏高压线的巡检维护工作。

年复一年，日复一日，老班组、老师傅，过着老样子的生活。

又是一年春节，有人牢骚满腹，因为连续两个春节没有回家，就小声嘀咕了起来："恼火得很，又回不成家，还要按照规定完成岗位工作！""就是呀，别人家家户户都团年了，吃年饭、发红包、看春晚，就我们还要在这深山老林里坚守着，没法陪亲人，天天干着同样的事！"说着说着，唐妹妹的眼眶湿润了。

"每逢佳节倍思亲。大家的想法可以理解，但是我们舍了小家，造福的是千家万户，彰显的是我们储气库人的责任担当，这是无上光荣的事，谁叫咱们是石油人呢！"班长管管安慰大家。

"出发吧，把巡检任务干完后，我们在一起团个年！"

连续一个多月的雨雾笼罩着海拔950米的相国寺储气库，模糊了巡检人的巡检井场视线，遮挡了设备的本色。巡检员工拿着巡检仪、红外线检测仪、记录本，挨个巡检检查，取全取准节点压力、温度，在恶劣的天气下，一个站一个站地重复着工作。汗水和雨水交织，浸湿了厚厚的工棉衣，他们用嘴呼出的热气吹散仪表盘上的雾气，用冻僵的手指准确无误地记录每一个生产数据。

这就是巡检工人，走遍相国寺储气库的每一个角落，每一次出发和归来都带回现场的资料和安全。作为巡检班负责人的我和大家一样，为了千家万户的温暖，心里美滋滋的。

巡检人一件件平凡而又感人的小事，互相影响着每一个人，带着一份感动，带着一份创新不断前进。不断总结经验，形成巡检模式，顺应储气库的发展，把优良的工作作风发扬下去,让安全传递下去。

◆ 作者:储气库管理处相国寺集注站巡检维护班 管贞平

【思考】巡检工作必须严格对待,一刻也不能放松。在本该与家人团聚的大年夜,班组员工们抱怨着无法团聚,眼看着负面情绪就要在员工之间漫延。作为班组长,我们该如何正确引导负面情绪的发展,化解怨气的同时又能激励大家努力工作呢?

【点评】常言道:"每逢佳节倍思亲"。在除夕的夜晚,依旧有那么一群人在默默地坚守着自己的岗位,保证生产安全稳续进行。每当在这种时刻,员工们不免会对工作时间、强度产生抱怨。在案例中,眼看这种抱怨情绪开始漫延,班组长采用巧妙的沟通技巧无声地化解了这一次可能影响巡检质量的隐患。我们仔细回顾下班组长的话语,感受到了对员工的认同、理解、安慰、责任、使命与期待。正是这样一番看似简单的话语,引发了员工们的思考,让原本的负面情绪得以消散,并且激发了员工认真完成巡检工作的动力。

【链接】双因素理论❶

赫茨伯格的双因素理论是目前最具争论性的激励理论之一,也许是因为它具有两个独特的方面。首先,这个理论强调一些工作因素能导致满意感,而另外一些则只能防止产生不满意感;其次,对工作的满意感和不满意感并非存在于单一的连续体中。这两种性质不同的因素就是激励因素和保健因素。

激励因素:包括工作本身、认可、成就和责任,这些因素涉及对工作的积极感情,又和工作本身的内容有关。这些积极感情和个人过去的成就,被人认可以及担负过的责任有关,它们的基础在于工作环境中持久的而不是短暂的成就。

保健因素:包括公司政策和管理、技术监督、薪水、工作条件以及人际关系

---

❶ 关培兰.组织行为学(第四版)[M].北京:中国人民大学出版社,2015.

等。这些因素涉及工作的消极因素，也与工作的氛围和环境有关。也就是说，对工作和工作本身而言，这些因素是外在的，而激励因素是内在的，或者说是与工作相联系的内在因素。

尽管激励因素通常是与个人对他们的工作积极感情相联系，但有时也涉及消极感情。而保健因素却几乎与积极感情无关，只会带来精神沮丧、脱离组织、缺勤等结果。

赫茨伯格的理论认为，满意和不满意并非共存于单一的连续体中，而是截然分开的，这种双重的连续体意味着一个人可以同时感到满意和不满意，它还暗示着工作条件和薪金等保健因素并不能影响人们对工作的满意程度，而只能影响对工作的不满意程度。

中控室"台柱子"成长记

两年前,李某是我们班一位性格内向、不善言谈、工作表现一般的青年员工。

一次,班组在执行装置复产任务时,发生了压缩机运行后非正常停机的状况。我赶到现场通过向外操人员了解情况,对压缩机与管道阀门进行故障排查后,发现可能是中控人员操作上的问题,于是用对讲机询问了中控人员李某操作的细节。果然,造成压缩机超压停机的原因是一个自控阀门的调节方式设置不当。

当我回到中控室时,李某看了我一眼,就低着头默不作声,神情有点惴惴不安,好像做好了挨骂的准备。我在操作电脑查看了运行参数后,轻声对他说:"压缩机停运后你处理得很恰当,几个关键点你也控制得挺好,但这次压缩机输送的气体流程与原来有些区别。"说这话时我发现他沮丧的脸上舒展了许多,于是又接着说:"这个管路阀门的设置与平时有所不同,说说你的想法,我们一起来分析分析压缩机为什么会超压。"我仔细地听了他的操作思路,夸奖他有自己的想法,同时告诉他这个阀门在管路中的控制作用,在讨论中引导他掌握正确设置方法。

班后会上,大家对此次停机事件展开 QHSE 活动分析,李某在讨论中说道:"保证装置安全平稳生产是我们每个人的职责,这次失误虽然没有造成什么严重后果,但是中控室是指挥中心,不能有半点马虎。"随后他结合自己岗位,把事件的前因后果分析得清楚明了,对自己的操作失误坦率承认、态度诚恳,并提出相应的预防措施。对此,我给予了充分的肯定,并在全体班组人员面前鼓励了他。

从那以后,他"吃一堑,长一智",工作中越发有责任心。通过不断地总结积累经验,勤学苦练提高操作水平,最终他凭着过硬的业务技能成了我们班中控室当之无愧的"台柱子",并凭借出色的工作表现,多次荣获厂级优秀青年、先进工作者等荣誉称号。

李某成长的过程给我启发：当员工在工作中犯错的时候，班组长要因人制宜，善于运用以"柔"克"刚"的"软着陆"批评方式。"柔"即肯定对方的成绩，发现闪光点，通过赏识和鼓励让对方心悦诚服地接受批评，认识并主动改正错误；"刚"即简单直接的刚硬批评，容易打击对方的自信心和工作积极性并且使其变得一蹶不振。因此，批评员工要像医生那样"对症下药"，才能"药到病除"，在注意保护好员工自尊心的同时引导其改正错误、吸取教训、积累经验、不断进步。

◆ 作者：成都天然气化工总厂氦气分厂生产一班　周　静

【思考】当班组人员在工作中犯错误时，班组长如何处理应对？

【点评】在一个团队里，管理者需要用奖励来激励员工，同样也需要惩罚来约束员工。但如果你只会使用"奖惩"手段，那你仅仅是在管理员工。因为，单靠处罚来管理会给员工的心理带来不同程度的伤害，打击他们的自信心，容易造成被处罚对象的不满，引发抱怨，甚至是背地里捣乱。

若想领导员工，让他们能够自发自觉地去做你希望他们完成的事情，还要施之以教育和引导。对于员工的错误，重要的不是处罚，而是对话，是教育，让对方能够认识到自己的错误并改正，杜绝以后再犯类似的错误。

【链接】良言一句三冬暖，恶语伤人六月寒[1]

这句话出自《增广贤文》，意思是语言可以是一剂慰人心腹的良药，也可以是一把伤人于无形的尖刀，它告诉我们要学习用"爱语"结善缘。很多时候，一句同情理解的话，就能给人很大安慰，增添勇气，即使处于寒冷的冬季也感到温暖；而一句不合时宜的话，就如一把利剑，刺伤人们脆弱的心灵，即使在夏季六月，也感到阵阵的严寒。

---

[1] 姜正成.增广贤文：为人立信，处世立心［M］.广州：中国财富出版社，2015.

没有对比就没有"伤害"

龙岗 1 井是一个具有高温、高压、高含硫的"三高"井站，井站设备倒是不多，但近几年搞生产化和信息化的两化融合，井站自控化设备多了不少。新设备、新工艺、新技术对井站人员在生产和安全上都带来了不小的挑战。

最近两年在井站刚好带过两位徒弟：郑雪和郑行枫。郑雪是个女生，个子不高，但有颗好胜心。郑行枫看起来瘦瘦的，做起事来一直很利索。

记得有一次教他们清洗带有电动执行机构的闸阀，更换阀门轴承。

开始前，郑雪说："准备工具都这么多，一定很复杂，看样子就很难学"。郑行枫则什么都没说，默默地看着，时不时地还比划比划，并用笔记录下了我说的内容，哪里不懂不明白的立即提问。

没多少天，郑行枫不仅对闸阀的轴承更换非常熟练，还对其他阀门的各种保养都能说出个"123"来。

郑雪怎么想也不明白，郑行枫怎么学得这么快、这么好。我告诉她：郑行枫每次巡检走到哪里就想着这些阀门是什么？什么类型？有哪些作用？为什么这样设计？怎么和其他的阀门联合配合使用？有任何他不了解的问题都会问，去找书看，去上网查。做事认真仔细、肯下功夫、有行动力就是郑行枫进步的原因。郑雪知道了自己的问题，也不甘示弱，虚心向大家学习，每次班组有活动也都积极参加，有比赛都踊跃报名，铆足了劲儿要证明自己也行。正因如此，一年以后郑雪成了一名班组长。

后来，我找到郑雪："以前的你对井站很多设备都不闻不问，是什么让你转变的？""就是不服输呀，才来上班很多人都觉得女娃娃做不了啥事，但我不这么想，别人能做的，我也可以，还可以做得更好。"

井站员工的学习就是应该这样有比较，让每个人更容易看得到自己的不足，才会去想办法弥补，知道哪里不如人，就会多花时间去追赶。大多数的员工不会去在意那些和自己差距很大的人，但是会去在意那些只要稍微努力一点就能超越的人，一个初级工绝对不会把自己和高级技师比，但他一定会拿自己和另外一个初级工作比较。

井站员工的学习可以通过结对子促进双方相互比较，班组之间管理也可以通过相互结对子从而达到提升班组管理的效果。

◆ 作者：川中油气矿龙岗采油气作业区西线中心井站龙岗1井　杨　帆

【思考】员工的成长是每一位班组长都乐于看到的。那么我们可以怎样激励员工成长呢？

【点评】激励员工成长的方式有很多。在我们日常的管理中，最常见的激励方式就是绩效考核。通过对员工的绩效以优胜劣汰的方式激励，在很多情况下能够起到积极的作用。案例中班组长的做法并非采用了绩效考核的方式激励员工成长，而是用了情感激励的手段。通过了解两位不同性格特征的员工，安排彼此一组学习，无形之中形成一种内部竞争，激发了员工的好胜心，从而让员工内心自发的愿意成长、渴望成长。这种情感激励的手段离不开沟通的艺术。选择合适的沟通时机和恰当的沟通主题，沟通的效果也会更加凸显。因此，我们在激励员工成长时，要善于采用不同的方式，因人而异，让员工发自内心地愿意改变，这样的成长才是一劳永逸的。

【链接】情感激励的"三个一点"[1]

要将情感激励运用于管理工作，就必须提高领导艺术水平。具体应该要做到"三个一点"：即嘴巴甜一点、说话艺术一点、行动快一点。所谓嘴巴甜一点，绝不是提倡那种甜言蜜语和一味吹捧，而是指在用欣赏的眼光看待员工时，要做到赞其所长、容其所短，多赞扬员工的优点和长处。赞扬的话要恰如其分，实事

---

[1] 吴娟瑜. 如何提高员工EQ与团队EQ[M]. 上海：东方音像电子出版社，1970.

求是，不夸张、不溢美，使受赞者听后受到激励，使听赞者心服口服、受到启迪。所谓说话艺术一点，就是在赞扬员工时，说话要富有幽默感和感染力，使员工们听得进、记得住、学得着，留下烙印。在批评员工的过错时，要注意分析主客观原因，本着与人为善的态度，帮助总结经验教训，千万不能用挖苦的语言或过激之词，一定要掌握分寸，使他本人感到温暖，乐于接受批评和改正错误。所谓行动快一点，就是见到员工的优点和出色表现时，不要等到半年或年终总结回顾时再表扬，最好是当时就表扬、就鼓励，即使因某种原因不便当场赞扬的话，也不能拖延过久。

小改革，大作用

如何激励和调动班组员工的工作热情，是班组管理的重中之重，也是班组管理的一门大学问。

一直以来，我所在的计量监测中心员工存在干多干少都一样的思想。为了打破这种格局，清除错误认识，中心领导和班组共同策划了对承担工作任务实施"加分项"的激励模式。针对员工在工作中出现的那些大家不愿意去干的事情，设置加分项，针对每项任务难易程度设置不同的加分值。

由于中心各检定室的工作职责和任务不同，有工作任务较多的，也有一年工作任务较少的，并且标准器送检的周期也不相同，有一年、三年和五年的区分。大家对此提出了不同的意见和建议，经过几次热烈讨论，最终以会议形式明确设置合理化建议、检定室工作、获得荣誉奖励等18个加分项。

根据工作安排，凡主动接受并圆满完成加分项任务的员工，则每天加分，每月进行统计公布1次，一季度评选出1~2名计量达人。年终汇总统计，对一年内获得激励分数相对集中的，评选为年度总计量达人。年度总计量达人又可以作为单位先进个人候选人。

通过加分项和评选计量达人，极大地调动了员工的工作积极性，让员工明白多劳多得、少劳少得、不劳不得的理念。从此，接受工作任务推三阻四的现象销声匿迹，班组管理创新和工作活力作用得到有力彰显。

面对班组员工缺乏工作热情、工作主动性差的问题，只要用心去寻找其中的症结，分析其产生的原因，动脑筋、下功夫，就一定能够找到行之有效的解决办法。

◆ 作者：川西北气矿计量监测中心检定二班 朱 莉

【思考】班组员工缺乏工作热情，工作不积极是不少班组老大难的问题，班组管理也因此陷入困境。对于班组长有效激励员工，提升员工工作热情，你是怎么看的呢？

【点评】员工的激励是班组长们一直致力于思考和行动的重要问题。其实，员工的工作热情呈现出一种周期性的变化。正常情况下，刚上岗的员工工作热情是比较高的，随着工作的熟练度提高，工作逐渐有一定的成果，工作热情逐渐达到最高点。随后，在工作遇到瓶颈，员工需要改变原有工作习惯（脱离舒适区）时，会突然产生畏难情绪，导致工作开始敷衍，工作积极性开始降低。此时，如若班组长们没有及时采用合理的激励措施，员工的工作热情将急速降低，甚至开始出现人员流失的情况。基于此，班组长们要在员工遇到工作瓶颈时及时采取新一轮的激励措施或者提前改进原有工作方式，以持续激励员工的工作热情。案例中班长采用的"任务加分项"的激励措施，类似平衡记分卡的原理，将工作中没人愿意干的难题设置为加分项，采用每日积分、月度统计公布、季度评选、年度评比的方式，在有效解决工作难题的同时，持续提升员工工作的积极性。这种做法对于班组激励员工，提高员工工作热情有很高的借鉴性。

【链接】现场激励的有效方法——适度竞赛

像比赛一样完成一项项原本枯燥乏味的工作，会让工作变得快乐而富有吸引力，其成效之佳不言自明。班组长可以通过员工之间的彼此竞争，激发他们的好胜心理，满足他们获胜、拔尖、成为优秀者的愿望。

1. 竞赛激励员工的工作重点

（1）宣扬这个奖励计划和它的目的。

（2）设立实际的、可行的、可计量的预定目标。

（3）竞赛要有一定的期限，期限不能设得太长。

（4）竞赛的规则不能定得太复杂。

（5）奖励要有吸引力。

（6）奖励的价值和员工的表现要有直接的关联性。

（7）竞赛结束，要尽快表扬和给予奖励。

2. 竞赛激励的注意事项

（1）竞争必须建立在公平之上。班组长如果想以"竞争"有效推进班组发展的脚步，绝不能让带有偏激情绪的竞争代替真正的竞争，而是摆正心态，凭着公平的竞争，有效激励员工个人以及群体的工作。

（2）"公平"不是绝对的。班组在制定竞争目标时不要将目标一条线划清，不分新员工、旧员工，优者、劣者的"绝对目标"，这样根本无法起到激励人们积极性的作用，反而只能降低人们的动力。只有优者有优者的目标，劣者有劣者的目标，人人都有获胜的可能，这样的竞争才真正有意义，才能真正发挥其应有的激励作用，产生动力，超越目标，获得胜利。

（3）事先把相关事项说明清楚。用竞赛方式来奖励员工，应该要把竞赛规则写清楚，把奖金或奖品的细节也交代明白。

（4）防止恶性竞争。班组长的职责就是要遏制员工之间的恶性竞争，并在遇到员工之间进行恶性竞争时，积极引导他们参与到良性竞争中。一般说来，引导员工进行良性竞争有以下几种技巧：

①要有一套正确的业绩评估机制。要多从实际业绩着眼评价员工的能力，不能根据其他员工的意见或者是班组长自己的好恶来评价员工的业绩。总之，评判的标准要尽量客观，少用主观标准。

②要在部门内部创造出一套公开的沟通体系。要让大家多接触、多交流，有话摆在明处讲，有意见当面提。

③不能鼓励员工搞告密、揭发等小动作。不能让员工相互之间进行监督，不能听信个别人的一面之词。

④要坚决惩罚那些为谋私利而不惜攻击同事，破坏班组正常工作的员工。

"轮值"班长来真的

王某某，入职 25 年，增压三班班长。班组给他的评价是"大忙人，老黄牛，凡事先问王班长。"就这样，每一次工作、每一次检查，只要有王班长都是规矩的，"等、靠、要"成为三班的班组特色。

增压集气站增压班，每班 4 名员工，负责 5 台增压机组运行，保障高含硫气藏后期生产及提供须二气举气源的生产任务，动设备、高含硫，要求员工具有高度的责任心、使命感和强有力的执行力。

某天，班长对我说："现在干工作觉得很累，有点力不从心。"我看着他一脸无奈，问道："为什么呢？"

他说："班里的员工你让他们干工作没有问题，都能很好地完成。"

我不解："那有什么问题呢？这不是很好吗？"

他摇摇头："太累了，感觉他们好像不知道自己要干什么，而是被动地等我安排。"

接下来的一周，我认真观察三班的工作，发现确实如此。班组安排的工作都能完成，但是必须要具体到人，且每一步都需要跟进推动下一步。如何让员工从被动变为主动完成工作，成为三班班长迫切需要解决的问题。

经过沟通、交流、上会、表决，三班开始了一场"轮值班长"新工作模式。员工每次轮值时间一个月，纳入"星级员工"评比加分奖励，而原班长负责把关与协助。

在每位员工刚开始执行班长职权的时候，不知道工作该从哪里开始、该怎么进行，显得茫然不知所措。随着时间一天天过去，大家慢慢理顺了各项工作流程、具体安排、内外联系的各项事物，就显得得心应手多了。大家不时还自嘲："没看出来，我还很有当领导的潜质嘛。"

3个月过去了,我再观察他们班的工作,发现月度过程控制大表公示栏中每天、每周的具体工作在轮值中理清理顺了,还在相互交流中不断完善。

在班组管理与日常工作中,班组长对每项工作不可能面面俱到,轮值换位,相互感受,让员工积极参与到班组管理中,通过亲身实践,实现被动向主动工作的转变,这也为雷三增压集气站探索班组自主管理迈出了坚实的一步。

◆ 作者:川西北气矿江油采气作业区雷三集气增压中心站 徐晓军

【思考】班组人员的工作积极性如何提高是很多班组长为之凝思苦想去解决的重要问题。你是怎么解决的呢?案例中的方法带给我们哪些启发?

【点评】在班组管理中激励员工,提高员工工作积极性已经是老生常谈的问题。但是,不同的班组各自员工的情况也不同,并不是一种方法可以万能。有些班组采用的是群策群力的办法,有些班组采用平衡记分卡的办法,还有些班组用轮岗制的办法。善于灵活运用各种手段的班组长往往能够有效激励员工的工作热情,提高效率。案例中班组采用的是轮岗制的激励方式,通过岗位轮换,职权体验,在员工感受班组长责任的同时,理清班组长工作的方式方法,对班组管理产生同理心,借助同理心的驱动,激励员工感同身受,在掌握工作方法后,可以自觉提高工作质量和效率。这种激发同理心的做法便是典型的换位思考的思维。

【链接】同理心 [1]

同理心是心理学概念。它的基本意思是说,一个人要想真正了解别人,就要学会站在别人的角度来看问题,也就是人们在日常生活中经常提到的设身处地、将心比心的说法。心理学家发现,无论在人际交往中发现什么问题,只要你坚持设身处地、将心比心,尽量了解并重视他人的想法,就比较容易找到解决问题的方法。尤其在发生冲突和误解时,当事人如果能够把自己放在对方的

---

[1] https://www.jianshu.com/p/5ce071a707e2。

处境中想一想，也许就可以了解到对方的立场和初衷，进而求同存异、消除误会。其实同理心并不是什么新的想法，早在两千多年前的孔子就说过："己所不欲，勿施于人。"这就是同理心所说的，要做到"推己及人"：一方面自己不喜欢或不愿意接受的东西千万不要强加给别人；另一方面，应该根据自己的喜好推及他人喜好的东西或愿意接受的待遇，并尽量与他人分享这些事物和待遇。西方文化同样也有强调和推崇同理心的传统，基督教中的"黄金法则"说："你们希望别人怎样对你们，你们也要怎样对待别人。"其实这就是同理心原则的体现。

竞聘前的魏班长

"技能改变命运，学习成就未来！"这是我的QQ签名，也是我们雷一[1]总站中心站的班训。

魏明鑫，男30岁，小班长，2010年参加工作，先后跟我在磨5井和总站工作，属于"不自信"类型。任小班长多年，我们对他的评价是"自己上班很放心，技能和执行力都较强，但管理和带队伍能力较弱，安排工作指一下，动一下"。

一次，作业区发布公告，拟公开竞聘高磨灯影组二期的3个中心站正、副站长。第一天，临近下班时，我见他无动于衷，于是吃过晚饭我走过去把他叫上一起散步。我边走边说："这次作业区要竞聘中心站长，你就没有想法？你看我们总站走出去的何国志、黄小平、马勇、谯杰都在龙王庙当中心站的站长、副站长了，周梓静也当支部书记了，你去年都得了公司'百优班组长'了，难道你比他们差很多吗？"他若有所思地点点头。

第二天，魏明鑫抓紧时间干完自己的活后，主动帮助我做评选油气矿"十佳班组"资料收集和材料撰写的事情。

在接下来的几天里，我都会抽时间关注他，也让他"顶"我中心站长的岗，让他独立自主的处理一些事情。

一个月后，安排他的工作从不推脱，做事越来越细心，还主动帮助同事完成任务。

临近报名结束的时候，魏明鑫终于填写了《应聘申请表》，并在我的指导下制作了竞聘演讲的PPT。

在随后的日子里，我不断地给他教方法，压担子，他也从原来的做事要靠"吼"，到现在做事积极主动。他虽然工作和性格上仍有些不足，但我们相信通过不断磨炼他会越来越好。

竞聘前夕，魏明鑫又找到我聊天："师傅，自从你找我谈了一次后，我也逐渐鼓起了勇气，我们总站的班训是'技能改变命运，学习成就未来'，我认为当工人就要弘扬'工匠精神'，就是要学技能、钻业务，就是要冒尖，就是要拔尖，你放心吧，我一定好好干，不辜负你的期望。"

班组管理要因人为宜，对症施药，对于信心不足的员工，一方面要积极鼓励，另一方面要采取激将法、比较法，切中要害，方可事半功倍。

◆ 作者：川中油气矿遂宁采油气作业区雷一[1]总站 陈本学

【思考】班组员工管理要因人而异，类似激将法的使用可以快速帮助员工成长，但是激将法该如何用好呢？

【点评】古代行军作战、沙场点兵，往往会对将领做出一番激励，甚至刺激士兵以激发士气，取得作战胜利。激将法在班组管理中同样能够起到激发士气、促进行动的作用。案例中激励年轻班长积极工作、主动向上的事例不失为一个典型。通过对比，激发年青员工好胜的心理，同时帮助他们提升自己，最终激发了员工的进取心。在使用激将法的时候，应该注意：第一，性格使然，因人而异。面对不同性格的员工激将法会产生不同效果，对于争强好胜，不服输的员工尤其有效。第二，张弛有度，过犹不及。激将法在使用过程，要尊重员工，不可过度刺激，要适当刺激，有行动改变即可停止，切勿刺激过度。第三，顺势引导，顺其自然。对于激将的对象，我们还需要给予适当的引导和支持，以期取得更快、更大的进步。

【链接】激将法[1]

激将法是人们熟悉的计谋形式，既可用于己，也可用于友，还可用于敌。激将法用于己的时候，目的在于调动己方将士的杀敌激情。激将法用于友时，多半是由于盟友共同抗敌的决心不够坚定。诸葛亮对东吴用的便是此计。激将法用

---

[1] https://baike.baidu.com/item/%E6%BF%80%E5%B0%86%E6%B3%95/7076607?fr=aladdin。

于敌时，目的在于激怒敌人，使之丧失理智，做出错误的举措，给自己以可乘之机。激将法也就是古代兵书上所说的"激气""励气"和"怒而挠之"的战法。前者是对己和对友，后者则是对敌。

量化与质化的双重绩效考评

CNG 站作为销售终端，最终目标是在保证安全的基础上创造更大的效益。再好的管理体制，再完美的安全生产体系，没有利润来维持，一切都是空谈。面对压力，永川 CNG 站没有持保守态度，拿出针对性措施，向安全要效益，取得实效。

为了在保证安全生产的前提下，实现效益更大增长，解决长期存在的生产与安全的矛盾问题，班子成员通过反复思考验证，提出双重考评制度，以提升员工的积极性，实现员工从被动检查到主动参与的转变。

第一层考评是个人销售业绩考评。每位员工都有一个标准范围的指定量，每天做好详细记录，根据工作量，每月对"不达标""达标超额"都给予一定系数的奖惩，将员工工作量与薪酬挂钩。使以前拖拉推诿、工作不积极、懒散、主动性不强等问题得到根本解决。在不增加成本的基础上，顺利超额完成任务。同样的人，同样的工作，同样的时长，制度转变产生的销量增幅就是效益。

第二层考评是安全生产考评。考评内容包括操作安全、安全责任区管理、安全生产知识教育学习等。每项考评落实到人，月底考评成绩系数与销售业绩挂钩，在"一加一大于二"和"一减一等于零"的利益带动下，班组间工作有竞争，员工间素质有比较，使得员工工作积极性更强，学习主动性更高。

在量化与质化的双重考评下，员工主动遵守各项规章制度及操作规程，主动开展风险危害识别等工作，在保障安全平稳运行的同时，量加得越多奖金越高，整个班组间形成良性竞争氛围。

我站是燃气分公司首个开始以量化、质化制度来核算奖金的场站，实施效果良好，销售增长明显，制度得到新津营销部的认可，在新津营销部各 CNG 站推行，得到燃气分公司的肯定，并在全公司推广，为公司创造了经济效益。

安全与发展是相互联系的，安全是企业发展的基本前提和保障，安全是企业实现经济效益和社会效益的基础和前提，是职工健康生活、工作和生产劳动的基本保障。做到安全运营与效益多赢是班组管理的主要目标，而制度是根本保障，制度本身的价值在于人，落实在人，责任在人，人人做到心中有责任，做事有目标，安全与利润就不再是矛盾。而做到这一点的关键就是做好人的激励工作，好的绩效管理才能激励员工在关注安全生产的同时，主动做出更多的工作，做出更大的贡献。

◆ 作者：燃气分公司新津营销部永川 CNG 东站　靳国龙

【思考】制度、激励、文化三者间是什么样的关系？如何处理好这三者的关系？

【点评】正确、恰当地对员工的工作动机进行引导和激励，是班组长的重要任务之一。班组中无时无刻不需要激励，班组长需要激励员工来铸就辉煌，普通员工需要激励自己来实现梦想。而完善的激励机制，是激发班组潜能，发挥员工能力的"活力剂"。完善的激励制度，会慢慢引导班组形成良好的、积极向上的文化氛围。只有管理者把"责、权、利"的平台搭建好，员工才能"八仙过海，各显其能"。

【链接】责权利三角定理[1]

如果要让个体或者组织承担一定的责任，就应该赋予其完成责任必须的权力，并给予其所承担责任对等的利益。只有"责、权、利"三者对等统一，形成相互支持、促进，又相互牵制、规范的"等边三角形"，各项工作才能顺利进行。

---

[1] 方振邦，鲍春雷.管理学原理[M].北京：中国人民大学出版社，2014。

以爱和责任引领前行

我一直相信一句老话：众人拾柴火焰高。不管做什么工作只有依靠大家的力量才能更好地完成。作为一名值班长，我深知自己身上的责任和义务，今天我想谈一谈班组长如何发挥每位员工的长处和优点，把工作做到最好。

在我的站上，有一名年轻员工，总觉得输气站场是一个小小的地方，日复一日地安全检查，数据分析，让他觉得苦闷和乏味。他每天靠着游戏虚度光阴，工作中总偷懒不认真，稍微多做一点就有怨气。

一开始，我看他这样也非常生气。但是我们的工作必须依靠团队的力量。我想慢慢改变他，先从生活上关心他。后来发现他对站场设备的结构很感兴趣，便有意识安排他和我一起保养设备。果然，他对阀门的结构产生了浓厚兴趣，常常追着我问。我不厌其烦地从一颗小小螺栓开始，再到阀门内部结构，细细地讲给他听。讲清原理后就鼓励他自己动手拆卸、清洗阀门，我在旁边指导和讲解。

在这个过程中他慢慢明白了，输气站要做到安全平稳输供气，设备维护保养固然重要，他不喜欢的、看似枯燥的数据分析、定时巡检也尤其重要，有时候一个数据异常有可能导致严重后果。

后来大家更熟悉了，他告诉我：我对他的信任和帮助，以及以身作则、凡事冲在前的行动，让他明白了枯燥的工作也可以有乐趣，更加理解到输气站场工作无小事。

现在，这名员工抱怨少了，工作认真了，更在当年的履职能力评估中取得了不错的成绩。集体对他的关爱让他逐渐把输气站场当作自己的家，并用心地爱护它。

每个员工个性不同，各有自己的优缺点，这时候，需要"领头羊"发挥作用，让大家心往一处想，劲往一处使。班长必须起好带头作用，给员工树立好榜样，找到适合他们的方式激发出他们的潜能，就会成就更好的集体。

◆ 作者：输气管理处南充输气作业区磨溪输气站 李建军

【思考】班组长如何发挥每位员工的长处和优点，把工作做到最好？

【点评】面对形形色色的班组成员，班组长们总是会八仙过海，各显神通。面临组员们带来的各种不同问题，班组长们如何发挥员工长处、做好工作，是一门很深的学问。案例中的李班长用爱感化员工，用责任激发员工，有的放矢，把问题员工的长处充分发挥，让其意识到自己的价值与工作的乐趣，彻底改变了员工。其实要发挥每位员工的特长非常简单，关键要把握这两个要点：掌握六验观人法、摸清员工个性。所谓六验观人法就是根据人的六种最基本的情绪反应来观察和了解人的方法。这六种基本情绪反应是喜、怒、哀、乐、惧、苦。而员工的个性基本可以从气质、性格和能力看出。

【链接】如何对员工进行"扶强抑弱"

"扶强抑弱"的意思就是强化被激励者的优点，减弱被激励者的缺点。扶强抑弱是非常有用的激励工具。运用这种秘诀可以让员工发挥潜能。

1. 强化优点

避免强化缺点只是让员工觉得你不找他们的麻烦，却不能促使他们成长。要促使员工成长，就得进一步强化他们的优点。先让员工知道他们的优点在哪里，然后进一步强化优点。

公司雇用有特殊才能的员工，因为深信其人能胜任某项工作，要经常保持这种最初的热情，不断强化他的优点，并充分利用每个人的优点，更好地完成任务。

2. 避免强调弱点

如果你想纠正许多缺点，结果徒然浪费时间。如果你想用没有缺点的人，又可能找到一个庸才。强调缺点会消磨士气，破坏整个事情的运作。

3. 洞察员工内心

洞察员工内心，找出真正能激励员工的因素。到底什么因素能真正激励人？

我们现在要探讨真正深入员工内心的激励因素，而非表面的激励因素。

这个问题很难回答，只观察表面，往往得到错误的答案。拿这个问题问员工，他们可能也不知道答案；即使知道，可能也很难说清楚。

"客观"是唯一找出激励员工因素的正确之道。仔细观察他做的选择，就会了解他主要的需要与关切点。

奖罚激活班组内生动力

我刚到这个中心站当站长的时候面临"脏乱差"的问题：一是井站的寝室混乱，一些班员的衣柜里又是吃的又是鞋子，还堆放着被子和书籍等各类杂物；二是值守站之一的家37井站，我去查看竟被那里的一片混乱惊倒了，厕所下不了脚！而当班员工却对此习以为常。

这个问题确实给了我一个"下马威"，应该如何面对这个挑战？虽然我以前也当站长，但在这里管着4个值守站、27个井口、68公里管线，还有以老资格、老同志为主的22名员工，这些员工是成立中心站后重新组合在一起的，来自多个井站。这个班组，从人到事，都有待整合。

这个重组的班组还存在着一个问题：员工干活不主动，不积极，工作总是拖到最后一刻才完成，很多人都属于看见扫把倒了，要站长安排去扶一下的那种。开会时，我很严肃地指出了这些，每次他们都找借口："你安排的不是都完成了的呀！""我看着别人都没做，我凭什么去做啊？"满满的负能量，人员素质上不去，怎能推动班组管理提升水平？这可如何是好？

我所面临的就是如何让身边的人转变观念、如何让身边的人愿意为了改善身边的环境，做出一点改变。

我划分了属地片区，安排他们打扫自己属地卫生。我观察到，干得最快的小甲在打扫完属于自己的属地以后，看见大家都还在干活，于是帮助做得慢的同事一起打扫。我在大家打扫完以后，对小甲提出了表扬，并当众宣布本月考核奖励他1分。

第二次安排大家打扫卫生的时候，小甲更积极的帮助别人打扫，其余做的快的员工也很主动的帮助没有做完的人。我也一一给他们加了分，并表明不仅仅是打扫卫生，在其他方面及时发现问题解决问题也有不同程度的奖励。

为了形成制度的威严，也为了调动大家的积极性，我组织大家一起编了一份"考核细则"，细到水杯必须放在第一层、砖缝里不能有杂草……越是细，越是一目了然，加分扣分细则上都清楚明白。班组赋予这个细则"制度权威"，这是自己定制的，自己就要严格执行，做得好有加分，做得不好，该扣还是得扣。

接下来的一段时间，班组里掀起了一股"大家来找茬"的风气，有什么问题烦恼大家都争着解决。连油桶的盖子没在一条线上这样的"小问题"都精益求精，力求做到最好。班组风气好了，大家干活也更卖力了，甚至形成了一股"攀比风"：你工作做得好得到了奖励，下次我就一定要做得比你更好。

这样的风气下，班组的变化是肉眼可见的，没有人乱扔垃圾，会自发的去保养设备，领导来了都表扬大家的态度积极认真，精气神上去了。

在奖惩之间，让站员感受到自己是当事人，不是旁观者，每一次的付出会获得回报。只奖励不惩罚会让有能力的人更优秀，也会让平凡的人自甘堕落、得过且过，从而又让优秀的人心生不满，陷入一个恶性循环；只惩罚不奖励，会让人害怕多做多错，认为反正做多做少都一样，让大家失去积极性，又是一个恶性循环。奖惩分明，更多的是激励、是肯定。不积跬步无以至千里，不积小流无以成江海，一个班组要管理好，从点滴开始，从细节入手，团结所有力量，聚成一团火，方能收获甘甜。

◆ 作者：蜀南气矿自贡采气作业区自2井中心站 严付彪

【思考】中心站工作环境脏乱差，员工责任心和积极性不强。如何调动工作积极性，转变工作作风，激励员工做好工作？

【点评】改变落后的工作现状，要从制度上入手，明确工作目标，划分工作职责，由员工共同参与制定考核细则，树立制度的权威性，提升制度的遵从度。通过科学的奖惩制度，转变员工行为，扭转中心站整体的工作作风，形成正向攀比的工作局面。

【链接】过程型激励理论[1]

员工的行为很多时候是为了刻意和群体其他人保持一致，或者无意识地和其他人趋同，即使这些行为限制了绩效表现。过程型激励理论主要从目标设置、期望和公平角度解决心理激励、行为指向和行为选择。为人员设置具体、可实现的目标有利于激励，让被考评者参与目标制定过程，有利于目标的可接受性。同时，要对目标的实现采取各种形式的激励和肯定，以强化和调动员工完成目标的积极性，逐步破除原有参照系，在更高的绩效水平上建立新的公平心理体系。

---

[1] 斯蒂芬·罗宾斯，蒂莫西·贾奇. 组织行为学 [M]. 北京：中国人民大学出版社，2016。

奖惩制度就是风向标

如果说员工是一滴清水，那企业就是江河湖海；如果说员工是一粒种子，那企业就是肥沃土地。一旦种子变质，清水污浊，企业就会发展困难，员工和企业就是这样一种相互依存的关系。

我们单位成立快二十年，在册员工搞管理，外聘员工做操服。很多员工是70后、80后，他们对未来没有太多的期待，在工作中没有积极性，按部就班地工作，事不关己高高挂起。对于管理人员少的单位来说，如果不能发挥员工的主观能动性，管理上会非常辛苦。

在某次更换房顶风向标时，某员工抱怨每次都要办理作业票后，爬上高处进行更换，太过于烦琐。我听见后就问他："你是觉得办作业票麻烦，还是换风向标麻烦呢？"他说："我觉得都麻烦。"回答得很干脆。我又问他："那你有什么好的方法吗？如果只是抱怨，问题能解决吗？"他点了点头表示同意我的观点。

回到办公室我就思考刚才发生的事情。如何调动起员工的主观能动性，让员工参与班组建设，养成良好的思考习惯？于是我便起草了《创新激励办法》，对工作中积极提供金点子的员工，在绩效考核时加分。

第二天，在班前会上我把《创新激励办法》告知所有同事，并把如何有效率地更换风向标的问题提出来，让大家思考并提出建议，被采纳的班组或个人意见将在月度考核上加分。

员工们听到有奖励，都积极地参与。三个臭皮匠顶个诸葛亮，在接下来的一周里，连续收到各种方案，有的还画了图，更加快捷安全地更换风向标的问题，也在大家积极参与中得到了解决。把旗杆做成可以滑轮升降，每次更换时只需把风向标降下来更换即可，最终解决了办理作业票和登梯子的麻烦，我也月末在绩效考核上对提出方案的班组进行了奖励。

从此以后，所有员工都积极提建议和意见，都在动脑思考想办法解决困难，不再坐等靠。2018年，我们班组在西南油气田分公司金点子评选时获得二等奖。在员工的主观能动性调动起来后，我们的管理工作也轻松不少。

员工都是好员工，只有好的奖惩制度加上管理人员发挥带头作用，树立正确的风向标，员工的思想才能与你共鸣，更能激发出他们的主观能动性。

◆ 作者：燃气分公司新津营销部雅安CNG加气站 杨志海

【思考】三个臭皮匠顶个诸葛亮。我们班组中有那么多员工，为什么有的班组还是遇到问题不容易发现和解决，不能发挥群体的思维智慧呢？怎么才能调动员工的工作积极性能？

【点评】作为班组长，如果我们发现班组成员有人工作偷懒，并不能说明这人本质上是惰性的，很可能是因为现行的规则给了他偷懒的机会。如果我们发现有人不求上进，不一定是他不思进取，很可能是因为现有的激励措施不够得力，没有击在点上。好的制度能让坏人干不了坏事，不好的制度能让好人变坏。

在班组的日常管理工作中，无非就是管人，管事。我们要让员工参与企业组织的管理：交给员工一个计划，他们只能表示愿意或不愿意；发布一个制度或是办法，他们只能选择接受或者执行。我们要将企业组织中员工的能量集中于一点，就必须给予员工自由选择的权力；就必须让员工参与进来，参与规章制度的制定……员工参与进来了，规章制度更加人性化，更加贴近基层，也能更好地落地执行。我们深知，大家都不傻，更何况是新生代员工；一线员工对管理者，不仅仅是听其言更是会观其行，作为班组长，在规章制度执行方面，更是要以身作则，切记"己所不欲勿施于人"，切忌"以其昏昏使人昭昭"。

【链接】七人分粥的故事——公正的程序产生公正的结果[1]

七个人住在一起，每天分一大桶粥。要命的是，粥每天都是不够的。一开

---

[1] 胡建淼."七人分粥"的故事——公正的程序导致公正的结果[J].人民法治，2017(1)：86。

始,他们抓阄决定谁来分粥,每天轮一个。于是乎每周下来,他们只有一天是饱的,就是自己分粥的那一天。后来他们开始推选出一个道德高尚的人出来分粥。强权就会产生腐败,大家开始挖空心思去讨好他,贿赂他,搞得整个小团体乌烟瘴气。然后大家开始组成3人的分粥委员会及4人的评选委员会。互相攻击扯皮下来,粥吃到嘴里全是凉的。

最后想出来一个方法:轮流分粥,但分粥的人要等其他人都挑完后拿剩下的最后一碗。为了不让自己吃到最少的,每人都尽量分得平均,就算不平,也只能认了。大家快快乐乐,和和气气,日子越过越好。同样是7个人,不同的分配制度,就会有不同的风气。

没有制度的组织是危险的。我们没必要非要讨论人性本善还是本恶,合理的组织制度,必然是授权与监督同时存在的,既相信你的能力,又怀疑你的本性,但我要用制度来激发你性格中天使的一面,还要用制度来威慑你恶魔的一面。如果只有前者,再好的制度也终将会毁于一旦,因为"人不为己天诛地灭"是人的天性;如果只有后者,那就是暴政,也不能长久,因为人性中崇尚自由与平等的信念必然爆发。只有两者的结合,阴阳相济,才会保证组织制度健康、良性地发展。

定标准，抓落实，看结果

邻水 CNG 加气站隶属于燃气分公司南充营销部，位于广安市邻水县环城路边，是企业对外的窗口之一。2016 年 1 月前，属重庆气矿邻水作业区管辖，2016 年 1 月后，划归燃气分公司南充营销部管辖。由于以前站上大小事都有邻水作业区处理，重新划归后这些事都必须由站上自行处理，加之员工全部换为外包员工，且他们基本都为邻水作业区的关系人员。一时间，管理上问题频出，停业、罢工事件多次发生。

2017 年 6 月，领导出于工作需要，把我调到邻水站任站长。到站后第一周，我什么也没做，只是观察，并与全站每一个员工谈心，了解存在的问题及改进方式。

第二周，每天上班到全站每个地方检查，然后将检查出的问题发在邻水站公共群里，告知全站员工为什么是问题，应怎么避免。

第三周，制定站上安全生产奖惩标准，明确规定员工上班应做什么，不应做什么及违反会受到什么惩罚，并且做到了会得到什么奖励。重要的是惩罚金额一开始很小，每次 10 元，但如果多次重犯，金额会不断增加，相同错误每犯三次加一倍，以避免产生对立。

标准有了，接下来抓落实，每天我花大量的时间来抽查所制定的制度是否落到实处。刚开始，员工各种理由推脱，连一个简单的巡检，都没一个能完全做到的。前三次我并没有处理任何人，只是告知他违规了，在确保全站每一个员工都对新标准已经知晓后，发现一次处理一次，经过了前期大量的工作，这时员工已找不出任何理由来说他不应被处罚。同时对表现较好的员工给予奖励，员工明白了制订的制度不是用来看的。

2 个月后，处罚金额也从刚开始的每次 10 元变成了每次 160 元，站上风气大变，各项工作稳步推进，全站再也没有出现一起停业、罢工事件，也再没有一个员工反映处理不公。

后来，我又陆续出台了多项工作标准，比如：应急演练标准、巡检标准、培训标准、清洁标准、资料标准等。同样按"定标准、抓落实、看结果"模式一一推进，取得了良好的效果。2017年，邻水站在燃气分公司综合考评中名列第二名。领导也多次表扬邻水站工作有很大进步。

后来，因工作变动我调离邻水站到大英站任站长，多名受过我处罚的员工都给我来电，说一点也不怪我以前处罚过他们，他们在我领导的一年多，学到了良好的工作习惯及安全知识，这些是他们这一生的宝贵财富。

任何一名员工很难是天生就自觉的，也许有这种人，但一定是少数。良好的工作习惯及安全知识都需要管理人员加以引导，经济处罚要考虑员工的接受能力，不能过高，但也不能让员工不当回事。奖惩时要公平公正，对事不对人，只有让员工切实感受认真工作会得到奖励，不认真工作会受到处罚才有利于员工成长。

◆ 作者：燃气分公司南充营销部邻水CNG加气站 刘茂强

【思考】没有不好的员工，只有不会管的领导。班组管理如何定标准，抓落实？

【点评】班组长是企业基层的管理者，同时也是班组成员中的普通一员。属于典型的官儿不大，责任不小；权力不大，任务不轻。制度是保障一个组织正常运转的基石，其重要性不言而喻，作为一个优秀的班组长，更应当按照企业制度办事。班组长是企业制度的维护者，同时也是企业制度的执行者，更应该是企业制度的模范遵守者。班组长只有自身高标准、严要求地遵守和执行企业制度、标准，才能做到以理服人、以情动人，才能赢得班组成员的衷心敬佩和服从。

根据企业的规章制度和操作规程制定了班组的相关标准，一旦确定了下来就要严格地执行、不折不扣地执行，先将其僵化、后优化、再固化。这也是华为总裁任正非提出的非常著名的一条理论。

在《把信送给加西亚》这本书中，主人公为了完成送信这个任务，创造条件，克服重重困难，最终将信送到了加西亚手上。任何一个优秀的个人或是团队，在他们身上，我们总是能看到这种遇见困难不找任何借口的精神存在，执行力强的人遇到问题时总是找解决的办法，懒惰的人却总是一味地找借口。"经济人假设"认为人是经济人，是受经济利益鼓励的。在进行班组管理过程中，对于执行得不好、不到位的行为，要有惩罚措施；对执行得好的，要有奖励。奖惩很重要，但也要特别注意，奖励和惩罚都要适度，否则会影响激励效果，同时增加激励成本。正如上面故事中提到的，一定要适度。

班组长通过确立标准、奖励先进、采取递进式的惩罚措施，调动员工的积极主动性，让员工切实感受到做与不做、做得好与坏真是不一样的，以更好地促进员工的成长和班组的发展。

【链接】《把信送给加西亚》[1]

《把信送给加西亚》的故事发生在美西战争爆发时。当时，美国总统麦金莱必须立即与古巴岛的起义军首领加西亚将军取得联系，信是他们沟通的渠道。

送信一项重要的任务，军事情报局推荐了安德鲁·罗文，故事中的英雄、那个送信的人，也就是安德鲁·罗文，美国陆军一位年轻的中尉。

在没有任何护卫、孤身一人的情况下，罗文中尉立刻出发了，一直到他秘密登陆古巴岛，古巴的爱国者们才给他派了几名当地的向导。那次冒险经历，用他自己谦虚的话来说，仅仅受到了几名敌人的包围，然后设法从中逃出来并把信送给了加西亚将军——一个掌握着决定性力量的人。

整个过程中自然有许多意想不到的偶然因素与个人的努力相关联，但是，在这位年轻中尉迫切希望完成任务的心中，却有着绝对的勇气和不屈不挠的精神。

---

[1] https://baike.baidu.com/item/%E6%8A%8A%E4%BF%A1%E9%80%81%E7%BB%99%E5%8A%A0%E8%A5%BF%E4%BA%9A/3387042?fr=aladdin。

你追我赶，暗自较量

设备维护保养是一线员工必不可少的工作，每个班组对设备维护保养都有自己独特的方法。在班组长的带领下，大家一起行动，热热闹闹、风风火火地开展工作。

曾经我也是这样的，久而久之，我发现组织大家一起干活时，甲说："站长，我今天身体不舒服，请个假。"作为站长，员工健康是第一位的，应该给予关心和照顾，这个假必须得准呀。乙说："我下夜班，太困了，要休息。"这也合情合理呀。其他的员工看到这种情况也就找各种主观的、客观的理由迟到、早退。原本6个人的工作现在却只有3、4个人来完成，员工不满的情绪毫不掩饰地挂在脸上，拖拖沓沓、极不情愿地保养着设备。

饭桌上大家埋头吃饭，气氛异常沉闷，我更是感觉如鲠在喉、难以下咽。设备维护保养质量下降，效率低下，常受到领导的批评，引发班组成员之间的矛盾，破坏团队和谐，导致班组管理工作难以开展。冥思苦想后，我联想到改革开放时期国家实行的家庭联产承包责任制，突破了"一大二公""大锅饭"的旧体制，于是我将设备、消防设施、后勤设施等按照所属地区域进行划分，通过抓阄的方式进行分配，每轮班换一次，从而杜绝吃大锅饭的现象。

刚开始，部分员工不积极，尽管设备已经生锈许久仍置之不理。于是，在此基础上我进行了方法改良，每月班务会以不记名的方式评选当月最佳员工，作为年底站点推优的依据。大家的竞争心理一下就被激发了。吃饭期间甲说："你的设备弄完了吗？乙带着优胜者的口吻说："当然弄完了。""哎呀，吃完饭我得赶紧弄，不然天下雨的话就弄不完了。"甲焦急地说着，迅速咀嚼着嘴里的饭菜。在竞争中合作，在合作中竞争，你追我赶，心里暗自较劲，谁也不愿服输，谁也不甘落后。干工作不用催、等、靠了，设备管理、站务管理质量明显提高，受到了上级领导的一致好评。

班组管理不能"干多干少一个样，干好干坏一个样"，这样会严重降低员工工作的积极性，成为班组管理的绊脚石。建立到位有效的责权利对等的绩效考核机制，才是对优秀员工的肯定与尊重，才能发挥员工的潜能和积极性，才能促进各项工作任务保质保量高效地完成。

◆ 作者：输气管理处自贡输气作业区威远输气站　曾晓英

【思考】在班组中，如何改变"干多干少一个样，干好干坏一个样"的情况？

【点评】在班组中，"干多干少一个样，干好干坏一个样"的工作氛围，无疑会严重降低员工工作的积极性和主动性。班组长可以采用赛场机制，建立班组中的良性竞争，激发班组活力，形成鼓励先进、鞭策后进、"你追我赶，比学赶帮超"的好局面。

【链接】赛场机制[1]

竞赛是企业管理中普遍应用的一种管理手段，一线班组为员工搭建赛场，在竞赛的过程中达成管理目标，同时在过程中锻炼人、培养人。

1. 赛场机制的管理学价值

赛场机制，通过搭建比赛平台和价值展现平台，以比赛和竞争的方式，实现对人的深度激活，并发掘人的内在潜能，激发人的工作热情和进取心，促进人的自我价值实现。赛，一方面是"赛"的过程，一方面是"练"的过程。"赛"提供了公平竞争、展示能力的机会，"练"提供了以赛代练、不断提升的平台。二者都是班组人才培养中不可或缺的环节。因此，赛场机制的本质不是为"赛"而"赛"，而是在于锻炼人、培育人、塑造人。

2. 赛场机制的实践应用

（1）岗位练兵。在班组内开展各种竞赛，如赛安全、赛生产、赛质量、赛创新、赛学习等，通过"赛"营造比学赶帮超的良性竞争环境。

（2）技术比武。在各班组内开展各类岗位技术竞赛，赛技术、赛本领、赛内功、赛绝活等，不断提升班组成员的岗位技能。

---

[1] https://www.sohu.com/a/324975212_99981419。

干多干少不一样，绩效考核促提升

绩效考核是企业绩效管理中的一个环节，是指考核主体对照工作目标和绩效标准，采用科学的考核方式，评定员工的工作任务完成情况、员工的工作职责履行程度和员工的发展情况，并且将评定结果反馈给员工的过程。它关乎员工切身利益，业绩变动薪酬高低的界定，同时也是班组管理过程中的一种手段。业绩薪酬变动的兑现，应该在公平、公开、公正的原则下开展。

2014年，气矿的HSE绩效考核工作试点选择在我们阳42井中心站。中心站的工作首先要接受作业区的考核，不同的中心站生产任务、管理范围不一样，工作量也不一样，考核基数存在一定的差异。与其他中心站相比，我们站配气工作量大，生产采气的工作量相对少一些……所以我站在绩效考核基数上比其他站都低。想要在作业区多拿绩效变动薪酬，除了要把各方面工作认真完成，还要更精细地开展工作。如果班组在日常工作中有创新或及时发现和处理隐患等，就可以在作业区考核前提出奖励申请。作业区召开绩效考核会讨论，确定班组的绩效考核结果和业绩总额。

我们制作了考核结果曲线，将每月考核结果用曲线表示出来并在公示栏进行公示。每个员工都能根据曲线的波动，清楚了解到中心站工作完成情况和考核情况。每月我们也对曲线波动情况开展分析，查找考核得分较低的原因和问题，查漏补缺，完善提高。

同时，我们根据气矿、作业区提供的一些考核标准，拟定了中心站对员工的考核指南，新增和细化了中心站自主考核的内容。把中心站所有工作量化后，融入中心站HSE绩效考核，同时根据工作的实际情况不断进行更新和改进。

但是，制定中心站自主考核标准是一项艰巨的工作。最初很多人对绩效考核非常抵触，这么多年习惯了吃大锅饭，工作上缺乏积极性和主动性，觉得干好干坏反正都一样。随着中心站工作的不断推进，这样的思想意识和工作态度已经不能满足目前工作的需要，很多工作都受到制约。我利用轮班交接时间，召集站上员工开了一次关于绩效考核的讨论会。在我耐心的讲解下，大家基本清楚绩效考核的相关内容和必要性，我也充分听取和收集员工对考核工作的建议和意见，并采用民主的方式当场表决确定共同制订标准。大家自己制订的标准就得共同遵守和执行。

刚成立中心站时，收编的井站较少，班组员工的思想意识、工作态度都差距不大，业绩考核在班组内差距相对较小。随着中心站管辖范围增大，工作任务加重，中心站和有人值守站的考核差距逐渐拉大。目前中心站根据岗位的不同，定岗定系数，普通员工绩效变动薪酬（奖金）系数最高 1.55，最低的 0.8，绩效奖金相差接近一半。原来惧怕到中心站上班的员工，都主动申请到中心站工作。

这样的绩效考核方法，让中心站的管理水平得到了持续提高，同时也得到了上级单位的认可，在作业区各个中心站推广后效果明显。

◆ 作者：蜀南气矿泸州采气作业区阳 42 井中心站　王玉梅

【思考】将绩效考核引入到班组管理中，如何制定中心站自主考核的标准，如何监督和改进具体的工作？

【点评】绩效考核是实现班组自主管理的重要一环。推行班组自主管理能够充分调动员工的工作积极性，提高员工的责任心，营造奋发向上的工作氛围；有利于充分释放班组管理活力，实现全员思想认同、情感认同和文化认同；有利于建立权责明晰、任务明确、宽严相济、奖惩并举的班组管理机制，为完成各项目标任务、推动管理提升提供有力保障。

【链接】班组自主管理：靠"人情"，还是靠"制度"[1]

在企业班组管理日趋规范和严苛的当下，几乎所有的班组长都意识到，以前那种人管人的模式行不通了，而用绩效考核等制度进行班组自主管理，既是大势所趋，也是现实需要。

---

[1] 赵文涛.班组自主管理：靠"人情"不如靠"制度"[J].现代班组，2019（1）：34-35.

用好制度的前提是先要制定好制度。好制度一定是适用的、公正的制度。要做到这两点，最好的办法就是充分发扬民主，组织班组成员集体讨论，大家畅所欲言，提出意见和建议，反复修改，直到大家双手赞成、真心拥护。

有了好制度，班组长就可以跳出人管人的模式，用制度管人，摆脱人情、推诿、扯皮的管理弊病困扰，提高班组执行力和凝聚力。

当然，制度绝对不是冷冰冰的管束，具体执行中，也要加以有温度地指导和规范。所以，在用制度管理班组成员时，班组长不妨多加一些人性化关怀，日常工作中做个有心人，注意观察员工的情绪和心理变化，提前消除消极情绪，抵制不良行为，用团队意识来鼓舞队员的士气和斗志。此外，制度也要不断地完善，面对新的情况和问题，班组长应及时组织集体讨论修改，让制度真正成为班组公正的"指挥棒"。

站场积分管理制

遇到检查大家都不愿意往前冲？发现设备锈点、脱漆、小故障不愿意自行主动处理？遇到生活困难一切都找站长？勤快的、有责任心的员工累死；懒惰的、钻空子的闲死？事情做得越多，越容易出毛病，出了毛病就被考核，不做事反而安稳？这些问题一直以来都是站场管理的"老大难"，为了解决这些问题，我在班组管理中作出了尝试。

为了使站场自我考评做到有理可依，有据可凭，实现站场管理的数据化，把员工的工作量化，我提出了"站场积分管理制"，将员工真实贡献量化出来，并作为后期考评、奖金、推优的考评条件。

我将站场工作任务大致划分为 5 类：日常类工作（值班、每日通用资料等）、月度轮班工作（设备维护保养、周期性测试等）、问题的发现及处理（包括设备、生活问题）、迎检、个人特殊贡献（获奖、上级表彰）以及工团活动。按照各个分类工作所会耗费的时间或重要程度酌情给予相应分值。经班务会讨论，使用班费建立奖励基金，1 积分 =1 基金，可以等额兑换奖品库中的奖品。

第一天，大家都显得很积极，当日执行了月度设备维护保养工作，大家都主动参与，上报个人维护保养情况。其中一名员工在维护过程中还发现了一处压力表泄漏情况。

第二天，我按计划使用班费给大家购买了积分奖励品，尽管奖品有差距，但在直观的数据面前员工也是心服口服。

第三天，上级来站场检查工作，平时遇到检查就躲得很远的员工小张主动申请担任入站安全教育介绍。检查领导感觉到了站场氛围的不同，大家没有如同往日的遮遮掩掩，而是主动积极地汇报工作。领导对我们的管理模式给予了充分肯定，并承诺可以为我们设立作业区级别的积分奖励库。

第四天，大家似乎慢慢开始适应，一名老员工对我说，看着自己的分值上涨，很有成就感，不愿让自己的分值比那些小年轻低。他说自己是一个有尊严的老员工。

一个月后，执行效果是非常正向且激励人心的。但不足之处也逐渐暴露，该方案在实施过程中过于依赖于记录人（站长）的个人能力水平。如何衡量分值的大小，如何公平、公正、公开是很关键的要素。在与作业区相关人员交流后，我决定暂停试运行，与各个相关部门进行相应的对接，修订并完善该制度，最终得到真正可以用于核定一名员工工作优劣的完整方案。

班组管理就是将各项任务有条不紊地做好、管理好，有凭有据、有理可依、公正公开的管理才能得到大家的认可。或许这个制度不是最佳的管理制度，但其核心观念却可以作为参考，为未来更好地完善管理方案做铺垫。

◆ 作者：输气管理处仪陇作业区巴中配气站 王 捷

【思考】采用积分制管理模式有哪些好处？

【点评】积分制管理是指把积分制度用于对人的管理，以积分来衡量人的自我价值，反映和考核人的综合表现，然后再把各种物资待遇、福利与积分挂钩，并向高分人群倾斜，从而达到激励人的主观能动性，充分调动人的积极性。积分制管理的核心内容就是用奖分和扣分来记录和考核人的综合表现，从而调动人的内在动力，让优秀的人不吃亏。对企业的作用是：(1) 能够最大限度地调动员工的积极性；(2) 用奖、扣分驱动制度的执行力；(3) 用积分排名打造员工的荣誉感与羞耻心；(4) 用积分辅助绩效考核落地，让员工轻松快乐接受考核；(5) 用积分机制引进和留住企业的关键人才；(6) 积分制不受企业规模、行业的影响，从操作上来说对管理者的要求不高，容易实施和落地；(7) 积分的多元化应用。建立积分制后，积分的应用可以非常灵活，比如差异化的福利、培训机会、奖金、评优都可以和积分相关联进行应用。

【链接】人本原理[1]

积分制管理是将人性化管理和制度化管理高度融合的产物，其在设计理念上

---

[1] 李继峰. 新人本原理的管理原则及运用 [J]. 山西财经大学学报，2006，(S2)：69。

蕴涵诸多管理学原理。"人本原理"顾名思义就是以人为本的原理。它要求人们在管理活动中坚持一切以人为核心，以人的权利为根本，强调人的主观能动性，力求实现人的全面、自由发展，其实质就是充分肯定人在管理活动中的主体地位和作用。同时，通过激励调动和发挥员工的积极性和创造性，引导员工去实现预定的目标，激发员工对个人价值的追求，满足员工的个人价值感。

第二章 班组培训

员工培训是班组员工管理的重要组成部分，班组日常管理和每一项具体工作都需要班组长对员工进行相关的培训，每一项工作都可以通过培训来改善。在市场竞争激烈与生产技术快速更迭的当下，班组员工培训是必不可少且需要持续有效开展的。

班组培训能起到提高员工职业素养、加强员工职业能力、推进班组标准化建设、打造安全作业班组、提升班长在班组内部影响力等作用。班组培训的作用，也是班组培训的目的，是班组整体建设的催化剂，是班长在班组日常管理工作中的一部分。

班长既是培训员，更是督导员，在班组培训工作中，日常的在岗督导是其中的重要构成，也是最直接、频次最高、最有效的方式。

班组员工培训需要班长给予足够重视，全方位落实，并长期坚持，培训督导的效果将在工作现场、产品质量、工资绩效等方面体现。

班组培训工作与其他工作一样，需要根据需求制定合理的实施计划。员工是设备的直接使用者，员工掌握基本技能是班组培训重点。班组的培训计划应切合实际，因人而异、量化到人，让每个员工都能在培训中找到自己的位置，学到对自己、对企业有用的新知识、新技术。培训计划要有针对性，提高员工的学习积极性。

班组的培训工作应做好计划的落实和实施。在实施中应处理好培训与其他工作的关系。通过具体的培训方式方法达到培训目的。

（1）仿真模拟培训。仿真培训主要是对培训对象进行操作技能训练过程，使培训对象掌握的有关生产原理知识以最快的速度转化为技能。能够做到听讲、观察、思考、操作的有机统一，突出操作技能训练。

（2）自主学习。班组员工都有一定的文化水平，企业可以提供平台让员工通过阅读技术资料、线上学习等手段，提高自身的理论技术水平。

（3）班组进行技术、技能培训。班组组织的技术、技能培训内容更切合实际、更具体。技术骨干、专家将具体的工作经验和工作方法进行传授，通过培训研讨的形式对班组技术业务进行探讨，达到班组员工共同提高的目的。

（4）岗位轮换培训。通过岗位的轮换的方式来进行现场中的所有作业内容和工作方法，使员工都能熟练地从事每一项工作，成为多面手，加强协作、提高工作效率，培养和训练多功能作业人员，实现企业的人才战略目标。

（5）组织练兵比赛。在现场进行一些针对性的考问讲解、事故预想，使员工在工作的同时得到提高。组织一些小型技术练兵比赛，鼓励和激励员工进行自主自发向上的学习，在班组内形成比、学、赶、帮、超的氛围。

国家需要大国工匠，企业需要匠心人才。

总之，我们要改变培训"形式大于内容"的传统认知，由"要我培训"转变为"我要培训"，真正把培训当成一种提高自身综合素质的"福利"，勤奋学习，刻苦钻研，做一个合格的、更是优秀的企业主人。

让新员工坐上成长"直通车"

一般的输气站只有一张流程图,西彭输气站却有 3 张,挂满整个值班室一堵墙。复杂的流程让新到站的员工心里发怵。

"95"后的杨雪婷和丁敏捷刚到站时,第一眼看到的是工艺区里望不到尽头的设备,第二眼看到的是值班室密密匝匝的流程图,直接"懵圈"了。针对这种情况,我制定了一套培训计划:入站讲解、手绘流程、每日一题、每周一练、每月一考。"五步培训"走起来,一边传授自己的技术,一边不定期对他们进行考试考核。我们站的"师带徒"活动开展得扎实而红火,新员工坐上了快速成长的"直通车"。

杨雪婷在设备区问我先导式安全阀具体的结构和详细原理,我当时手里正忙着,就说:"等会儿告诉你。"然后,我就开始仔细琢磨如何才能给这位新员工讲清楚、讲明白。我简单画了阀门的结构图,再把杨雪婷带到现场,结合手绘图和现场实际给她讲结构原理和操作注意事项。

事后,杨雪婷十分感动,她说:"师傅,你还在备战技术比赛,却把这件事如此放在心上。如果不好好学技术,我都会不好意思。"

面对这群好学的新员工,其实我内心是喜欢和充满欣慰,也想帮助他们快速成长。站上平板闸阀更换弹子盘,我就发动老员工带着徒弟一起操作,手把手地指导。更换完毕后,又耐心地给他们总结操作要点,详细讲解更换原因、流程、方法。怕徒弟们掌握得不牢固,又把他们带到值班室,拿出笔和纸,再讲解,随后让每个人当"小老师",再讲解一遍。经过反复强化,徒弟们真正把流程和工序牢记在心,学到的才不会是"空壳子"。

我把输气站场的管理的特点归纳为"传承和信任",生产工艺区种类丰富的设备、设施是最好的教学课堂。我相信,任何一个员工都有上进心,员工被信任、被认可，工作就会更加主动，就会干出更大的成绩。

◆ 作者：输气管理处重庆输气作业区西彭输气站 赵小彬

【思考】如何让新员工快速掌握复杂的流程、工艺、装置设备等专业技能？

【点评】新老传帮带，薪火永相传。"师带徒，传帮带"是岗位能力得以衔接和传承的重要手段。在师傅的带领和帮助下，能够使新员工更快速地走上独立工作岗位。在师带徒的过程中，针对新员工的上岗要求，同时结合岗位需求及专业侧重等要求，深入细致地制订培训计划及个人学习计划。师傅始终向新员工传授个人的工作经验和丰富的专业技能，传授学习方法，划定学习重点，并制定有针对性、阶段性的短期及长期计划。通过"以老带新、以新促老"的方式，发扬工匠精神，促进技能提升。

【链接】师徒制

韩愈的《师说》中有道："古之学者必有师。人非生而知之者，孰能无惑？惑而不从师，其为惑也，终不解矣。"中华文明源远流长，"师徒制"是中华文明史上知识传播、技能传承的重要形式。❶尽管培训方式在不断创新与发展，但是师徒制不是对新型培训方式的否定，而是一种更加积极完善培育新人的手段。

像过去国企老厂的"师徒制"甚至有着"一日为师，终身为父"的传统，精彩演绎了整整一代人的工作关系。❷这种"师徒制"对人力资源管理的重要意义在于：能够让新来的员工更快、更好地融入企业，和让后进的员工及时跟上团队的步伐，形成团队的"梯队建设"，也能让"师傅"体验到更多的职业成就感，也有效锻炼了师傅的领导力。对于师傅来说，除了自我能力的提升外，也有着很大的社会价值，一个人能够通过自己的阅历来帮助别人一起成长，那是功德无量的一件事情，佛教当中有三个不同境界的布施：第一是财布施，就是施人钱财，

---

❶ https://www.hrloo.com/lrz/14541292.html。

❷ https://wenku.baidu.com/view/798f60886529647d27285283.html#。

替人解难；第二是法布施，就是教人做人做事的方法和道理；三是无畏布施，就是给人以希望，让人无所畏惧的生活。一个合格的师傅，必然就是一个能够很好地做到"法布施"和"无畏布施"的人，而这也需要师傅严格要求自己的言行，不断地学习提高。

我们井站的"二十点"

如何通过员工培训提高大家技术素质,让大家把学习当作一种追求,一种习惯?我们站经过不断摸索和实践,开展每晚8点答题活动受到了广大员工的喜爱,由此调动了大家的学习热情,促进了员工培训工作。

2017年注定是不平凡的一年:公司技能竞赛、高级工复审、QHSE基层站队标准化建设、数字化平台全面推进等,每项工作的开展都时刻提醒我们学习,再学习,必须学习。这对于一直没有放弃学习的我来说都压力倍增,更何况是身边的同事呢?

困惑中寻求答案,探索中破解难题。9月开学季,我们站开展每晚8点微信平台答题活动,通过在线出题、员工答题、积分奖励、答疑解惑,同事们在一问一答间,共享优秀教师资源,不但拉近了彼此间的距离,还缩短了求学路径,井站充满了快乐学习的氛围。

点滴积累方有为,每步思索可致远。每晚8点已成为我站员工线上相聚的快乐时光。在最长2小时,最短半小时的互动节目中,大家从观望尝试到每晚守候,从复制粘贴到独立完成,从背题记忆到理解学习,经历了一场心灵的洗礼。参加人数也从最初本站的10余人,带动至其他井站共同参与达近百人。答题类型、答题量也逐渐增多。现已有7位技帅、高级技帅在线解惑,节假日不休。同事们在感恩中交流学习方法和学习心得,厚厚的书本也在不知不觉中慢慢变薄……

一年多来,每天临近晚上8点时,站里员工无论是在家看电视,还是在旅行途中,都会不约而同地拿起手机,进入站上的APP培训页面,等待属于我们的特别时刻——每日一题。

通过多种方式的培训学习,我们站在气矿全员理论考试中取得了平均87.5

分的优异成绩,其中有 10 人满分。在培训过程中开发"小课件"30 个,培训师队伍不断扩大。通过晚上 8 点答题活动培育了我站员工浓厚的学习氛围,营造了"比学赶帮超"的良好学习氛围。普训,这个全员学习的代名词,对于我们站的员工来说,早已不是上级下发的一纸文件,而是在经历一场场阵痛后的必修课。大家也从最初的茫然走向坦然。线下规定动作,线上自选动作,线上线下结合,让岗位员工培训工作不受时间、空间限制,学习变得不再枯燥。轮训考试请求调整出题时间的申请、散步未带手机立即返家的趣事、集体答题出错的糗事、错过答题时间的申诉等,让大家记住这段快乐时光。未来的征程我们依然阳光灿烂。

办法总比困难多!工作中经常会遇到各种困难,只要我们用心思考,勇于摸索,总会找到破解的方法。

◆作者:川西北气矿江油采气作业区中 20 井中心站 朱 霞

【思考】班组员工培训是班组建设必不可少的环节。但是培训工作总是会遇到各种各样的问题,如何提高员工的培训积极性,让培训学习成为员工日常工作的责任和习惯呢?

【点评】班组是生产的第一线,班组的技能水平直接决定班组的生产质量和效益。班组建设必须持续不断地狠抓技能提升,立足于岗位,着眼于班组,采取多种措施,全力培养员工,全面提升班组技能水平。因此,班组培训成了必不可少的手段。培训的方式有很多种,线上培训、线下培训和线上线下结合的混合式培训。针对不同的培训管理难题,不同的培训方式可以有效解决。案例中的班组采用了微信平台开展培训,这属于线上培训方式。这种方式很好地解决了时间和空间因素的影响,可以随时随地开展培训。另一方面,微信平台受众面广,培训可全员覆盖,无须搭建专属 APP,节约培训成本。这种方法非常适合完成班组日常培训任务,强化员工培训记忆,再辅助以适当奖励,可以快速让培训成为一种习惯。

【链接】"炭火"效应[1]

通过微信群建立学习平台和学习小组的形式是目前移动互联网培训运营的一种重要工具。这种培训方式的运营很好地体现了"炭火"效应。所谓"炭火"，即能够言传身教的领路人，是每个学习群不可或缺的角色。有人提问，有人解答，有人探讨，在此时若还有领路人一语道破、指明方向，那便事半功倍。因此，在微信学习群中不可或缺的就是领域专家的参与，即培训讲师的参与。讲师可以在群众充当"炭火"的角色，引燃学习热情，引导学习方向，答疑解惑。

---

[1] https://wenku.baidu.com/view/c55b58e2453610661fd9f443.html。

"老司机"练考记

驾驶员是比较特殊的工种，随时单枪匹马走南闯北，一人一车应对各种复杂道路情况，每天都会遇到各种各样的风险，每天都能看到各种不同的人和事，可谓见多识广。我们班的驾驶员都有着十几年甚至几十年驾龄，个个都能独当一面，技术上各有所长。但有些驾驶员个人感觉非常良好，觉得自己技术已经很好了，失去了学习提高的意愿和动力。

2019年初，上级组织驾驶员高级工验证复核，单位安排我班5名驾驶员参加考试，提前下发了理论知识复习范围和实际操作考核项目。理论知识就是高级工的晋级考核内容，大家都觉得很简单，不需要复习。实际操作的考核项目，看起来难度也不大——直角转弯和公路掉头，平时开车都会直角转弯、都能在公路上掉头。

大家都没把验证复核当回事，不愿意复习，也不愿意练习，更有一些不参加验证复核的人在一旁说风凉话："这么简单的项目，考不过才奇怪了。"风凉话一吹，别人更不重视验证复核了。在汽服中心的员工大会上，领导多次强调过复核考试的重要性，要求大家提前准备，自主练习。但是，很多人都不以为然。

我看到这种情况，深深地为他们捏了一把汗。虽然理论知识看起来不难，但是要把这些简单的内容有层次、有条理地描述清楚，必须要花费些时间。还有一些数据比较类似和接近，如果不背、不记、不事先准备，肯定会考砸。实际操作的题目，看起来简单，实际难度相当大，要求车辆的前后左右距离必须控制在几厘米之内，而且只有一次机会，不能倒车重来，这和平时在路上开车完全是两回事。

我和党小组长黄勇找到老班长张平商量："要是大家都不提前准备，考砸了都不好过，要不，我们组织大家练习、复习吧，让大家有点准备，熟悉一下考试项目。"

张平对我们说："他们都是老司机，都自认为是路上开得最好的人，你这样直接给他们说，他们练习也不一定用心，起不到好的效果。还得想想其他办法。"

我和黄勇再一次商量，干脆在我们班内部搞一次技术比赛，以验证复核的项目为题目，让需要验证的驾驶员先试一试难度，先熟悉流程，以免对考核项目掉以轻心；不需要验证的也体验考试的艰辛，免得站着说话不腰疼。

说干就干，在周一班组安全会后，所有人都到场地上集合，全员参与。线一划，标杆一竖，口哨一吹，铅锤吊，尺子量，该扣分就扣分，两旁站满观众，考试的气氛出来了，技术比赛的紧张感也随之而来。

经过严格地考核，大家都看到了差距。考核和平时开车确实不一样，考核难度更大，标准更高，要求更严，差1厘米扣5分，差2厘米就扣10分，稍不留神就被扣得不及格了。大家开始意识到之前低估了项目考核难度。那些说风凉话的员工也不说了，认为不需要练习的员工也认识到了自己的错误。

班组技术比赛结束后，需要考试的都自觉地拿书出来复习理论知识，一有空闲就在场地上练习起来，正视并重视起验证复核这件事了。其他班员也给他们打气加油，鼓励他们认真对待，力争取得佳绩。

通过这件事，让我看到一句冷言冷语就可能松懈他人的斗志，一件小事可能涣散人心，一个不经意的举动可能瓦解一个团队的战斗力。要让一个班组有凝聚力，要让一个团队积极向上，我们必须针对团队成员的特点，采用适合他们的方法，采取有针对性的措施，才能取得良好的效果。

◆ 作者：川西北气矿汽车服务中心驾驶二班 李光明

【思考】如何提高班组经验丰富的老员工学习意愿和动力？

【点评】员工们接受培训不仅仅是为了学习新技术，也是为了让他们系统地复习已经掌握的技术，温故而知新，在原有的基础上有新的提高。不经过系统接受新理论和新实践的培训，即便是最优秀的员工也跟不上技术的进步与革新。一旦员工们守着老一套方法不思进取，固守成规，他们就会失去很多机会。所有的这些都是让他们参加培训迫不得已的原因。因此，向员工（包括那些资格老的、经验丰富的员工）提供与他们各自领域的人相互切磋和交流经验的机会是班组长人员管理的职责。

提高员工学习意愿和动力，在于让员工强烈意识到自身能力与标准要求之间的存在的差距。当员工意识到差距，才能更好激发他们内在学习的意愿和动力。作为班组长，需要关注员工的成长提升，选择恰当方式激发员工的学习动力。

【链接】学习动机[1]

学习动机是激发个体进行学习活动、维持已开始的学习活动，并使学习行为朝向一定目标的一种内在过程或内部心理状态。学习动机又可以分为内在学习动机和外在学习动机。外在学习动机是指学员通过学习能够得到怎么样的实际收益，如获得证书、拓展职业发展机会、解决工作实际问题、改善生活等；内在学习动机是指让学员单纯为了"学习的乐趣"而愿意学习的动机，比如好奇心、求知欲、责任感、成就感等。因此，要提高个体学习意愿和动力，需要从个体内在和外在动机展开分析，并制定有效的激励措施。

---

[1] 王娟.高中生物课堂动机激励策略教学初探[D].江苏：扬州大学，2014。

劝学记

2018年8月，我正式担任净化四班班长。班上成员年龄差距大，还包括外单位的转岗人员，技能水平参差不齐。当时我们正逢全员培训阶段，为奋战九龙山、双鱼石两个新厂做准备。厂里要求一人多岗，将几个岗位合并成为一个大岗位，曾经的一人一岗的制度就此不复存在。然而，班里一些老同志还有3~5年就要退休了，他们认为只要把自己这个岗位守好就行了，再坚持2年就能退休。但是，新的形势有新的要求，由于人员有限，每一位员工就要成为多面手。

其中一位老同志，几十年一直都在循环水岗位工作。当循环水岗合并到锅炉岗后，他依旧待在循环水岗位，而不愿意学习其他岗位的技能。但时间紧，任务重，眼看2个新厂就要陆续投产，并且新厂还有很多工艺与我们老厂不同。我只能先组织其他愿意学的班员，轮流安排在不同的岗位学习。每周我都把大家召集在一起开总结会，了解大家的学习情况，对他们学习中遇到的困难和问题进行梳理，有针对性地解答，并组织专题讨论，促进相互交流。

每次这样的会议我都坚持要求这位老同志参加，不能缺席。我们将他置于热火朝天的学习氛围之中，让他知道其他同志都已经行动起来了。接下来，我又安排了一位好学的90后同志跟着他一起学习循环水系统，让他以师傅的角色融入浓厚的学习氛围中。

经过一轮的学习，我再次找到他谈心，讲清现在的形势，告诉他面对气矿的大发展，我们需要向前看，大家都行动起来了，原来的老思想该抛弃就得抛弃。同时，我还告诉他现在学习其他岗位的技能尚且为时不晚，但若是以后到新厂，没有循环水这个岗位，加之"五定"工作也即将实施，到时候该何去何从呢？他考虑了片刻，回答道："好的，我这轮班先学习锅炉单元，然后再一步一步学习脱硫和回收单元。"

就这样，他开始学习锅炉的相关工艺流程和操作步骤，随后又学习脱硫装置的相关操作了。我们有时给他讲解一些操作时，发现，他的接受能力非常好，对他的夸奖也不少，从此他的学习积极性更是大大提高。当九龙山新厂人员确定之后，每个班定员又减少3人。如今跟他聊天的时候，他感慨道："说还是多学一点好啊，形势总是在变，不然还没到退休的那一天就被淘汰了，真的是要活到老学到老啊！"

其实，在员工培训方面，就是要做到因材施教，特别是有些年龄较大的同志，直接要求他学习新知识新事物，他们会从内心排斥、反感，担心自己记不住。这个时候就需要多一点耐心，多鼓励他们，营造一个良好的氛围。当他们看到身边人都在积极主动地学习新工艺、新流程，他也会有所感触，担心因跟不上步伐而渐渐落伍，这时再与他谈心就会达到立竿见影的效果。

◆ 作者：川西北气矿天然气净化厂净化四班 刘 琦

【思考】随着新形势的新要求，班组岗位在不断变革，因此培训成为员工适应新岗位的重要手段。然而，不少老员工思想固化，面对培训无动于衷，作为班组长该如何激励老员工积极培训，适应变革呢？

【点评】随着新时代的来临，不少企业岗位随之发生变革，这就要求员工通过培训快速适应新岗位，迎接新变革。年轻员工固然能够快速接受和适应变革，但是他们的工作经验毕竟有限。班组老员工工作经历丰富，但是他们无法主动接受和适应变革。这种矛盾的存在其实是思想认知的问题。作为班组长，面对不同个性的老员工，总有很多办法激励他们主动接受变革，通过培训不断提高自己的适应变革。案例中的办法非常巧妙。班组长利用年轻员工和老员工各自的优势，以师带徒的方式，让老员工带领年轻员工适应变化，不仅锻炼了年轻员工的技能，让老员工参与了这场为变革而生的培训，更潜移默化地改变了他们的思想，让他们接受形势，重新认知自我，最终主动接受了培训，并作出巨大贡献。同样的，激励员工主动接受培训的方式还有很多，如授权式激励、建章立制、营造学习氛围、灵活培训方式、培训绩效关联等。

【链接】给员工自愿"充电"的动力 [1]

在世界不断发生着日新月异变化的今天，知识作为个人与集体发展的最主要因素的作用被凸显出来。"不学习就意味着不前进，不前进就意味着退步，而退步就意味着被淘汰"，这已成为残酷的事实。在这种背景下，员工们的最大愿望就是不被时代所淘汰，而这就需要员工在知识方面不断充实自己，始终让自己跟上形势发展的步伐。

充电学习的注意要点有：

（1）关注作业技能。很多作业是需要技能的，技能是可以标准化的，因而是可以通过训练被员工们所掌握的。

（2）学习从应用与行动开始。对于员工来说，学习是为了解决问题，提升能力，从而改善工作绩效，因此，必须将整个学习的重心放在"如何才能改变自己"上。在学习每个单元或每一部分内容时，一定要把自己放进去，提出一个或若干个与自己有关的问题，然后通过应用与行动提高能力。

（3）关注细节。关注细节就是关注发生在你身上的事，关注具体操作、关注作业"动作"。例如，目标管理，你应当关注的不应是"什么是目标管理""目标管理适合不适合我的公司""目标管理的制度保证如何建立"等方面，应当关注"我如何能建立一个好目标""目标不好衡量怎么办"等，学会了如何处理这些细节，目标管理就会很好地在公司中建立起来。

（4）团队学习。团队学习的效率是最高的。团队学习可实现相互启发、相互交流、相互促进的效果。

---

[1] https://www.sohu.com/a/392235672_99908472。

从"独狼"变"群狼"

俗话说"独狼不可怕,可怕的是群狼"。我想用我身边的一个真实案例,谈谈我在班组员工整体素质提升方面的一点经验——"带队伍既要有单兵作战能力,也要有团队精神"。

2012年9月,龙王庙组气藏的发现井磨溪8井钻获高产工业气流,测试日产量191万立方米。当时,我在老区花岩片区担任片长,听到这个消息,便主动跟片区3个精明能干的小伙子"组队"打响了龙王庙上产的第一战,连续3个月的蹲守磨溪8井的建设现场,终于在2012年12月5日这天,磨溪8井快建投产,自此全国最大的单体海相碳酸岩盐整装气藏龙王庙组气藏拉开了上产的帷幕。

在去磨溪8井之前,我曾经信心满满,因为毕竟在老区担任了很久的片长,井站管理方面应该算是得心应手,加上自身的技能素质不错,心想在自己的带领下,工作开展可能并不困难。但是第一天到了建设现场,我瞬间感觉到自己之前依靠的"单兵作战"能力在这里吃了瘪,气藏是按照数字化气田的设计要求建设的,与老区相比站上的新设备、新工艺、新技术特别多,需要学习、消化的内容也特别多,在每天持续现场监督的同时还要学习新知识,我感受到了前所未有的压力,更别提跟我一起的3个小伙子。

在第一天夜里,我失眠了,思前想后发现这件事要转变,必须先转变大家的观念。第二天一早,我召集大家开了个短会,提出了面对全新气藏对我们的技能和素质也需要转变的要求。最后我们统一方案:"既然需要学习的内容这么多,为什么我们不发挥团队力量,把要学习的新设备、新工艺和新技术分配一下,各自学习一部分,学精吃透,然后再一起交流沟通,共同提高技能水平、携手提升学习能力呢?"有了这个方案,我心里的石头落下了一半。

说干就干,后面的3个月时间里,我们4个人白天穿梭流程请教技术干部、厂家设备专家，夜里手捧图纸研究工艺流程和技术要点，每天都抽时间集中讨论交流，在大家不分昼夜、团结协作地努力下，各自对于新气藏管理的技能水平突飞猛进，由开始的一窍不通到了后面的了如指掌。看着大家一张张自信的脸，我心里的石头彻底落了地。

这种团队协作提高技能水平的做法在单位也得到了推广和应用，大家的整体素质在学习中提高、在交流中进步。后来，磨溪8井的3个小伙子分别担任了龙王庙中心井站的站长、副站长，他们也采用这种方式培训井站员工。"如果没有当时团结协作式的培训，我的技能也不会提升得那么快，也不会成为现在的站长。"在最近的一次班组长交流会上，现任龙王庙集气总站站长何国志讲到。

"由独狼变群狼"，将团队精神融入整体素质，最终得到了质的提升，营造了共同学习、携手进步的良好氛围。

◆ 作者：川中油气矿磨溪开发项目部西眉清管站 杨 忠

【思考】从个人学习到团队学习转变，会带来什么样的效果？

【点评】团队学习可以促进个人成长。由于个体间差异的存在，每个人都有自身的比较优势。团队学习可以有效发挥班组人员个人的比较优势，来达到班组团队内部的互助。同时，通过团队学习能使团队智慧融入个人化理念中，以不断适应新形势下开展业务的工作需要。班组中更适合团队学习模式，通过制定长效运行机制，牢筑学习型班组。

【链接】猛虎怕群狼[1]

虎，乃百兽之王，凶猛是它的代名词；狼，是一种凶残的动物，它不同于狮、虎、豹，是一种群居动物，一匹狼可能不是一只老虎的对手，但是群狼的力量和虎群的力量是不可同日而语的。狼群的狩猎依赖于集体的力量，它们有着明确的分工，同时又有着紧密的联系，对待敌人前仆后继，齐心协力以战胜更加强

---

[1] http://www.pinlue.com/article/2018/12/1713/477856703955.html。

大的对手。比狼强大的动物很多，如虎、熊、狮、鳄鱼等，但它们独自面对狼群的时候也会望而生畏、恐惧万分，狼群的团队精神以及其严密的组织让比它们更加强大的生物退让三分，这就是所谓的狼群精神。

狼群精神是最值得称赞的团队协作精神，团队应该具有"狼群"式的团队精神，不管"敌人"再凶猛、再强大，我们也要迎难而上，而不是知难而退，集合所有人的智慧与力量，合理分工，始终保证高效的执行力。

巧用"3+1111"培训新方式

2009年和2013年，面临磨溪气田嘉二和龙王庙气藏的2次上产，工厂处理负荷由原来的130万立方米/天增加到480万立方米/天，岗位由8个增加到11个，班组员工由最初的13人，最高增长到49人，男女比例为1:2，员工平均年龄不到25岁，其中75%为2008年以后新分配的技校生、退伍军人和转岗员工。大多数新来员工因家庭环境好，没有吃过苦，面对工艺流程复杂和安全风险大、技术要求高的净化装置，很多都打起了退堂鼓，表现出不愿意学习的态度。

我利用工作的空隙，跟每位员工单独地交心、谈心，常常了解员工们的兴趣和喜好，分析每个人的性格特点，帮他们树立学习的自信心、树立正确的人生观和价值观，在班组中营造积极向上的团队氛围。

针对近几年来班组分来的青工多、技术底子薄、学习兴趣不高的实际情况，根据班组学习计划，制定每天2小时的学习制度和奖励规则，并自觉带头认真执行，经过4个月的长期坚持学习，员工逐渐养成了由原来的被动学习变成主动学习的良好习惯，现在班组学习已形成常态化。

在培训方式上，由原来传统的课堂填鸭式培训转变为现场走岗培训和自我创新的"3+1111"方法。"3"是"三步走"，就是自己走上台讲解事故案例、自己讲解各自岗位操作特点和注意事项、自己主动到其他岗位作技术操作交流；"1111"是"一日一题一问一答"，就是每名员工一日一题自讲自答或者提出问题由班长或师傅讲解。同时，班组还坚持开展每日一题、每周一练、每月一考、每季一测、每年一赛考核评比活动。

这招颇见成效，班组员工的学习积极性有了很大提高，学习时间由原来每天2小时变成3~4小时，甚至更多。几年下来，他们的各项技能明显得到提高，有10名员工在分公司净化、分析、轻烃、演讲、义务消防等技能竞赛中获得优异成绩；8名员工在油气矿和工厂组织的比赛中获得优异成绩；班组先后被授予油气矿"金牌班组""优秀班组""遂宁市优秀工人先锋号"等荣誉称号。班组先后培养出班长2人，副班长8人，技师4人；2名员工被工厂授予"青年岗位能手"称号。

我的体会是，一是班组长在进行班组管理的时候，要充分结合班组实际情况，构建合理有效的机制，找准问题，对症下药；二是不管遇到任何问题，作为班组长需敢于担当责任，自己带头做，带领做，才能在班组员工中起到模范带头作用，才能让整个班组更加的优秀。

◆ 作者：川中油气矿磨溪天然气净化厂净化工段操作四班 蒲怀强

【思考】在班组里，员工的文化水平高低不一，业务技能参差不齐，这给班组培训工作带来一定的难度。那如何做好他们的培训？

【点评】班组培训工作与其他工作一样，需要根据需求制定合理的实施计划。班组的培训计划应切合实际，因人而异、量化到人，让每个员工都能在培训中找到自己的位置，学到对自己、对班组有用的新知识、新技术。培训计划要有针对性，提高员工的学习积极性。

（1）因人制宜。根据每个人的具体情况制定详细的培训计划。比如说，一个员工的理论水平较高，实际操作水平欠缺，那么制定培训计划时，就要加大实际操作、事故处理等方面的内容，使这位员工的整体素质大幅提高；在培训计划上要体现出具体培训对象、培训内容、培训时间、培训目标，本着缺什么补什么。这样对于一个班组来说，每个人都可以取长补短，在提高个人素质的同时，也就提高了班组的整体水平。

（2）因岗而动。根据班组人员和工作内容的变化，制定相应的培训内容，使培训工作更有利于员工实际能力的提高，及时弥补因岗位变动而带来知识、技能的不足。

（3）因势而动。班组的培训工作应紧跟公司生产经营需要和安全形势，制定培训内容使培训工作更好地服务于生产。

【链接】工作学习化，学习工作化 ❶

所谓"学习工作化，工作学习化"，就是要在学中干、在干中学，两手抓、两不误、两促进。边学边用，边用边学，在学习与工作的良性互动中不断增强本领。把学习作为一种时代责任、一种精神追求、一种工作状态、一种生活方式，下得苦功夫，求得真学问。事实反复告诉我们，学习力的高低是人与人之间拉开距离的重要因素。

❶ https://www.sohu.com/a/302868410_120094256。

引导胜过苛责

"人非圣贤，孰能无过"。在班组管理中员工难免会有犯错、完成度不高的时候，这时我们要以正确的方式引导，而不是苛责。

我曾遇到过一个年轻员工，他工作很有激情，站上的事总抢着做。但是，由于刚参加工作，缺乏经验，工作要么做不全，要么做不好。刚开始，我不是很在意，只是安排一位老师傅帮他检查和补漏，但时间长了师傅责怪的话就多了："你干脆不要做，懒得跟着你擦屁股。"

有一次周期保养灭火器，小伙子拿着抹布擦了几遍，我检查时，看到灭火器沾满了污水的痕迹。我估计是没有将抹布清洗干净和没有拧干的原因。于是，我让他清洗后再擦一遍，我再次检查，但还是有痕迹。小伙子认为我故意找茬，脸上挂满不高兴。我打来两桶水，让他和我一起做。先用一块湿抹布擦一次，再用干抹布擦一次，灭火器表面就变得光洁如新。小伙子照做了一遍，感觉速度快、效果好，开开心心地把全站的灭火器保养完。

后来每一件站场事务，我都叫上这个小伙子，先教一遍再让他去做。很快小伙子便熟悉了站场工作，做事越来越认真、细心。之后小伙子离开了榕山站，也成了企业的骨干。

俗话说"言传不如身教"。如果不传授方法给年轻人，让他盲目去做，效果不好反而会打击他们的工作积极性，何不一开始耐心地引导他们，以身作则，哪怕这些事在我们看来很简单。

◆ 作者：输气管理处合江输气作业区榕山输气站　陈遂南

【思考】年轻员工是组织的未来,对年轻人的培养就是为组织未来的绩效奠定基础。如何通过"传帮带"有效提升年轻员工的工作能力,引导年轻人更好地完成工作绩效?

【点评】很多企业都有这样或那样的标准,但仔细分析,你会发现许多标准存在操作性差、不明确等问题,比如"要求冷却水流量适中"。什么是流量适中?不可操作。"要求小心地插入",什么是小心?不可理解。并不是每一个要求都可以完全量化,很多时候是经验的传承,更是责任心的传承。通过负责人的言传身教,在教导工作规范,传授工作经验的同时,也是帮助年轻人提升工作责任心,构建符合组织预期的新的心理结构的过程。

【链接】如何进行安全培训[1]

生产现场是一个动态的作业环境,其实际的情况每时每刻都发生着变化,随着作业内容的变化,可能会出现新问题。从这个意义出发,事故的预测、预防工作必须贯彻到作业现场。因为操作人员活动在班组,机具设备在班组,事故也常常发生在班组。据统计,有80%以上的事故发生在班组。因此,抓好安全培训,提高班组人员的安全生产意识,使班组成员自觉、主动地参与班组安全管理,是班组长人员管理工作中的重点。

1. 班组安全培训原则

(1)新技术、新工艺、新材料、新设备使用前,组织员工进行有针对性的安全培训和考试。

(2)新员工、换岗员工上岗前必须经过由班组长或班组安全员组织的班组级安全培训,经考试合格后方可上岗。

(3)对休假7天以上(重点工位),工伤休假复工人员,已(未)遂事故责任者、违章违纪人员必须进行安全培训,经考试合格后方可重新上岗。

(4)规定班组安全培训有效时间,培训后须进行考试,不及格者要重新考试,经考试合格后方可上岗操作。培训内容,考试分数要记录在班组安全活动

---

[1] 杨剑,张艳旗.优秀班组长安全管理培训[M].北京:中国纺织出版社,2017。

台账上。

（5）对受安全培训后考试合格后的人员，班组长或安全员必须检查培训效果，一周以后还要重新复查。

（6）企业已有有关安全培训规定的，要严格按照有关规定实施。

2. 安全培训内容

班组安全培训的重点是岗位安全基础培训，主要由班组长和安全员负责培训。安全操作法和生产技能培训可由安全员、培训员或包教师傅传授。

（1）班组概况。

介绍本班组的概况和工作范围，本岗位、工种或其他对应岗位发生过的一些事故教训及预防措施。

（2）岗位情况。

介绍本班组和岗位的作业环境、危险区域、设备状况、消防设备等。

讲解岗位使用的机械设备、工器具的性能，防护装置的作用和使用方法。

讲解本工种安全操作规程和岗位责任及有关安全注意事项，使学员真正从思想上重视安全生产，自觉遵守安全操作规程，做到不违章作业，爱护和正确使用机器设备、工具等。

（3）规章制度。

讲解员工安全生产责任制，本岗位、工种的作业标准，危险预知，习惯性违章及有关的安全生产规章制度。

介绍班组安全活动内容及作业场所的安全检查和交接班制度。比如教育员工作业时，要做到"一想""二查""三严"。"一想"当天的生产作业中存在哪些安全问题，可能发生什么事故，怎样预防。"二查"工作中使用的机器、设备、工具、材料是否符合安全要求，上一道工序有无事故隐患，如何排除；检查本岗位操作是否会影响周围的人身和设备安全，如何防范。"三严"就是要严格按照安全要求、严格按照工艺规程进行操作，严格遵守劳动纪律，不搞与生产无关的活动。

（4）个人防护用品的正确使用和保管。

根据岗位作业性质、条件、劳动强度和防护器材性能与使用范围，正确选用防护用具种类、型号，经安全部门同意后执行。

（5）事故预防。

班组长要做到安全生产，首先必须了解生产现场中什么是不安全状态，什么是不安全行为，以在工作中尽量规避和消除危险因素。

（6）岗位间的工作衔接配合安全注意事项。

（7）实际安全操作示范。

重点讲解安全操作要领，边示范，边讲解，说明注意事项，并讲述哪些操作是危险的、是违反操作规程的，使员工懂得违章将会造成的严重后果。

（8）公司及本单位安全生产动态。

强培训，重技能

随着管道完整性管理持续推进，对油气管道保护工技能水平的要求也逐渐提高。广安作业区油气管道保护班年龄两极分化、专业技能水平欠缺的问题急需解决。

广安作业区油气管道保护班成立于2006年，有7名成员，年龄最大的50岁，最小的22岁，职业技能等级中级工2名，初级工5名。

2009年7月初，作业区营山3井投产，若重新规划建设一条管道，投资大，耗时久。油气矿决定利用营25至营山站D89管线，将营山3井管线T接至该管道，既能节约成本，又能缩短建设工期，但需要对营25至营山站D89管线进行PCM全面检测及评价。作业区接到任务后，立即组织油气管道保护工杜全和刘知林赶赴营山，使用PCM+探管仪开展管道探测工作。初期，采用无源法进行管道走向探测，仅用2天时间便完成了全部6千米管道的探测工作，并在管道沿线每100米处建立一个位置标识。在开展防腐层破损点检测时，需采用有源法，发射机连接管道，接收机连接A字架同时检测，但两位员工不会架设发射机，导致管道上没有信号，无法查找管道防腐层漏损点。

7月27日，我刚参加完油气矿技能竞赛回到作业区，了解情况后，立即汇同杜全和刘知林赶赴营山，现场示范架设发射机，沿线查找到管道防腐层漏损点共计15处，并采用黏弹体+PVC外带对缺陷点进行修复，圆满完成了任务。

2009年8月下旬，广19阴保站向调度室汇报："PS-1型"恒电位仪输出电压增大，输出电流为"零"，仪器未报警。接到汇报后，生产技术办公室立即组织油气管道保护工到广19阴极保护站查看恒电位仪运行情况，但未发现故障；测量强制电流阴极保护管道的保护电位结果显示，阴极保护远端管段未达到保护。当时我在分公司参加第五届职业技能竞赛，接到管道保护工发来的短信后，根据他们提供的情况描述及测量结果，立即判定问题是出在辅助阳极地床上，并不是恒电位仪故障。因为夏季雨水少，阳极地床干燥，导致回路电阻增加、保护距离缩短。作业区立即组织对广19阴极保护站辅助阳极地床进行了浇水，增加了10根角钢，减小地床接地电阻，同时减小辅助阳极地床的回路电阻。之后再次测量管道保护电位显示，阴保系统运行正常，全管段达到了保护。

经过这两次小插曲后，我也在反思：油气管道保护班是一个集体，需要大家共同进步，不断掌握新技能，提高专业业务技能水平，需要将我掌握的技能教会大家，整个集体才能提高工作效率，更好地完成工作任务。为了实现这个目标，我制定了培训计划：一是了解成员对技能培训的需求，针对性地提出培训计划；二是制作培训课件，讲解设备工作原理；三是现场实操培训，利用实训场地，讲解操作步骤、规范操作行为；四是利用生产技术办"夜校"活动，大家共同学习新技能、新工艺。

通过不断地学习，班组在历次管道探测、检测中，做到了零失误；杜全及刘知林都取得了职业资格高级工证书，另两位同事考取了中级工；油气管道保护班在油气矿举办的"走岗测评"中取得了第一名的优异成绩；我也顺利地考取了技师。

技术是从工作中总结而来，而学到的技能、技术又要应用到工作中去。只有不断地学习，强化培训，提高专业业务技能水平及个人素养，才能更好地完成工作。

◆ 作者：川中油气矿南广采油气作业区管护班　彭　涛

【思考】技能型班组的建设是班组长们一直努力的方向，人人都希望自己班组个个都是技能专家，那么班组长如何培养技能专家呢？

【点评】技能型班组内，不仅需要"全能工""多面手"，还需要技艺高超、水平出众的"专家型"员工。有这样的员工存在，那么在班组生产中即便发生什么问题都将更容易解决，"专家型"员工自会游刃有余地处理好，使企业或班组的生产不受或少受影响，而且"专家型"员工也是企业或班组创新变革的主力军。案例中，班组长在意识到员工技能需要提高之后，迅速制定了班组培训计划，通过四步走计划激励和引导员工学习培训，参加培训的班组成员技能水平大幅度提高，管道检测维修问题在这些"专家型"员工的带领下迅速解决，极大提高了班组工作效率。因此，班组长可以针对自己班组员工能力差异和业务范围区别，调研员工培训需求，制定培训计划，通过现场技能培训、线上考试训练、线下集中培训、劳动技能竞赛等方式，不断引导学员努力学习，提高自身技能。

【链接】"专家型"员工的培养方法[1]

班组内培养"专家型"员工主要有以下途径和方法:(1)努力提高"专家型"员工的思想政治素质;(2)培养"专家型"员工要从招聘开始，对员工进行认真识别和精心挑选，注重员工素质;(3)培训"专家型"员工对企业价值观念、企业精神和文化、经营理念等方面的认同;(4)让员工参与企业的经营管理;(5)建立公平合理的绩效评价系统与薪酬制度。

---

[1] 崔生祥，赵敏.现代"五型"班组的建设与管理实务[M].北京：企业管理出版社，2016。

以论促学

子曰："知之者不如好之者，好之者不如乐之者。"兴趣，是最好的老师。

"五型"班组创建活动中，学习型是重要的组成部分，如何激发班组员工的学习兴趣，也是我一直在探求的问题。在一次员工们完成设备检修后的讨论中，我得到了启发。

记得那次检修的是一台溶液循环泵，更换机械密封之后，进入试运行。密封处仍有轻微滴漏，约 2~3 滴/分钟，温度、振动、电流等一切正常。

"为什么今天换了机封，这么快就开始滴漏了呢？""以前可是要好长时间才会出现的啊？"休息的时候，大家七嘴八舌地议论着。

"是呀，不应该呀！"我见大家兴致正高，因势利导对着徒弟小曾说道。

"是不是动环安装的时候没有与轴套垂直，有点歪，导致与静环密封面形成了间隙？"小曾积极地说出自己的看法。

"应该不是，如果动环没安装好，会出现比较严重的泄漏，可不是这种滴法。"有三十多年工龄的老唐在一边漫不经心地说。

"可能是我在静环安装时密封圈没有压到位，有轻微的不平，运行一段时间应该就好了。"工作积极主动但有些性急的小代也参加进来。

我想了想，说道："也不对，就算是这样，在机封压盖上紧后，弹簧力的作用也会将静环压平，除非橡胶密封圈上有东西没弄干净。"

"我安装静环时可是彻底清洗干净了的。"小代在一边嘀咕道。

"是不是压缩量调小了，师父你调的多少啊？"小曾一边问我数据，一边翻开书进行对照，不解地说道："是这么多，师父没有错啊。"

大家围绕这个问题提出了各自意见，并讨论分析原因。看到大家的积极性如此高，我内心非常高兴。想起平常大家在学习的时候，不是翻开书就头痛，就是无精打采地听讲，学习效果差不说，还老嫌我啰唆。这一下大家的兴趣提起来了，讨论十分激烈，而且有理有据，分析全面深入，这可是跟平时学习状态真是天壤之别啊。

十多分钟的讨论后，我们又打开设备，对大家提出的各种可能性进行仔细的检查、核实，最终发现原因出在机封压盖旧石棉垫未及时更换，造成密封效果不佳。设备故障顺利排除的同时，员工们也学到了方法，提升了技能。

从那以后，我开始有意识地将话题讨论从设备故障原因分析逐渐发展到维修技术、方法、新设备的工作原理等。让大家在讨论中培养学习兴趣，寻求答案，大家相互学习、取长补短、不断进步提高。

作为班组长，应该引导员工更多地思考与工作相关的事情，借助彼此都感兴趣的话题，让大家积极参与，各抒己见，并聆听他人的想法。当他们说得多了、听得多了、学得多了，知识和技能的积累也就多了，技术水平和解决问题的能力也就提高了。

◆ 作者：天然气净化总厂长寿分厂维修工段钳工班　刘　锐

【思考】创建"学习型"班组是"五型"班组创建的重要组成部分。如何更有效地提高员工学习的积极性和主动性？如何在解决具体问题的过程中，推动"学习型"班组的建设，确保"五型"班组创建取得实效？

【点评】"参与者才是问题的解决者"。学习不能脱离实际和脱离一线，班组成员的学习只有在解决问题的基础上，才能激发员工的学习兴趣，才能让员工主动思考问题，积极寻求解决方法。班组员工是基层各项工作的执行者与参与者，是问题的提出者，通过组织内部的机制建设，让他们成为问题的分析者，成为解决问题的关键环节。共同研究、相互学习、合力落实，让班组成为知行合一的"学习型"班组，"以论促学"不失为一个好方法。

【链接】群策群力[1]

"群策群力"强调对问题的快速解决，解决问题的过程主要依赖于各个部门

---

[1] http://blog.sina.com.cn/s/blog_3f1a9ced0102v5jn.html。

与该问题直接相关人员的参与及贡献,而不依赖于领导者。它创建了一种每个人都开始积极参与、每个人的想法都开始被注意、领导者更多的是引导员工而不是控制员工的文化。"群策群力"在组织中营造一个全体成员能平等、无拘无束、坦诚地沟通与交流的环境,并通过这样的环境来激发思维、达成共识、凝聚组织的智慧。

学无早晚，但恐始勤终随

在文星增压站和脱水站合并之前，站上员工早已经形成相对固定且习惯的工作方式。两站合并后，为了让大家尽快适应中心站管理的新模式，必须将员工的工作积极性和学习积极性充分调动起来，把中心站管理搞活，绝不能让增压、脱水和巡检依然分散管理，使中心站的重组流于形式。

文星中心站有增压、脱水员工6名，组长1名，而巡检组员工4名，组长1名。只有让所有的班组成员都掌握增压、脱水和单井的流程以及各项专业知识和操作技能，才能更好地适应中心站管理工作的新要求。但站上很多员工都认为"我已经40多岁了，还学啥新知识嘛。"为了改变这样的观念，我先给他们分析新形势的变化及要求，中心站的管理是公司在管理上的创新和进步，要让全体员工做到一岗多能，要胜任中心站的每一个岗位。不是你选择岗位，而是岗位选择有能力的人。当你止步不前时，别人在学习，其实也就是你在退步。我们的学习进步不是为了别人，是为了自己。所以必须让大家从观念上接受学习，让被动学习变为主动学习，这样才能用心的学习新的知识和技能。

在中心站成立的初期，为了工作的安全和稳定，两个组长不参与轮换上班，两个组的员工15天轮换交流学习一次，两个组长对倒换学习的员工进行跟踪指导和监督。每个星期四上午的业务学习时间，共同学习增压、脱水及采气理论知识，简单的故障判断及处理；下午的岗位练兵，两个组交叉学习新的基本操作技能，对上一周的学习进行测试，再利用15天轮换的时机巩固学习操作技能。每月定期开展全站人员理论知识和操作技能考核，根据考核结果评选出学习之星，在班务公开栏上展示，月均奖励300元，而奖励机制也是班组会议一致通过并确定执行的。

其实奖励只是一个辅助机制，人人都有一个不服输的心态，都希望自己的照片能在班务公开栏中出现，慢慢地形成了"比、学、赶、帮、超"的浓厚氛围，真正体现了鲶鱼效应，让每个班员有危机意识，有竞争意识，把"要我学"变成了"我要学"。文星中心站在每次的技术比赛中都取得了不错的成绩，也培养了增压、脱水及采气方面的多工种技术能手。

时代在发展，学习无止境。只有切实转变员工的学习观念，营造浓厚的学习氛围，提升员工综合业务素质，才能不断提升班组的整体管理水平，推动各项工作安全、高效、优质地完成，为企业的发展做出应有的努力和更大的贡献。

◆ 作者：重庆气矿邻水采输气作业区文星中心站 何春燕

【思考】中心站管理新模式需要全体班组成员掌握不同岗位专业知识和技能。如何让班组成员适应中心站管理的新形势变化以及快速学习新知识和掌握新技能？

【点评】生产靠人的劳动，工作要由人来干。无论做什么工作都是紧紧抓住做人的工作。人心齐，泰山移。班组长应该做好班组成员思想工作，让大家正确认识新形势下所面对的挑战，转变固有观念，并采用轮岗、岗位练兵、技能考核等多种方式，激发和促进班组内的良性竞争，营造"你追我赶"的浓厚氛围，让班组成员快速掌握新专业知识和技能，培养综合型技能能手，更好地满足新形势新要求。

【链接】鲶鱼效应[1]

挪威人喜欢吃沙丁鱼，尤其是活鱼。市场上活鱼的价格要比死鱼高许多，所以渔民总是千方百计想办法带活沙丁鱼回港。虽经种种努力，可大部分沙丁鱼还是会在中途窒息而死。后来，有人在装沙丁鱼的鱼槽里放进了一条以鱼为主要食物的鲶鱼。沙丁鱼见了鲶鱼四处躲避，鲶鱼在搅动小鱼生存环境的同时，也激活了沙丁鱼的求生本能，这样一来缺氧的问题得到解决，大多数沙丁鱼活蹦乱跳地回到了渔港，这就是著名的鲶鱼效应。鲶鱼效应是企业领导层激发员工活力的有效措施。

---

[1] https://zhuanlan.zhihu.com/p/172525024。

第四篇

班组建设与创新

第一章　班组建设

班组，是企业一切生产经营活动的显示终端。班组建设是企业在自身目标的指导下，围绕着经营管理的主线，要求全体员工积极参加，从基础管理抓起，不断提升基层管理水平和员工基本技能的一项系统建设工程。班组建设既是提高班组长水平的最佳途径，又是全面衡量班组长水平的考场。从某种意义上说，提高了班组建设水平，就等于提高了企业的核心竞争力。

班组建设建什么？班组建设是在班组管理的基础上进行的创造性活动，它应该是富有个性的。在进行班组建设时，一定要从企业的发展、员工的特点、自身的能力出发，建设一个有凝聚力、有战斗力的班组。

1. 班组建设的目标

（1）完成企业目标。要通过班组的建设夯实管理基础，提升企业整体管理水平，打造企业的核心竞争能力，最终将企业的目标变成现实。

（2）实现班组的"五化"。"五化"指操作标准化、管理规范化、工作精细化、运行专业化、产品或服务品牌化。也就是说，要通过班组建设，从各个方面提高班组管理与运转的水平，让班组不仅成为一个有战斗力的群体，而且是有持久战斗力的群体。

（3）建设专业化队伍。员工强，则班组强；班组兴，则企业旺。班组建设的一个重要使命，就是提高员工的整体素质，建设专业化的员工队伍，让员工与企业共成长、同发展。而班组长也要在建设活动中逐渐成长，最终成为懂技术、会管理的优秀基层管理者。

2. 班组建设的内容

班组建设主要有四个方面，即思想建设、组织建设、制度建设和业务建设。

（1）思想建设。

班组的思想建设属于社会主义精神文明建设的范畴。班组的思想建设应做到教育员工自觉坚持习近平新时代中国特色社会主义思想，坚持以社会主义核心价值观引领员工，深化"中国梦·劳动美"主题宣传教育，大力弘扬伟大民族精神和中华优秀传统文化，加强以职业道德为重点的"四德"建设，培育担当民族复兴大任的时代新人。要定期开好民主生活会，开展批评和自我批评，建设良好的班风，开展家访谈心活动，转化后进，表扬先进，开展竞赛，树立强烈的竞争意识和创新进取精神，使班组适应改革变化的新情况，为保证完成生产任务，建设物质文明提供精神动力。

（2）组织建设。

班组的组织建设是指班组长的选配，班组核心的组成、职责与任务，会议制度的合理组织、制定、贯彻、提高过程的总称。组织建设的基本任务有三个方面：一是选择思想好、技术精、业务熟、作风正、干劲足、会管理、有威信的人担任班组长，并推选事业心强、热心为群众服务、大公无私、技术水平高、有组织能力的人组成班组核心，在班组长的领导下，对班组生产任务的安排、责任分工、人员调配、生产技术管理、人员思想分析、奖惩制度制订等重要工作进行讨论，使班组长集思广益，确保指挥正确，并通过核心成员的作用，使班组全体成员同心协力完成各项任务。二是设立和健全工人民主管理员，制定其职责并发挥作用，明确其他班组成员的任务及职责，把班组工作落实到每个人，使班组工作制度化、程序化。三是健全班组会议制度，班组应召开哪些会议、什么内容、参加对象、主持人、会议日期等都要明确下来，并定期召开。

（3）制度建设。

班组规章制度是班组在生产技术经营等多项活动中共同遵守的规范和准则。班组制定、执行和完善制度的过程称作班组的制度建设。班组制度一般包括：岗位责任制、生产交接班制、经济核算制和质量、设备、工具、劳动、安全、思想工作、文化学习等方面的管理制度。班组规章制度虽然种类繁多，不同类型的班组各不相同，但都必须符合现代企业专业管理的要求，符合生产、技术和经济活动的规律。规章制度原则上是由企业统一制定，班组是企业制度的执行单位。近年来随着改革的深入，班组取得了制定执行企业规章制度实施细则的权力，这对于企业规章制度在班组的贯彻落实起到了重要推进作用，同时也为班组的制度建设提出了更高的要求。所以进一步抓好班组的制度建设，对于深化改革，增强班组活力，全面提高班组建设水平有着重要意义。

（4）业务建设。

班组的业务建设就是班组在生产、技术、经济活动中，不断学习和掌握各项专业管理技术，增强班组计划、组织指挥、协调和控制的能力，使企业各项专业管理工作在班组内得到落实，在这个过程中，班组自身管理素质也得到了提高。班组的业务建设包括班组的生产管理、技术管理、经济活动、质量管理、设备工具管理、劳动管理、安全文明管理、原始记录和台账管理、推进班组管理现代化等工作，它是企业各项专业管理的重要组成部分。班组进行这项工作时需要得到企业专业管理部门的支持、帮助和指导。同时，班组的业务建设是班组全员性的管理，体现了民主管理的思想，具有鲜明的中国企业管理特色。因此，要做到专业管理同民主管理有机地结合，才能使班组的业务建设取得显著成果。

和谐班组故事多

相国寺储气库集注站下设四个班组，巡检维护班有 16 名员工，负责相国寺储气库 13 口注采井、6 口监测井、18 口封堵井、60 多公里高压线、10 公里水管线的日常巡检、维护保养工作。

1. 故事一：没有差不多

2018 年 7 月，轮值班长钟代华在核对每日生产数据时，发现压力变送器压力值录入有异常，马上决定去现场检查压力变送器，一同前去的员工对他说："这个数据又不是很重要，差不多就行了。"一向和蔼的钟班长可不这样看，眼镜一抽严肃地说："变送器压力值的高低直接影响每日产量数据及输差，绝对不能有差不多的说法，态度决定工作的好坏，细节看出工作质量，咱们干就要干好呀，巡检工作可千万要细致呀。"最后，他带领大家多次进行变送器零位检查，反复吹扫导压管，直到压力数据值的零位误差恢复到正常范围值内为止。小小一件事，没有差不多。

2. 故事二：冬季保供背后的鏖战

储气库和常规生产井不一样，担负着战略储备、事故应急、季节调峰功能。2018 年 1 月 26 日，相国寺储气库集注站迎来新年首次降雪，气温从 4℃ 陡降到 −2℃，采气任务高达 1400 万立方米/天。这天，班组员工们坚持早早出门，按照巡检计划开始一天的巡检工作。巡检过程中手冻红了、脸冻青了、脚也冻僵了，雨雪打湿了衣服，但他们仍默默地坚持工作，一丝不苟地完成巡检任务。

雪越下越大了，夜晚的气温更低了。凌晨 1 点左右，手机铃声骤然响起，我睁开模糊的双眼接到中控室的电话："相储 1 井调节阀后压力下降显示不正常，需要现场处理。"我心里一惊：注采站冻堵了！我一骨碌爬起来整装出发，组织 2 名巡检班人员驱车赶赴现场。经过反复地烧水加热、吹扫和加注乙二醇解堵，通过远传数据对比，终于恢复生产。忙完才发现已经是凌晨 4 点。我和同事相视一笑，一颗心总算放了下去，互相想说点什么却发现已经冻得话都说不出来。为了保障安全采气，每年冬季采气期间，巡检班半夜出兵是常事，这才配得上"硬骨头班组"的称号。

3. 故事三：修旧利废、厉行节约

2018年4月注采转换期间，巡检班员工李长勇和庞源山在巡检时，发现集注站北段注气B线变送器内部零件生氯损坏，是修旧还是换新？两人一边商量着，一边汇报班长。班长管贞平回复："买个新的变送器要七千多，2号井场不是有一个外壳严重损坏的变送器吗？组装一下就可以了，能节约几千块。"于是两人齐心协力，完成整改。这个问题的处理方法得到了同事们的认可，也受到了集注站领导的高度赞赏。在巡检维护班处理故障、修旧利废、一岗多能的人才还真不少，为现场经费节约做出了很大贡献。

4. 故事四：集注站的理发师

集注站员工实行倒班制度，通常要半个月甚至一个月才能回家，平时都忙于工作，常常无暇顾及自己的头发，时不时地出现不修边幅、蓬头垢面的场景。一向注重仪容的钟科、蒲建两名退伍军人主动请缨，发挥退伍不褪色的高尚作风，自费购买了理发工具，义务为大家理发。为了保证理发质量，他们还经常组织大家交流眼下时髦的发型，确保让人人都满意。每月义务理发十几人，相国寺储气库的"理发师"由此而得名。一个小的举动让大家感受到温暖的归属感。

◆ 作者：储气库管理处相国寺集注站巡检维护班 管贞平

【思考】储气库巡检维护班的工作，是保证采输的关键节点，案例中"硬骨头"班组发生的四件小故事是怎样体现班组的和谐、责任与担当的呢？我们是否能够打造出更多这样的"硬骨头"班组呢？

【点评】班组的建设一直以来都是备受关注的重点，众多的班组也各有各样的特点，"硬骨头"的特征或许在很多班组都存在。在第一则故事中，钟班长的做法体现着石油人一丝不苟、精益求精、严以律己的可贵精神，这些正是一个领导者应该具备的珍贵品质。第二则故事中，不畏严寒，不问白天与黑夜，坚守巡检第一线，确保设备正常生产是"硬骨头"班组坚持不懈的努力。第三则故事中，变废为宝，节约成本，集中智慧能够办成大事，只有员工们都把班组当作家，才能有这样的觉悟。第四则故事中，为人民服务得形象体现得淋漓尽致，服务好大众的同时，也赢得了大家的称赞。

班组建设是科学与艺术的结合。班组长们既要有科学的管理方法，更要有过人的人格魅力与暖人的人情关怀。这些小故事不仅体现了员工的力量，更加表达了"五型"班组建设的智慧。

【链接】"五型"班组[1]

由于不同的行业、不同的生产特点和不同企业对班组的不同要求，"五型"班组的概念和内涵也不完全相同。在石化行业分别为"学习型""安全型""清洁型""节约型""和谐型"；在钢铁行业通常指"学习型""创新型""节约型""安全型""和谐型"；在电力行业通常指"学习型""创新型""技能型""效益型""和谐型"。在本书中，我们选取的是最早由"王海班"定义的"五型"班组，也是应用最为广泛的定义，即"技能型""效益型""管理型""创新型""和谐型"班组。一方面，由于它是企业在发展过程中所需要创建的，具有较大的共性和普遍性；另一方面，由"王海班"首创的"五型"班组定义相对而言也更具概括性，其内涵在很大程度上可以涵盖其他的"五型"班组。

---

[1] 崔生祥，赵敏. 现代"五型"班组的建设与管理实务. 北京：企业管理出版社，2016.

"失而复得"的荣誉

这个班组里,既有老员工,又有新员工;既有正式工,又有外聘工,这是一个在人员结构和员工个体特征方面存在较大差异的班组,班组里人心涣散,纪律松弛,成了人人眼中的烫手山芋。这个时候,领导让我来管理这个班组。

从参加工作起,我就在一线的岗位上扎根,创造了员工与班组一起成长的氛围。带好这样一个班组,是我不懈的追求。"善冲者用其勇猛,善跑者用其耐力,善柔者用其灵巧,善思者用其忠谋。"谈到班组用人,我一直信奉这样一句古话。

班组成员的思想动态决定着班组是否和谐稳定。为了掌握当前班组成员的思想动态,把准班组成员的思想脉搏,引领广大班组成员认真发奋工作,为公司的高质量发展贡献力量,我试着对班组成员的思想动态进行摸底。通过摸底我了解到:有些班组成员埋怨班长打压不努力,班长埋怨班组成员工作不积极,员工之间缺乏沟通、缺乏信任、缺乏默契。大家都抱着"破罐子破摔"的想法,班组氛围更是死气沉沉。为了更好更快地改变这一现状,就班组成员与班长在工作配合上出现的问题,我将"鲶鱼效应"理念运用到了班组长管理中:将四个班长作轮班分配,班组增设副班长,班组成员重新调配班组;利用优秀员工激起其他员工的积极性;改变绩效考核方式,由考核销售总量改为阶梯式考核销售量,并增设对考核成绩第一名和第二名的员工进行奖励。

经过一段时间的试运行,每个班组都有不同程度的改变:班组氛围活跃了,班组成员与班长沟通也顺畅了。事实证明,该做法颇有成效。在大家的共同努力下,我们成了一个人心齐、凝聚力强、战斗力强的主力班组。我们班组重新获得"五型"班组评选资格;2015年和2016年获川西北公司"先进站"称号;2017年度获西南油气田公司和华油公司"金牌班组"称号;2017年生产班组二班获川西北公司"先进生产班组"称号；2018年10月获西南油气田公司基层建设"红旗班组"称号。

一个企业的成功离不开每个员工的努力，更离不开员工之间的相互协作，这就是至高无上的团队力量。团队的力量是无穷的，可以完成个体无法完成的任务，还能创造无法想象的奇迹。作为企业的领导者，平时就要多注重培养员工的团队意识。如何才能做到这一点呢？首先要以身作则，其次要对员工加强团队意识方面的培训，最后，要求在评功论过时不要过分地强调某个员工的个人成绩。

◆ 作者：四川华油集团有限责任公司川西北公司新都CNG站 刘胜华

【思考】班组是企业的基石，亦是企业的缩影。从"重新获得'五型'班组评选资格"中，我们看得出，这是一个曾经很优秀的班组。从"优秀"到"烫手山芋"，这中间肯定是发生了什么；从"烫手山芋"到现在更大的辉煌，这中间又经历了那些标志性的事件，又做了哪些关键性的工作，才得以促成了这一更大的辉煌？

【点评】南非前总统曼德拉在狱中写成了他的自传《漫漫自由路》，书中说到"生命中最伟大的光辉不在于永不坠落，而在于坠落后总能再度升起。"这亦是我的座右铭。在这个世界上，没有人能百战百胜，没有谁是常胜将军。在漫长的人生旅途中，遇到艰难困苦、挫折失败都是不可避免的。大到一个国家，小到企业中的一个基层班组，莫不如此。

从"优秀"到"烫手山芋"，这其中的原因很多，我们不去一一分析，一言以蔽之，成功的班组是相似的，失败的班组各有各的失败之处。因为一个人的到来，让这个班组从沉睡中苏醒，重新获得"五型"班组评选资格及后面一系列的荣誉，终于赢回了原本就属于自己的荣誉和骄傲。这是一个不甘于落后的班组，这是一个有着优秀基因的班组，这是一个不凡的班组。

这一转变不易：首先是管理者看到了从"优秀"到"烫手山芋"这一事实，并痛下决心改变这一现状，挽狂澜于既倒，扶大厦于将倾。其次，管理者以身作则，员工不是听管理者怎么说，而是看管理者怎么做，如果管理者做到了"以身作则"，员工就会"不令则从"，如果管理者做不到这一点员工就会"虽令不从"。再次，注重培养班组成员的团队意识，人心齐，泰山移。最后，身体力行团队精神。一名称职的管理者应该是有困难时上，有荣誉时让，推功揽过，时刻以公司大局整体为首先出发点。

【链接】管理者工作之以身作则[1]

作为一名管理者，你的一言一行、一举一动对员工都具有教育性、示范性和影响力，时时处处都起着耳濡目染、潜移默化的作用，以身作则是形象化的教育，是实践者的行为，像无声的命令具有极大的说服力。

正如《亮剑》里的李云龙，他的武功比少林寺出身的和尚强吗？文化程度比北大毕业的政委赵刚高吗？武器比日本人先进吗？智慧比黄埔军校毕业的楚云飞更胜一筹吗？——都不是！那为什么士兵和老百姓愿意追随他，即使他那样粗鲁地骂人，被骂的甘愿挨骂、连掉脑袋都甘心情愿呢？其中最重要的原因之一就是：以身作则。在打仗的时候他没有说过一次"给我上"，而每次都是他冒着枪林弹雨，第一个冲上去，然后士兵们都疯了似地往上冲，这是因为李云龙做到了"以身作则"。

---

[1] https://wenku.baidu.com/view/eb5851dcd15abe23482f4dd9.html。

新任班长的成长记

虽然从小在石油大院长大,但除了知道父母的工作和自己家用的天然气有关系外,其他几乎一无所知。长大后,自己也成了一名采气工,远离城市的繁华和喧嚣,默默履职在一线岗位。日复一日,年复一年,才明白石油人这三个字背后满载的付出与奉献。

参加工作第三年,在单位培养和自身努力下,我成为了铁北101-X1井的班组长。忐忑是我最初的心理。作为石油大院里长大的年轻人,身边的同事,大部分都是叔叔阿姨级的。先不说工作能不能干好,人际关系能处得好吗?在长辈和同事面前,如何做得公平公正,怎样才算大胆管理,是不是能够管理得好一个班组?一连串的问题在脑海中回旋。

1. 新官上任,快速融入

班组长的责任是全方位的,要以确保井站安全生产和完成天然气产量任务为首要目标,同时班组的和谐也必不可少。端正自己的态度,认真贯彻"班组长就是井站工作的带头人、领头羊""一级做给一级看、一级带着一级干"的理念,新任班组长要把自己的位置摆正,把自己该做的事情做好、做细、做实。通过自己的实际行动得到班员的认可,让他们接纳自己,快速融入班组大家庭。

2. 严格工作,关心员工

铁北101-X1井人员配置为3人,班组员工年龄偏大。站上的一名女员工即将到龄退休。有一次作业区通知取气田水样,第二天带回做水样分析。由于当天她当班,我便顺口将这项工作安排给她,结果第二天车辆进大门,水样还没取。我二话没说,先完成作业区安排的工作,然后责备了那位员工:班组的事是大家的事,取水样是一件小事,你为什么不能按时完成呢?事后,班组的另一名员工向我说明了情况。原来那位女同事患有比较严重的类风湿，手关节开始轻微的变形，走路时间稍长就比较吃力，取水样这样需要操作工艺流程的体力活对她来说就更是吃不消了。我为自己不了解班组员工的个人情况自责，在向她道歉的同时，也向班组作出承诺，揽下了她在班组的所有体力活。

在后来的工作中，我根据每个人的特点安排相应的工作。班组互帮互助，人与人之间相处愉快，各项工作也随之开展得有条不紊。

3. 保持沟通，做好示范

2016 年，班组调来了一名新员工。在刚开始的一周里，我能明显感觉到她在工作中缺乏主动性。闲聊之余，我发现她是部队转业回来的。按理说行伍出身的人应该有很强的纪律性和服从性。通过这个特点，工作中先是"我做她看"，经过熟悉后发展成"她做我看"。生活方面我更是发现各项事情她都可以出色地做好，但还是在自觉性方面有所欠缺。接下来的事务中，我通过问答和实践等方式，从我带头她跟着，到后来发展成为一起做、主动做，极大地提升了她的自觉性。

每周的班务会上，我会让大家畅所欲言，积极采纳好的建议。过程中我不断改进对班组的管理方式，与大家共同努力，让班组各方面的不足得到更好的改善，把班组建设融入每个员工的心里。

我的管理理念就是"一家人、一条心、一股劲"，只有把班组当成一个家，在生活和工作中以对待家人的方式对班组成员进行沟通，才能开心地工作、愉快地生活，班组才会更加团结、和谐，并凝聚强大合力。

◆ 作者：川东北气矿达州采输气作业区铁北 101-X1 井　胡君伟

【思考】作为一名新任班组长，年轻是一种资本，但也是一种挑战。在面对都是自己长辈的班组成员，我们该如何得到班组成员的认可，快速融入新的团队？如何把业务工作做好的同时，处理好人际关系呢？如何言传身教提高员工的自觉性？

【点评】作为新手班组长的胡君伟在面对这样一个年龄结构偏大的班组，他的表现值得借鉴。常言道：新官上任三把火。他的火不是烧在员工身上，而是自己身上。对自己的政治站位要求高了，工作态度要求更严格了，工作目标责任更清晰了。通过自己的实际行动赢得了长辈员工们的青睐和接纳，为今后的班组建设迈出坚实的一步。年轻领导者在处理事情的时候，对各方面因素常常会考虑不全面。懂得如何发挥每位员工特长的同时，也要注意关注和避免员工的不足，想办法解决因此带来的影响，尊重每一位员工。随着经验的累积，胡君伟在面对转业军人的时候，充分运用了因材施教的方法，言传身教，一步步、一招招地把员工的工作自觉性培养起来。因为工作自觉性的提高，班组的凝聚力更强了，班组建设取得了可喜的效果。

【链接】因材施教[1]

有一次，孔子讲完课，回到自己的书房，学生公西华给他端上一杯水。这时，子路匆匆走进来，大声向老师讨教："先生，如果我听到一种正确的主张，可以立刻去做吗？"孔子看了子路一眼，慢条斯理地说："总要问一下父亲和兄长吧，怎么能听到就去做呢？"子路刚出去，另一个学生冉有悄悄走到孔子面前，恭敬地问："先生，我要是听到正确的主张应该立刻去做吗？"孔子马上回答："对，应该立刻实行。"冉有走后，公西华奇怪地问："先生，一样的问题你的回答怎么相反呢？"孔子笑了笑说："冉有性格谦逊，办事犹豫不决，所以我鼓励他临事果断。但子路逞强好胜、办事不周全，所以我就劝他遇事多听取别人意见、三思而行。"

管理者其实与教育者有着很多相似之处，因材施教的典故相信对于我们的班组建设也会有意想不到的巨大作用。

---

[1] https://baike.baidu.com/item/%E5%9B%A0%E6%9D%90%E6%96%BD%E6%95%99/2128920?fr=aladdin。

桂花馒头

《易经》有云：天时不如地利，地利不如人和。在大力构建和谐社会的今天，和谐班组建设，是整个和谐企业建设的"细胞工程"，而和谐班组建设需要和谐文化的支撑。一个班组的和谐，本质上体现了员工对和谐文化的认同。从"以和为贵"的处世哲学，到"和而不同"的张扬与包容；从"天人合一"的自然意识，到"协和万邦"的国家观念，这些传统的和谐文化理念，正是构建和谐班组所需要的重要组成部分。

黄龙场增压站甲班班组，由6人组成，年龄从20多岁到40多岁，大家有着不同的人生经历和不同的文化背景。班组通过人文精神的倡导，注重人道的关怀、人性的理解、人格的健全，极大提升了管理效率，营造出了良好的和谐氛围。班组多次获得分公司"红旗班组"荣誉称号。

同事C是江苏人，毕业后参加工作来到了离家很远的大巴山区。他说在四川工作，什么都好，唯一就是辣得有点不能接受。四川人的菜谱上什么都有辣椒，水煮肉片辣、鸡丁辣，连炒个青菜都要放一把干辣椒，怎能不辣。

他刚调到我们班组的时候，为了欢迎他，第一顿饭全体班组成员是八仙过海、各显神通。辣子鸡丁、麻婆豆腐、水煮鱼、麻辣虾等摆了一桌子。可我发现，他吃得最多的却是早上喝粥的咸菜。我心里便有谱了，自打那以后，每顿饭炒菜前我都要叮嘱厨房放辣椒前单独盛一份出来给他。日子久了大家都很自觉地照顾这位远离家乡的小弟弟。一位同事是老大哥，什么事情都想得特别周到。他看到站场内栽种的桂花树开花了，便主动要求大家来一场摘桂花比赛。桂花用来给不吃辣的同事C蒸桂花馒头。大家都兴致勃勃地参加了这场比赛，晚上一起为同事C揉面做桂花馒头。

虽然远离家乡，但是当一个个雪白的桂花馒头出炉时，同事C感动得都快落泪了。他说，原以为在四川工作会特别不习惯，结果碰到我们这一个和谐的班组，这样一群和谐友爱的同事，这简直就是在家里嘛！

在我看来，和谐班组，不是一种称号，它是一种感觉，是组员之间的一种默契配合，是当困难挡住你的去路，立刻有一双双援助之手伸来；是同事拍拍你的肩膀，说道"别太累了，休息一下，那件事情我去做。"这就是和谐，一点一滴都是那样让人感动！我们已然把班组当作了另一个家，把同事当作家人，和谐的班组就是我们和谐的家。

◆ 作者：川东北气矿宣汉采气作业区黄龙片区中心站 周星合

【思考】班组的和谐成为班组建设的重要目标之一，然而班组成员之间文化层次、地域、年龄和经历等因素的不同，导致班组和谐建设困难重重。在这样的情况下，班组长们该如何营造班组和谐氛围呢？

【点评】现代"五型"班组的建设要求中，其中一个便是"和谐型"班组。一个和谐的班组离不开班组成员之间的相互帮助和关爱，这不仅要求当员工处在危难时刻时，班组的其他员工会挺身而出，主动帮其排忧解难，也体现在日常生活和工作中的互帮互助，譬如说经济上的困难、由于知识缺乏或技能水平较低形成的困难时的互助，甚至饮食、穿着方面的文化差异的包容。因此，和谐班组建设要倡导互帮互助，更需要团结合作。团结就是力量，班组成员团结才能战胜一切困难。团结一心，班组才能更和谐，更有活力和生机，自然班组战斗力也才更强，才能创造更可观的效益。

【链接】"王海班"的和谐建设[1]

全国著名的优秀班组"王海班"，友爱互助就是它的一大亮点。在"王海班"员工的心中，班组就是家，一人有难、大家相助在"王海班"已成为一种风气。

"王海班"在日常管理中就十分注意将以人为本的理念落到实处，通过"团

---

[1] 崔生祥，赵敏. 现代"五型"班组的建设与管理实务. 北京：企业管理出版社，2016。

结、和谐、互助、快乐"八字思想工作法，凝聚了人心，将班组变成了"情理交融"的职工之家。

"王海班"的每名员工谈起自己的集体时都充满了感情，他们认为虽然班组纪律严明，但因为实行亲情管理，所以都有一股强烈的"家庭感"。一次班上的一名员工上班迟到，班上按制度对他进行了罚款，但班里并没有简单罚款了事，而是用罚款给这名员工买了一只闹钟，班长将闹钟交给这名员工时说："罚款变闹钟，相信你不会再迟到了。"这名员工从此始终坚持早来晚走，再也没有迟到过。他们创建"和谐型"班组的主要经验是：团队讲齐心，工作讲热心，互助讲爱心，处事讲公心。

不做班组小保姆

班组的发展离不开每个班员的辛劳付出，但是人都有惰性。很长一段时间里，有些员工就存在只需要做好自己上班的日常工作就好了、其他事情有班长就行了的心态。针对这一现象我想了一些办法，最后决定把班组的一些难点、痛点问题摆到桌面上，让大家一起想办法解决。这样既能集思广益，又能增加员工的积极性。

这天，我组织大家开班组会，总结近期工作做得好和不足的地方。当说到每次雨后管线上总是留着一团团黑黑的油渍很难清理时，员工甲说："用洗洁精倒在半干的抹布上试试吧。"员工乙说："用金属清洗剂吧，那个去污能力强。"员工丙说："咱们不是发了那个沥青清洗剂吗？用那个应该也可以吧。"我最后决定着"好，咱等下就去一一试验一下，看看哪一种能又快又好的把油污祛除干净。"

在试验之后，大家沮丧地发现，这三种方式都不能很好地把油污祛除干净。这时员工丁说道："既然都是油污，要不然我们用威猛先生油污净试一试吧。"大家一听好像是这个道理，于是就有人飞奔到厨房拿了一瓶威猛先生来。大家郑重其事地将它喷在油污团上，然后目不转睛地注视着，只见油污被慢慢地分解，顺着管线往下流，最后用半干的毛巾一擦，管线上光洁如初，哪里还有半点之前黑漆漆的样子。大家如获至宝，兴奋不已，每个人心中充满了成就感。

一件小小的事，是大家齐心协力开动脑筋想到的解决办法。所以，一个好的班组管理者并不是当一个班组的保姆，而应该是一个引导者。引导员工发现自己的长处，发扬自己的长处，引导员工积极向上。这样自然就能形成班组建设的一个良性循环。

◆ 作者：四川川港燃气有限责任公司南充公司储配二站 唐 瑜

【思考】在现实中，有很多班组员工总是想着干好自己的一亩三分地，缺乏集体荣誉感，而班组长也常常充当救火队或保姆的角色，哪里需要补哪里，导致班组长工作异常疲惫。那么，作为班组长的我们该如何引导组员常为集体着想、互帮互助，提升员工集体荣誉感呢？

【点评】班组应该是一个有机整体，每一位成员都是班组中必不可少的重要部分。班组的执行力强弱取决于班组成员的凝聚力，而凝聚力的集中关键在于班组中每一位成员的集体荣誉感，能否牺牲小我成就大我，能否互帮互助，能否冲锋在前。我曾经见过很多班组长，他们在凝聚班组成员集体荣誉的做法中，无一不是采用了引导式的、群策群力的办法。班组长需要强大的组织力，将看似一盘散沙的每一位员工链接起来。有时通过遇到问题群策群力的办法，将集体的智慧激发出来解决难题，让成员在这个过程中感受到自己被组织需要，获得尊重感，以提升组织凝聚力和向心力。这样班组长在今后的工作中不再是临时救火队和保姆的角色了，班组管理效率提高了，工作任务高质量完成了，班组也更有人情味了。

【链接】汉屈群策，群策屈群力[1]

西汉时期著名的文学家杨雄以文章辞赋见长，受到世人的称赞。后来他转而研究哲学，也取得了斐然的成绩。他模仿孔子《论语》的形式，写了《法言》一书，其中《法言·重黎》这一篇文章讲述了历史上著名的汉王刘邦与西楚霸王项羽争斗的情形。在楚汉战争中，西楚霸王项羽拥有较强的兵力，但却被实力相对较弱的汉王刘邦包围在垓下。项羽奋勇杀出重围，逃到乌江边时，随行的只剩28名骑兵了，而身后却有成千上万的汉军追杀过来。项羽知道已经无路可逃，只得感叹："这是老天爷要灭我啊！"然后拔剑自杀了。杨雄反对把战争的失败归结于天命。在《法言·重黎》中，他阐述了自己的观点："汉王刘邦善于采纳众人的计策，众人的计策又增强了大家的力量；而项羽不同，他不虚心接受大家的意见，只依靠自己的勇猛鲁莽行事。善于采纳众人的计策就会胜利，而只凭借个人的勇猛就会失败。这其实与天命没有任何关系，项羽的感叹其实是错误的。"

---

[1] https://zhuanlan.zhihu.com/p/94294666。

台历里有最美的自己

团队凝聚力是一个集体战斗力的体现,怎样发挥班组中员工特长,展现员工风采,凝聚团队精神?请看中 20 井中心站井站摄影小组自制台历贺新春的故事。

"嘿,这个不是斌斌吗!在参加今年重塑石油形象的演讲比赛!"

"对啊,看,这是秀秀、魏哥、伟哥,正在做管件组装呢!"

"还有我呢,在党支部活动阵地启动会上。"

"艳子""水哥""张老师""李庆"……一个个熟悉的名字从同事们口中娓娓道来。

此时的中 20 井中心站值班室欢声一片。就在大家七嘴八舌、热烈议论之时,一直不发言的我微笑着为大家解答台历的由来。"这是我们摄影小组用一年业余时间自行采风、设计、制作,为大家精心准备的新年礼物,礼物的名字叫:最美的自己!"

12 张精美图片配上别致的相框、简短的文字,讲述了 2017 年 12 个精彩的故事。井站迎新春运动会,快乐一家人;重塑石油良好形象演讲,感恩企业;"三个一"岗位练兵,成就炎炎夏日里采气专业奖牌丰收;党旗前庄严宣誓;大修现场、寒冬夜里履行承诺。点滴的故事再现,让我们感慨精彩故事中原来有你有我。

看着同事们对放在电脑桌前爱不释手的台历,我心里清楚,这一份不舍更多的是惊讶自己成为台历中故事的主角。一瞬间,曾经那些为此拼搏时流下的汗水与眼泪,一切都那么珍贵。作为参与者的我心里更加清楚,井站精心准备这份礼物的背后,是摄影小组几个月辛勤地付出。这些故事的背后,有对今年圆满完成任务的欣喜,也有对明年的无限展望。它让我们不忘初心,秉持对工作的热情,满怀石油人的骄傲，在自身岗位上发光发热。它也是为了让大家通过这本精美台历，把握好生活的节奏，明确时间管理，铭记石油企业的宗旨和安全理念，踏实践行石油精神，不断提高自身素质，坚实立足于岗位，认真践行"我的岗位我负责"的庄严承诺。

小事中往往蕴含着大道理，只要认认真真做好每一件小事，工匠精神就会体现出来。一本小小的台历让员工看到了最美的自己，拉近了心与心的距离，凝聚的是无穷的战斗力。

◆ 作者：川西北气矿江油采气作业区中20井中心站 朱 霞

【思考】班组建设中，非常强调班组凝聚力的建设。有些班组管理涣散，人心不齐，究其原因是怎样的呢？案例中的那本小台历又能给我们怎样的启发？

【点评】在"五型"班组建设中，"和谐型"班组是众多班组员工追求的组织类型。"和谐型"班组的典型特征就是团结友爱，互帮互助，沟通顺畅，凝聚力强。"和谐型"班组的建设最重要的是要重视营造班组和谐文化氛围，注重营造班组和谐情感氛围。两者是相辅相成，相互促进的。班组管理涣散、人心不齐很大原因在于班组和谐文化氛围不浓厚，员工之间，上下级之间没有情感交集。案例中的班组通过记录大家辉煌的点滴，并制作成小台历作为新年礼物送给大家的方式非常普通，但往往最能够暖人心怀，不是因为这些画面多珍贵，而是制作的人对你的用心。班组还可以通过定期举办集体活动，创建文化墙，精心营造班组文化圈，号召大家记录感人事迹，编制《班组文化故事》等方式，营造班组和谐文化氛围和情感氛围。

【链接】员工关怀

员工关怀的方式有很多种，以下是几种较为常见的方式。

（1）生日庆生会。记住班组成员的生日，在生日当天，利用班组活动经费用准备生日卡片、生日蛋糕，有条件的还可以举办一个简单的庆生仪式；组织同事送祝福；用相机留存温馨的时刻，分享在班组看板或者网络空间上。例如，某班组在员工生日或者有重大喜事的时候，班组赠送祝福卡片一张、巧克力一盒，同时由班组成员在公告栏上写上祝福问候，并留下所有同事签名，以此增强员工归属感、提升满意度。

（2）家庭关怀。关心班组成员的家庭生活状况，对有家庭困难的适时给予帮助和支持。

（3）员工生病慰问。关心班员的身体状况，如有班员生病，发短信或者打电话慰问，也可以组织同事一同去探病，让班组成员感受到集体的温暖。

27 个茶杯

处理完仪表故障回到班里，捧起茶杯，一口热茶"按下"燥热，我再次端详起杯子来。尽管已经使用了几年，杯子上的老虎依然威猛，旁边"虎啸风声远，龙腾海浪高"的对联依然清晰。

曾经，我们班组里有27个这样一模一样的茶杯，它们被捧在27个兄弟姐妹们的手中。

2011年3月，原甲醇厂仪表维修班的9名员工即将分到我所带的天然气净化厂仪表维修班。得到这一消息后，我立即着手准备迎接他们的到来。

如何让新来的员工尽快融入班组呢？我不禁陷入了沉思。

就在那之前不久，我发现班上同事们的茶杯高高矮矮、五颜六色，不管怎么摆放都是参差不齐，"乱糟糟"的。我建议大家换成规格、颜色相同的杯子，但此话一出就被一些员工拒绝了。

为什么会这样呢？我认真分析了一下，原因应该有以下两个：一是大家不愿意自己掏钱买；二是不愿意改变已有的习惯。我反复琢磨，终于想出一个激将计划。

我开始每天给大家讲换茶杯的事，但只要有人提出让我出钱买单时，我就坚决拒绝。一次、两次、很多次后，我"极端吝啬"的表现让大家"认识"到我绝不可能自己掏钱给大家统一买茶杯。

又过了几天，有位员工再次用"你给我们买就换"来拒绝换茶杯时，我呵呵一笑道："好"！然后立即回到自己的工作间，拿出18个新茶杯分发给大家，这下大家傻眼了。

这是我在几天前的一个晚上，专门购买的有着特别意义的陶瓷杯。茶杯上的老虎和对联，寓意我们班是一个不怕困难、特别能战斗、朝气蓬勃的班组。从此，班上每个人都用上了统一的白色陶瓷茶杯，而且摆放非常整齐。

即将成为班组成员的9位兄弟姐妹,他们因工厂关停,已经承受了很多压力。我想,一定要让大家在新的环境里开心工作,快乐生活,尽快融入我们这个大家庭!

于是,我立即产生了一个念头:给他们每个人也买一个同样的茶杯。当天晚上我又去了商店,在没有现货的情况下,恳请老板从成都给我购回了同样的杯子。

第二天我调整了工作间,专门为即将到来的9名员工安排了最大的一间,给每个人准备了一套桌椅、一个资料柜、一个工具柜,还带着大家把房间收拾得干干净净、整整齐齐的。一切井然有序!

2011年5月16日上午,9名员工到班组报到,当看到为他们准备好的房间时,突然安静了下来。特别是在得知杯子是我自己掏钱购买的后,原甲醇厂仪表班老班长刘建春激动地紧握我的双手:"好兄弟,你没有把我们当外人……,我代表大家感谢你!在今后的工作中,我们一定好好干!"

至今,时间已经过去多年了,刘大哥也已退休。但是,让我欣慰和自豪的是:他们的工作间一直保持着原样。

作为一名班组长,在任何时候都要为班员多想一想,多为大家做点实实在在的事。要视班组为家庭,视班员为亲人,时刻关注大家情绪波动和心理变化,及时疏导,及时帮助解决工作和生活中的困难,让班员对班组有家的感觉,努力构建和谐温馨家园!

◆ 作者:川西北气矿天然气净化厂仪表维修班 鲁大勇

【思考】构建和谐班组,团结凝聚员工是广大班组长们梦寐以求的目标,构建和谐班组你有什么样的做法呢?

【点评】作为一个班组长,任何时候把员工的事情摆在心里、放在首位是暖人心、聚人气的关键。在班组这个大家庭里,班组长就是员工们的家长,关照大家,服务大家,引领大家,代表大家的意志。案例中鲁班长用自己的行动改变着大家的行为习惯,用自己的真情打动着新融入的员工,让他们彼此相知、相亲、相爱，花自己的钱为大家配备统一的茶杯，带领大家为新员工们准备工作间，看似小小的举动，无一不深深地印刻在员工的心中，若干年都不磨灭。诚然，我们在管理班组的时候，不能一味地只关注班组工作，把班组员工的心也关注到位，才能凝聚更多人心，团结更大力量，迎接更强挑战，实现更高目标。

【链接】情感和谐[1]

一个情感和谐、关系融洽的班组能抚慰员工的心灵，能鼓舞他们持之以恒的干劲，能增强班组的凝聚力和员工对企业的归属感。因此，在班组建设和管理过程中，要真诚地善待员工，注重与他们的情感融合，通过开展丰富的班组业余休闲、文体活动，通过班组长日常工作中的关心指导，通过同事之间的工作沟通、帮助、支持和体谅，在班组内和各工序之间都能建立起和谐互助、理解互信的情感氛围，让员工们在情感融洽的班组氛围中更加心情愉悦、精神抖擞、干劲饱满地投入到工作中去。班组长充分调查了解和引导员工的发展需求、梦想及个人目标等，把他们的目标和发展梦想与企业战略愿景密切对接，鼓舞和激励员工与企业共发展、同成长。

---

[1] 党建锋.营造班组和谐氛围 奠定企业发展基石[J].军工文化，2012（2）：85。

新晋站长的我，慌了！

2007年初广安作业区成立，全面开展广安须家河油气藏勘探开发工作。我从盐亭采油气作业区调至广安采油气作业区，由一名井站员工初次担任集气站站长。说实话，我真不愿也不敢当站长，因为有畏难情绪，怕不会管、管不了。

3月，作业区生产副经理带队到站上检查考核，提出"入场安全告知"不熟悉、《设备维护保养记录》填写不全等问题。

5月，我由兴华一井集气站调至广安2集气站。广安2井是广安须家河油气藏发现井，其重要程度不言而喻。如何管理好井站，圆满完成各项工作任务，是我急需要解决的难题，那真是"更慌了"。

接下来，在完成工作任务的同时，我经常到另一个集气站向站长师傅请教。师傅问我："你起到带头作用了吗？对每位班组成员都一视同仁吗？""你了解同事吗？他们有什么特长、优点你知道吗？""你有梳理工作内容，制定工作计划吗？""你有完成'上传下达'工作吗？""你有组织班组集中讨论学习吗？""你有组织班组成员开展集体活动吗？"……师傅一系列的提问点醒了我，原来班组长需要从这么多方面入手，才能做好班组管理，当好班组长。

我带着问题及经验回到广安2集气站，与班组成员一起梳理工作。每天交接班时检查大家工作完成情况，提醒当班人员当日工作重点；每次岗长会后，第一时间组织大家集中讨论学习，及时将作业区及上级要求传达给每位同事，并在班组活动记录上签字确认；根据集气站工作特点，有效制定工作计划，落实到人，做到工作有条不紊；在休息时，组织年轻浮躁的同事踏青，组织稳重的师傅们开展厨艺小赛、科普知识竞赛等活动，做到工作、生活两不误。通过磨合，增强了班组凝聚力、积极性、执行力。虽然我还有很多小毛病需要改进，但始终处于不断进步的状态。

在2007年油气矿先进班组评比中，广安2集气站被评为"矿先进班组"，我个人获得作业区"优秀班组长"的称号。

俗话说：打铁还需自身硬。其实，要管好一个班组并不难，不是不可为，就怕不作为；要当好一名班组长也不难，应具备有抱负、有追求、有目标，有紧迫感、危机意识，主动意识等特性。总之，班组长作为带头人，应身先士卒，只有不断加强专业业务技能的学习，提高自身政治思想素质和文化素养，充分发挥自己的优势，带动班组成员共同进步，才能确保安全生产、完成好各项生产工作任务，实现企业治理目标。

◆ 作者：川中油气矿南广采油气作业区管护班 彭 涛

【思考】如何让自己从新任班组长成长为一名优秀的班组长是大家一直热切关注的问题。对此，你有什么感悟吗？

【点评】班组长作为班组的核心，其作用不言而喻。在如何成为优秀班组长这个老生常谈的问题面前，每一位班组长都有自己的心得。案例中班组长做到了优秀班组长具备的"做事身先士卒，待人一视同仁，贴心了解员工，清晰工作内容，完整工作计划，及时上传下达，引导集中学习，开展集体活动"等特定行为。因此，在长期坚持下，最终把班组管理得井井有条，工作高效有序，成为一名有抱负、有追求、有目标、有紧迫感、危机意识和主动意识都很强的优秀班组长。

【链接】目标管理[1]

目标管理是由美国管理学家德鲁克于20世纪50年代提出，被称为"管理中的管理"。一方面强调完成目标，实现工作成果；另一方面重视人的作用，强调员工自主参与目标的制定、实施、控制、检查和评价。目标管理在组织内部建立

---

[1] 陆雄文. 管理学大辞典[M]. 上海：上海辞书出版社，2013。
刘永芳. 管理心理学[M]. 北京：清华大学出版社，2008。

了一个相互联系的目标体系,而这种体系把员工有机地组织起来,使集体力量得以发挥,同时目标管理的实行就意味着组织管理民主化、员工管理自我控制化、成果管理目标化。于是目标管理事实上是一种总体的、民主的、自觉的和成果的管理,这也正是目标管理的魅力所在。

"三板斧"，榜样是干出来

2017年9月接到调令，在忐忑与兴奋中，我来到了作业区的"功勋井"——蓬54井，准备接任岗长一职。

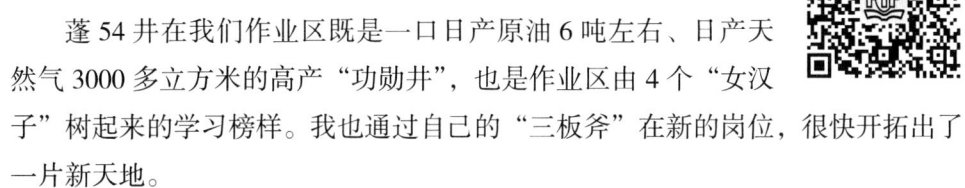

蓬54井在我们作业区既是一口日产原油6吨左右、日产天然气3000多立方米的高产"功勋井"，也是作业区由4个"女汉子"树起来的学习榜样。我也通过自己的"三板斧"在新的岗位，很快开拓出了一片新天地。

1. 第一板斧：正人先正己，打铁还需自身硬

可能作业区也担心我这个只有低小产井工作经验的岗长，不一定能在"榜样井"中当好榜样、带好队伍，提前一个月就让我赶在原岗长退休前，跟班学习。为了尽快融入队伍，熟悉流程，摸清4个"女汉子"的工作方式和脾气秉性，我最大限度地放低了身段，当起了老岗长的学生，做大姐们的好妹妹，虚心请教，听她们说"我们是怎么干的"，不断优化自己工作的方式方法。工作抢着干、主动干、加油干，买菜、煮饭、洗碗一样都不落后于人，很快我便赢得了她们的认可，当起了第5个"女汉子"，一个月后，顺利接过"功勋井"的大旗。

2. 第二板斧：敞心扉、树榜样，营造和谐氛围

俗话说"士为知己者死，女为悦己者容"。接任岗长后的第一次班组会议上，为了加深班组员工对我的了解和理解，我首先详细介绍了自己的管理风格，坦诚地和她们进行了交流，从别人视角充分了解自己不足。同时，也根据老岗长的介绍和自己一个月来的观察，对其他几位成员的优点和长处，进行了激励性的表扬，希望她们能发挥所长，积极建言献策，参与管理，帮助我弥补不足，让她们强烈感受到被尊重和信任，极大地拉近了彼此的距离，强化了团队的合

作共事氛围。

3. 第三板斧：身先士卒，强化榜样的作用

新工艺、新流程对班组里几位都将在近一两年退休的大姐姐们来说是缺乏吸引力的，学起来慢，做起来仍习惯"老一套"，习惯"我们原来怎么做的"，没有常学常新的观念。为此，我一方面加强自己在专业知识方面的学习，力争在最短的时间学懂、弄通、做实，并用最简单、最通俗的语言向她们讲解操作要领，示范操作技巧，努力推动和营造学习氛围。在搞好班组集体学习的同时，我还积极参加作业区各类技能比赛。2018年的技能竞赛获得了最佳理论员，班组也被油气矿评为金牌班组，个人和集体取得的成绩和荣誉，既得到了班组员工的认可，也让她们有了学习的动力，认识到了"原来怎么做，未必科学合理"，在知识和工艺不断更新的情况下"该怎么做"才更为重要，甚至还上演了一出"三个臭皮匠赛过诸葛亮"的技改大戏。

2019年初，为强化设备维护保养工作，确保设备安全可靠地运行，作业区要求对设备连接件、阀门密封圈、压盖、法兰连接螺栓等活动部件进行除锈、除漆，必须露出本色后，再进行润滑维护保养工作。这个要求说起来简单，做起来还真不容易。在缺材少料的情况下，大家集思广益，有的上网查询、有的向同行请教，边做边摸索，越做越有劲，越做办法越科学。比如：井口阀门丝杆套筒里面锈蚀严重，我们就将套筒逐一取下，经过除锈、清洗、打磨、晾干、喷漆、上油等工序，同时就地取材，将矿泉水瓶子裁剪后造型，加入套筒做衬套，不仅美观还防止雨水浸入，有效地保护阀门丝杆不受腐蚀。大家的努力得到了认可，辛苦没有白费，作业区要求其他井站的除锈工作都向我们站学习，以我们的设备保养效果图为检查标准。

班组长是最基层的一线管理者，工作中要花大量的时间和精力与人打交道，这也是最考验班组长管理效果的地方。班组，是单位最小的细胞，是做具体事务的地方，要调动员工的积极性、能动性，不需要太多的大道理。班组长不能仅靠"坐而论道"，关键是要"起而行之"，在"行"中树立威信，在"做"中让人信服。最终，才有喊出"跟我冲"的底气。

◆ 作者：川中油气矿射洪采油气作业区蓬54井　刘小兰

【思考】新任班组长如何在班组管理中树立榜样,做好"坐而论道,起而行之"?

【点评】班组长在新任之初总是要面临各种严峻的考验。领导对自己的期望与担心,下属对自己的质疑与不服。想要在新的班组中树立成功的榜样,做好"坐而论道,起而行之"绝非易事。但是,从案例中我们可以学到,做好这几点或许能够帮组自己更快地树立起威信,便于班组管理工作。

(1)改变思想。上任之处就要改变别人的思想实属不易,但是改变自己的思想切实可行且极有必要。

(2)开展工作。认清和分析形势,缓慢变革,不急于成,但也要早出成绩,深刻吸取失败的教训,及时纠错。

(3)明确自己的职责。作为管理者,需要清楚自己的双重职责,一是管理好团队,另一个是管理好团队所处的网络。

(4)带人先带心。要带领团队完成工作,光有身先士卒和自身技术过硬的本领是不够的,还必须学会尊重每一位员工,所谓带人即带心,直到下属对自己形成归依和期望。

【链接】知行合一[1]

知行合一是由明朝思想家王守仁提出来的,即认识事物的道理并在现实中运用必须紧密地结合起来。知是指人的知识,行是指活动实践。知行合一是中国古代哲学中认识论和实践论的命题。中国古代哲学家认为,对于任何一件事,不仅要认识("知"),而且还应当实践("行"),把"知"和"行"两者有机地结合起来。

---

[1] 出自《汉典》。

脚跟站得稳，拳头打得硬

班组日常管理中，思想政治工作与安全生产应当是"脚"与"手"的关系，只有思想政治工作的"脚跟"站稳了，安全生产这个"拳头"打出去才有力量。

优秀的团队，必须有过硬的思想作保障。雷一总站坚持以"亲情关爱"为着眼点，突出抓好和谐团队建设和思想作风建设，增强情感凝聚，以"学习型"靠"钻"、"安全型"靠"严"、"清洁型"靠"细"、"节约型"靠"抠"、"和谐型"靠"夸"作为班组创建"五型"班组的措施，引导员工行为，以文化凝人心、聚合力，上下拧成一股绳。

当严格的管理触及员工利益时，大家往往会有解不开的"结"。2019年一次月度业绩考核时，巡井班有位女同志因无故未能参加班组的交接班会议，业绩分被扣15分。事后她抵触情绪大，3天不愿上班，把满腹的牢骚和怨恨发泄到我的身上，还邀约磨溪地方上的"朋友"，扬言要"修理"我。

我听说这情况后，及时跟作业区领导进行汇报。认真分析后我们发现：思想观念没有转变是这位员工思想的症结，长期习惯了"平均主义""大锅饭"的分配，这次业绩考核被扣分，不仅使其减少收入，更重要的是没有"面子"，接受不了。

为此，我多次与这位员工先交心、后谈心，再强调制度的刚性，同时还做了她爱人的工作。

通过摆事实、讲道理，使这位员工心悦诚服，不但理解了站上的考核制度，稳定了情绪，还把考核压力转化为动力，同年出色地完成了某项工作，受到了作业区的奖励。

在日常思想政治工作中，我主要通过上班时看情绪、干活时看干劲、吃饭时看饭量、下班时看效果、开会时看发言、平时看表情等几个方面及时掌握员工的思想动态变化，并采取定期谈心、一对一帮扶等有效措施，切实解决员工工作、学习、生活中的问题和困难，使其放下思想包袱安心工作，消除了员工因不良情绪可能导致的安全隐患。

总站员工中，除了站长外的11人全部都出生在1985年之后，年纪轻、思维快、爱上网是这个年龄段的员工常有的特点。我充分利用互联网方便快捷的优势，建立了班组QQ群、微信群，组织大家活动和交流。开展初期，员工参与度较低，为此，我通过群内签到考核、发放小红包、知识问答等形式，提升了群里大家交流思想的热度，营造了活跃的班组氛围。

同时，我们还通过开展"党员安全责任区""今天我是安全员"等活动，全员参与安全管理，使安全生产意识深深扎根在员工心中。

班组长是兵头将尾，工作涉及方方面面，不仅要抓生产，管安全，更重要的是会做思想政治工作。我常说"愿意让思想好的人来学技术，不愿让技术好的人来学思想"，就是这个道理。班组管理只有始终坚持"抓生产从思想入手，抓思想从生产着眼"，班组管理这盘棋才能下"活"，不然就会走向"死胡同"。

◆ 作者：川中油气矿遂宁采油气作业区雷一总站 陈本学

【思考】思想政治工作如何在班组管理中激活员工，促进班组安全生产？

【点评】"抓生产从思想入手，抓思想从生产着眼。"这句话，很好地诠释了思想政治工作与班组生产相辅相成、相互促进的关系。作为国企，不仅承担着国家经济发展的重要责任，同时担当着社会民生效益的重要使命。思想政治工作是一切生产工作的基础前提。思想政治工作的要从班组文化建设、党员党性修炼、安全意识培养等各方面入手，坚定员工思想与党和国家保持一致，牢固树立正确的三观，激发自主生产、安全生产的积极性，从根本上改变员工各种消极怠工的思想陋习，全面改善班组生产管理，提质增效。

【链接】党指挥枪[1]

党指挥枪的原则，是人民军队建设的根本原则，是在以毛泽东为代表的中国

---

[1] 中国军事百科全书编审室.中国大百科全书·军事[M].北京：中国大百科全书出版社，2007。

共产党人长期革命斗争实践中确立和逐步完善起来的。大革命失败后，中国共产党深刻认识到独立掌握军队和独立领导武装斗争的极端重要性，于是组织了全国范围的百余次武装起义。南昌起义标志着人民军队的诞生，也标志着党对军队领导的开始。

1927年9月，秋收起义部队在三湾改编时，毛泽东创造性地提出支部建在连上的原则，对实现党对军队的领导，奠定了重要的组织基础。

1929年12月，毛泽东主持制定古田会议决议，从理论上阐明了党对军队领导的原则，并从政治上、思想上、组织上确立了党领导军队的一些基本制度和措施。

1932年9月12日，《中国工农红军总政治部关于红军中党的工作训令》中，第一次出现了"保障党在红军中的绝对领导"的字句。

1938年11月6日，在中共六届六中全会上，毛泽东又在《战争和战略问题》中，毛泽东针对张国焘同党争权的历史教训，提出：共产党不争个人兵权，不要学张国焘。但要争党的兵权，争人民的兵权，并形象地将党对军队绝对领导原则表述为"我们的原则是党指挥枪，而决不容许枪指挥党"。

争当岗位上的排头兵

班长,这个职务在部队是兵头将尾,在企业是上级与下级的纽扣。在部队有一句话叫"什么样的班长带什么样的兵",意思就是班长是什么样的素质,你这班上的兵也是这个样。在企业的日常工作中,更多的也是班长引导大家的工作,管理大家的工作。班长要充分发挥带头榜样作用。

我叫邓川,1988年出生,2006年参军,2009年退伍后参加工作至今,在油气矿消防大队担任班长职务9年,各项大小比赛多次获奖。在我的带领下先后有4名员工竞聘班长岗位成功。我任班长以来,一直给班员灌输的思想就是在岗1分钟,干好60秒,用我自己通俗的语言来说就是,你穿上这身衣服,你就必须担上相应的责任。

2016年6月,我的妻子预产期将至,我请假陪护,在家打理一切,心情除了有些忐忑,也有即将初为人父的喜悦。6月中旬,母女平安,我在医院熬了3个通宵照顾妻小,既疲惫,又高兴。看着妻子憔悴的面容,心里难受;看着女儿熟睡的脸蛋,心里充满喜悦。终于熬过在医院的日子,回到家,看着她们俩母女说不出的高兴。可没过两天,一个电话让我焦虑起来,有史以来第一次感到选择困难。

那天,领导来电话说:"邓川,你即将参加分公司集训队,代表四川省参加在大庆举办的第二届全国危险化学品救援技术竞赛。"

我有些迟疑,回答道:"领导,我爱人生产刚出院,孩子都没满月,家中人手不够,我走了哪里有人照顾卧床的妻子和刚出生的女儿?"

电话里又说道:"这次可是分公司集训,代表四川省参加全国比赛,这次比赛各级领导高度重视,规模大,机会难得,你好好和家人商量下吧"。

我左右为难,勉强说道:"那好吧!"

中午，坐在餐桌前，只觉得饭菜难以下咽，有些话的确说不出口。经过激烈地思想斗争，晚上还是向妻子说明了情况："单位给我打电话了，叫我回去参加比赛。"妻子诧异地望着我，沉默片刻后，"你舍得走吗？"我情绪激动："那当然舍不得你和闺女！"接着，妻子问道："那你想去吗？"我低下头道："想！"片刻后，她强忍着说："明天就去吧！我支持你，家里还有我和妈在，你放心走吧。"此时，我心里既高兴，又难受。

第二天，我匆匆收拾行李，赶往集训队。到集训队，我也并不放心，无心训练，通过几番沟通，妻子的理解、父母的支持，让我吃了定心丸。接下来的3个月，我认真训练，克服重重困难。因为比其他队员晚到10来天，为了赶上进度，我自己也加倍努力，最后在教练的教导下，提升迅速。在比赛中，四川代表队取得了优异成绩。

我并不想表达我付出了多少，而是想表达我是消防大队的班长、骨干，在单位最需要我的时候，我不能放弃单位。专业技能方面是我的强项，是单位给予我的平台所培养，有一技之长就要在舞台上展现出来，回报单位。我是班长、骨干，就要做好奉献回报单位的带头作用，要求班员奉献的同时，更要做好带头模范，己所不欲，勿施于人。最后还是那句最简单的话：既然穿上了这身衣服，就要担起它代表的责任。

◆ 作者：川中油气矿消防大队三中队战斗二班　邓　川

【思考】班组长在岗位上如何用实际行动诠释责任与担当？

【点评】班组长是基层组织的领导、模范，对于一般员工而言就是风向标。这就要求班组长时刻保持先进，以身则，做好模范，树好榜样。那么，在新时代下班组长该如何用行动诠释责任与担当呢？案例中的邓班长舍小家为大家的行动及其蕴含的精神是很多人无法理解、体会和实践的。而这就是石油人的精神之魂。在岗位上以身作则、率先垂范、敢为人先的行为，时刻会激励着一线员工们努力对标，积极向其靠拢。

【链接】三过家门而不入 ❶

为了治水,大禹曾三过家门而不入,被传为美谈,至今仍为人们所传颂。第一次经过家门时,听到他的妻子因分娩在呻吟,还有婴儿的啼哭声。助手劝他进去看看,他怕耽误治水,没有进去。第二次经过家门时,他的儿子正在他妻子的怀中向他招着手,这正是工程紧张的时候,他只是挥手打了下招呼,就走过去了。第三次经过家门时,儿子已长到10多岁了,跑过来使劲把他往家里拉。大禹深情地抚摸着儿子的头,告诉他,水未治平,没空回家,又匆忙离开,没进家门。

---

❶ 引自《孟子·滕文公上》和《史记·夏本纪》。

做一个爱思考的班组长

当好班组长，做合格"兵头"。说着容易，做着难。除了提高自身技能素质外，目标管理、沟通协调、发现和解决问题等能力，都是一名优秀班组长必备技能。

2013年，按照作业区双选结果，我带着2位员工，来到了某配气站。虽说都是配气站，可它却有着较为突出的问题：气源紧张、站场流程设计无法满足生产需求；多家单位一起办公生活，邻里关系敏感；地理位置偏远，作业区帮扶指导相对滞后。

这个站怎么管？继续当"落后分子"？还是"知耻后勇"？我陷入了思考。

看着在双选中信任我的伙伴，我暗下决心，一定要改变这一切！我带着站员不断分析、找出问题，并有针对性地想办法，定措施。

主动沟通，解决气源紧张问题。站场气源单一，中国石化来气为主力气源，巴花线反输做补充，用气规律是"三高一低"的典型民用气特征。我们主动出击，与中国石化员工从生活到工作的各方面热情沟通。在对方设备维护保养时，叫上站上的兄弟主动帮忙，除除锈，补补漆。通过真诚有效沟通，换来了对方为我们保供工作的支持和理解。现在，气量调整分配也合理了，上游有什么增减量也主动提前告知。用户再没有因为供不上气怨声载道，服务满意度直线上升。

优化流程，规避流程设计缺陷。流程设计不合理是先天性原因（用户自建站）。对于不合理的流程，认真分析判断，积极优化改善。通过对用户管道的管容和储气能力的深入细致了解，我们决定通过执行高低压流程，配合人工调配干预的方法来满足用户用气需求。虽然劳动强度加大了，但是换来了大家的认可，也是值得的。

用心交流，变小家为大家。俗话说：同行是冤家。作为多方共管站，每年我们会邀请兄弟单位召开多方协调会，了解各自诉求，求同存异。生活上，我放低身段，做倾听者。每逢节假日或周末，我主动亮相露两手，邀请大家一起聚聚，拉拉家常，说说工作。关系处好了，融洽了，隔阂也就小了，工作也顺利许多。

自主管理，杜绝"等、靠、要"。作为偏远的点站，上级来人相对较少，帮扶有限，但我们得做自己的主人。我利用周会从大家的思想意识和觉悟上下功夫，找准基础管理薄弱关键环节，要求大家做到三勤：眼勤、耳勤、手勤。"眼勤"就是勤巡查，及时找到问题；"耳勤"就是对所有生产运行情况、信息勤分析思考；"手勤"就是不要吝啬自己的双手，及时准确的处置问题。

通过努力和改变，站场生产生活面貌焕然一新，我们站在作业区逐渐小有名气。6年来，没有一次用户投诉事件发生，各类检查考核，我们再也不掉队了，站上也得到了一些以前想都不敢想的荣誉。2015年，我们都成了闪亮的"金牌"员工。

任何站，任何人，何种工作，无论开始有多么的艰难困苦，只要是我们善于分析总结，勤于思考，主动作为，就一定能干出满意的结果。我始终相信：这世界上并没有什么是不可克服的，只要你真正地想去做，只要你踏实地坚持做。

◆ 作者：输气管理处南充输气作业区磨溪输气站 李建军

【思考】班组长是基层组织的排头兵，管理好班组，保障安全生产责任重大。那么，作为一名班组长，应该具备哪些优秀的素质和能力呢？

【点评】作为一名班组长，想要真正发挥自己的领导作用，为组织的运转和发展贡献力量，就得具备必要的素质和能力。案例中李班长提出的"善于分析总结，勤于思考，主动作为"就是班组长应该具备的业务素质。除此之外，还应该具备：职业道德、人格魅力、心理素质和身体素质，即所谓"德、法、术"。在能力方面，应该具备：基本能力、影响能力、决策能力，以及必要的权威性。在基本能力方面，主要是个人见识、人情和技术。不同层级的班组管理者，在基本能力侧重方面会略有不同。总之，高层重见识，中层重人情，基层重技术。

【链接】刚柔并济

《论语》里有这样一句话,"君子有三变：望之俨然，即之也温，听其言也厉。"怎么理解呢？远望过去，看上去很严肃，让人肃然起敬；走近或者拉近距离后，发现非常亲切，很温和；说出的话很到位，每一句都在点上，一针见血。

这看上去好像有点喜怒无常，但其实只是在该喜的时候喜，在该怒的时候怒。作为一名基层管理者，也应该用这3句话来要求自己。这样一来，你同自己的员工相处时，既能保持自己的权威，又能深得民心。

生产运行分析，全员参与

生产运行分析是井站班组日常的生产管理中一项重要的工作，是装置、设备工作制调整，运行参数优化的重要依据。在大多数班组中，生产运行分析主要是依靠班组长和技能骨干。普通员工往往参与程度不高，这就造成了一个班组只有班组长和个别技能骨干对于站场的运行状况特别了解的现象，其他员工无法独立组织或参与生产运行分析，专业技能水平无法得到提高。

为了切实提高班组员工的技能水平和动态分析的能力，我针对本站现有的脱水装置运行、地面集输设备运行和气井动态分析，对班组员工进行分工，要求每名员工轮流担任各项分析的负责人。一开始，大家很不理解，说以前都是班组长和技能骨干分析，为什么要自己来分析，而且自己也不会分析。对此，我首先从思想上给大家转变观念："现在企业发展的形式，对技能人才的要求特别高，大家只有立足自己的岗位，多学东西，多充实自己，才能在未来的岗位竞争中不被淘汰。生产运行分析，是作为一名一线操作员工应该掌握的技能，是自己价值的体现。如果不思进取，混日子，迟早会被企业和社会淘汰。我们的企业为大家提供了很多培训和提高的机会，再结合生产现场的实际，一定能够提升自己的专业技能水平，成为企业的中流砥柱。"

然后，我结合自己专业特长和培训师的特点，带领全站员工从运行分析的基础入手，从数据的采集、筛选到分类整理，具体情况分析，找出问题、分析问题、解决问题，一步一步地进行培训。开始的时候，由于员工理解能力和基础参差不齐，效果差强人意。但是，每次培训完之后，发现他们都有不小的进步，我感到很欣慰，也坚定了我的信心。

经过不懈地努力，此项工作在开展一年后，班组员工基本都掌握了生产运行分析的基本程序和要求，能独立组织运行分析，也能对于生产运行提出自己的意见和建议，做到人人会分析，人人能提议。

我发现，班组工作中，员工参与度不高，很大程度上是由于依赖思想过重，没有将压力层层传递，没有感受到危机。因此，在班组管理中，切忌把事情集中到班长或者是个别骨干头上。要根据个人特点，合理分工，让员工有参与度。当员工有存在感，才能提高员工素质，有利于班组工作的高效开展。

◆作者：重庆气矿开江采输气作业区天东9井中心站　周　彬

【思考】在班组工作中，班员参与度低的主要原因有哪些？

【点评】研究表明，生产力、工作效率和员工参与度这3个指标存在明显关系，员工无法在个人工作中获得参与感，仅仅是在机械地完成任务，完全属于被动的角色，这样的员工往往不能将个人与工作联系起来，或者员工其实不了解他们的角色以及缺乏对工作的预期，或者对他人的过度依赖造成。

【链接】参与，让员工有存在感

好管理从给员工"存在感"开始。大家平时都用微信社交，有事没事都会刷刷朋友圈。甚至，很多人发完朋友圈后就期待着别人点赞或是评论，看到点赞的越多，越有成就感；评论的越多，心里就越高兴。这个行为的背后，就是"存在感"在作怪。抓住这一点，我们管理团队就可以用到极致，而且效果显著。

（1）在团队管理过程中，给员工表现的机会。

（2）平时的会议多给员工参与发言或是讨论的机会。

（3）平时解决问题，多听听员工的意见或建议。

（4）在一些可控的事情上，鼓励员工做主。

（5）鼓励员工参与一些重要事项的决议或决策中来。

（6）还要"装装傻"，向员工请教一下他所擅长的某事。

此外，还要关心员工的感觉：

（1）关心员工的生活状态，包括情感、吃、住、行等。

（2）关注员工形象、行为、能力、状态等细节正面变化并及时给予鼓励。

（3）时不时地准备一些员工"正好需要的"小礼物。

以和谐为酶，调制管理新内涵

我们班"好吃嘴"多，经常都说，咱班该聚聚啦！我想，民以食为天，在哪都是吃，反正 AA 制，大家有聚餐要求，说明把班组当成了家，这是一种美好的愿景。我决定用餐桌文化守住同事的胃，用味蕾留住大家的心，同时我告诉大家，反对单纯的吃喝，抵制"吃饭、打牌、卡拉永远 OK"的形式，想聚餐必须有内涵和新意。于是，生日聚会，每人都会构思一句与班组有关的祝福；有人评上先进了，值得庆贺，举杯时都会表白自己的"追星"计划；同事乔迁，可喜可贺，大家争相进菜市、下厨房、秀厨艺，祝贺方式节俭质朴又情真意切；早餐的时候，肠胃欠佳的同事准会收到爱心小灶；花样翻新的素食私房夜班饭，健康又提神。科学料理好餐桌文化，在推杯换盏之后就是推心置腹。

一个班组没有经费来源，全靠 AA 制，显得局促缺乏活力，有开源的方法就好了。副班长点拨说："清洗储罐怎么样！"我一拍大腿："妙！"我找到领导，把"游击队"干的工作揽了下来。要挣外快得有方案，大家用头脑风暴法仔细预想推敲工作步骤写方案；深入现场踏勘，一丝不苟做工作前安全分析；制定实用可靠的风险控制措施；作业得到批准后大家赤膊上阵，在劳动中磨意志、强筋骨、增感情。一天下来，人仰马翻，累，但快乐着，合作精神在历练中浓缩。一套组合拳下来，大家风险管控水平不经意间迈上新台阶。我想，分厂领导肯定和我一样，也在偷着乐吧。

总厂举行第一届提氦技术大比武，听说个人奖金很可观，还设团体奖，得到这个消息后，大家摩拳擦掌。没有教练组，没有培训班，备赛全靠自己。每天，大家手上工作忙完，立马在中控室开辟抢答阵地，轮流读题，全员抢答，欢声雀跃，学习的热情一浪盖过一浪，兴致浓的时候还有深夜场，抢答困了，来一局羽毛球双打解乏，路灯下跳跃的身影让人泪眼婆娑。机会是留给有准备的人的，在大比武中，6人参赛，4人获奖，我和徒弟囊括高级工、中级工第一名。奖金落袋为安。

最值得点赞的是，大家提议用部分班费向"母亲水窖"捐款，为"世界性干旱缺水"问题鞠上了一捧水。

带着家人飞，分享班组管理成果。生命在于运动，班组在于活动，班组管理要想提质上档，离不开家人的理解和支持，我和二班班长共同策划"带着家人飞"计划。同事的家都在成都，上班时，照看孩子、赡养父母、料理家务的担子全靠另一半，为了致敬家人，我们把三年多的获得的先进集体和合理化建议等奖金作为"飞"基金。一边攒费用，一边收集超性价比的航班，细化攻略、制定安全预案，成功实施丽江之旅。在旅途中，家庭间宽容谦让其乐融融，俨然一个家。

我的班组我的家，每一个成员都有一个故事，每一个故事都让人感动。

班组长不仅要做好身正行健言铄的领头羊，还要脑子活点子多，会经营这个集体，用和谐温馨的软实力铸就安全生产的硬本领，实现安全万无一失，管理百里挑一。

◆ 作者：成都天然气化工总厂液化天然气分厂 蒋 军

【思考】班组氛围的好坏直接影响班组的工作效率，那作为班组长如何创建一个"和谐型"班组？

【点评】一个好的班组，首先是要营造一个和谐的氛围。实践证明，建立和谐班组必须从大处着眼，小处着手，但要达到这个目的也并非易事。班组长首先要管好人，其次是要管好事，不仅要与员工在工作上建立尊重和信任的有效渠道，还要善于营造一个良好的和谐气氛，提高班组凝聚力。要使班组成员像亲兄弟一样抱成团，心往一处想，劲往一处使，生活上互相关心，工作上互相帮助，结下深厚的友情，形成一个和谐温暖的"大家庭"。

【链接】"和谐型"班组[1]

创建"和谐型"班组。牢固树立"和谐发展"的理念,以实现班组和谐发展为目标,坚持以人为本,努力形成员工关系和谐、工作协调、互助互爱的良好氛围;组织员工开展文化体育等活动,培育、创建班组特色文化;加强民主管理,落实班务公开,增强员工民主参与意识;加强职业道德建设,规范班组员工行为,确保班组员工遵纪守法;提高服务质量,创造一流工作业绩和效益。努力把班组建设成为员工爱岗敬业、奋发向上、团结互助的"温馨小家"。

其主要标准包括:

(1)民主管理制度健全,班务公开落到实处,员工的知情权、参与权和监督权得到保障。

(2)班组思想政治工作生动活泼、富有成效,员工精神面貌良好,自觉遵守职业道德规范,工作中讲协作,生活上讲互助,无越级上访,无违法违纪行为。

(3)积极改善员工的工作和生活条件,做到尊重人、理解人、关心人、帮助人,员工队伍稳定,班组团队精神较强。培育和创建班组特色文化,充分发挥党员和骨干的带头作用,班组文化活动有载体、有措施、有特色、有效果。

---

[1] https://baike.baidu.com/item/六型班组/7786890?fr=aladdin。

"千年老二"摘帽记

2016年3月31日，对于贺安平来说，是一个非常特殊的日子，因为他终于摆脱了"老二"的帽子，一举夺得川西北气矿第十四届驾驶员职业技能竞赛冠军。

"我在之前的比赛中，从来没拿过冠军，2009年分公司第五届汽车驾驶技能竞赛是银奖，2014年矿服部首届驾驶技能竞赛也是银奖，这次终于圆了我的冠军梦。"说起这个冠军，贺安平忍不住哽咽道。

"沉着，冷静，临场表现一直很优秀。而且顾大局，平时训练也很认真、辛苦，取得这样的成绩也在意料之中。"原汽车服务中心党支部副书记魏超如是说。

1983年参加工作，一直在运输战线上奋斗了33年，如今安全行驶里程已超过100万公里，有一个幸福美满的家庭，这对于51岁的贺安平来说，还要追求的东西已经不多了，但在中心领导的劝说下，还是一口答应了参加比赛的要求。"不为别的，争取为中心拿个好名次，大伙儿高兴就好。"朴实的话语道尽了他人生的准则。

训练场上，每天一个动作反复进行10遍、20遍那是家常，一个点不跑10趟、20趟那是笑话，别人在训练，就帮忙看线，自己上场，就专注每一个动作，训练下来彼此交流下心得。通过这样的方式，大家的水平都在提高。

贺安平腰部和胸部软组织曾经受过伤，每天训练下来只想躺在床上，床上还放着高级工、技师书籍，每天晚上12点前，这些书籍就一直陪伴着他。

作为副班长，除了自己工作任务和训练外，还要做好班里的工作，班组安全学习，班组活动，资料台账的填写一样都不缺少。拿他的话说，班是自己的班，自己不率先做好，别人怎么会做好？

"千淘万漉虽辛苦，吹尽狂沙始到金。"正是因为他有这样的执着，在风雨之后，终见彩虹。让员工有了集体荣誉感，不怕不出成绩。

◆ 作者：川西北气矿汽车服务中心驾驶一班 李小伟

【思考】您在贺班长身上发现什么样的品质？

【点评】班组长是企业的兵头将尾，是班组工作的组织者和管理者。作为起着桥梁、纽带作用的班组长，应具备"以身作则，率先垂范"的品质才能服众并具有较强影响力和号召力。

古人曰："其身正不令而行，其身不正，虽令不从"。班组长尽管只负责几个人或十几个人的工作，但一言一行都在员工的直接监督之下。因此，班组长要想带出一支能打善拼的好队伍，顺利完成上级交给的工作任务，就必须严于律己，宽以待人，要求别人做到的，自己首先做到；要求别人不做的，自己带头不做。只有时时处处严格要求自己，大公无私，带头实干，才能在与员工零距离接触中，树立起较高威信，为充分实施调动指挥权发挥积极作用。

【链接】千淘万漉虽辛苦，吹尽狂沙始到金 ❶

诗句出自刘禹锡的《浪淘沙九首》第八首《浪淘沙·莫道谗言如浪深》："莫道谗言如浪深，莫言迁客似沙沉。千淘万漉虽辛苦，吹尽狂沙始到金。"诗句的意思是，不要说流言蜚语如同恶流一样使人无法脱身，不要说被贬谪的人好像泥沙一样永远下沉。淘金要千遍万遍的过滤，虽然辛苦，但只有淘尽了泥沙，才会露出闪亮的黄金。诗人屡遭贬谪，坎坷备历，但斗志不衰，精神乐观，胸怀旷达，气概豪迈，在边远的贬所虽然经了千辛万苦，到最后终能显示出自己不是无用的废沙，而是光亮的黄金。

---

❶ https://baike.baidu.com/item/千淘万漉虽辛苦%EF%BC%8C吹尽狂沙始到金/20652151?fr=aladdin。

成功不能靠单干

我所在的场站是一个面向园区企业的配气站，共有 8 名站员。其中，5 名是转岗人员，原来都没有接触过配气工作，所以每天工作都很茫然。平常场站的所有资料都是由班长来完成，班员不知道有哪些资料，甚至也没有人主动去翻看摆放在资料柜里的资料。等到上级来检查，班长不在时，全部就傻眼了。所以，全员参与场站资料的填写、整理归档是必须的。

2014 年，配气站调进一名新员工。当时到站后，她觉得并站就是守着设备、看看压力、抄抄表就行了。每天安排她做什么就只做什么，工作虽然挺勤奋，就是从来不主动找事情做。

有次我特意问她："你知道每天应该做什么工作吗？每次都由我安排你做，如果我不在，那你怎么办呢？"

没想到她却笑嘻嘻地回答说："你告诉我该做什么我就做什么，我才懒得动脑筋，我听你安排就是了。"弄得我一阵哭笑不得。

就在这次对话发生不久后，上级领导来站检查，恰好我不在井站，当时正好她当班，入场告知、场站流程介绍都做得很好。但是，当检查组回到值班室检查资料时，她就开始为找不到资料而着急，慌忙打电话问我。我告诉她在电脑文件夹里能查找到相关资料，并且告诉她纸质资料是有目录的，用目录来查找。然而，检查工作结束了，也没找齐所需要的资料。

经过这件事情后，她意识到了自身在日常工作中的疏忽和资料管理方面存在问题。事后她对我说："站上资料虽然有分门别类地整理，但我始终记不住哪种内容属于哪种类别，哪些资料该如何整理，平常总觉得不是自己的工作不去留心，到检查的时候才知道着急。"

这件事在我心中敲响了警钟，配气站上不仅仅只有她一个人不清楚，不少人都有她这种类似情况，那该如何让他们掌握资料的归类以及规范、准确的填写呢？

经过几天的思考，我想到了一个办法就是把每天、每周、每月、每季度、每年的工作分别建成文件夹，要求班组人员做事前先看看每天要做些什么，做好后自己填写记录。刚开始的时候，他们填写得不规范，我就在旁边不厌其烦地指导让其重新填写，反复多次就能填写规范了。这样既避免了做漏事情，也让他们知道资料如何规范填写、如何分门别类地保存管理。

实行每天记录之后，不仅仅是让场站人员能够掌握资料的管理技巧，还让他们更加了解自己的工作，不再是麻木地机械作业，而是自己主动的完成，这样大大地提高了工作积极性。

一个班组完整的建设必须要全员参与，不会的工作学着做，复杂的工作细心去做。只有做到人人积极主动参与，真正成为班组的一分子，工作的热情才会体现，工作的效率才会提高，才能够实现真正的共同跨越、共同发展。

◆ 作者：四川华油集团有限责任公司泸州川油公司酒业园区配气站 万 琴

【思考】在班组建设与管理实际过程中，班长往往默默承担各项事无巨细的工作，那如何实现从"班长单干"到"全员参与"的转变？

【点评】班组建设齐参与。班组管理的最大特点是班组内员工直接参加班组管理与建设当中。班组长作为班组的统帅，并非事事躬亲，而是要循循善诱去引导班组成员参与班组各项工作建设当中，让他们对班组产生归属感和责任感。如果少了班组成员的参与，他们的工作意愿度和责任度自然会降低，不利于班组成员的成长。

【链接】参与管理[1]

"参与管理"是管理学家基于人性假设基础提出的理论。管理学家认为，人的工作要以社会需要为动机，人们希望管理者能够满足自己的社会需要和自我尊

---

[1] http://www.ceconline.com/leadership/ma/8800067105/01/?_ga=2.35839648.1077950658.1604023774-919878630.1604023774。

重的需要。持这种人性假设的管理者提出了"参与管理"的形式。在班组管理与建设中，让班组成员在不同程度上参加班组管理与建设的研究和讨论。让班组成员和班长处于平等的地位研究和讨论班组中的管理与建设问题，他们可以感到班组的信任，从而体验出自己的利益与班组建设与发展密切相关而产生强烈的责任感；同时，参与管理为班组成员提供了一个取得别人重视的机会，从而给人一种成就感。班组成员因为能够参与商讨与自己有关的班组管理与建设的问题而受到激励。参与管理既对个人产生激励，又为组织目标的实现提供了保证。

营造良好班风，促进班组工作开展

班组风气的好坏是班组管理水平的重要体现。

2011年，荣县天然气提氦装置建成，组建了新的生产班组，由我担任荣县生产一班班长。班组里有工作多年的老员工，也有刚从学校毕业的新员工，当时荣县提氦装置在成化总厂的基层单位中是最偏远、条件最差的，员工思想不太稳定。刚开始时，班组空闲时聊天，员工李某，经常发牢骚：一会儿说这里工作苦、收入低；一会儿说条件差、伙食不好。有些班组员工跟着附和，更有部分年轻员工埋怨自己运气不好，分到了这个单位。班组里负面情绪蔓延，工作安排时有困难。

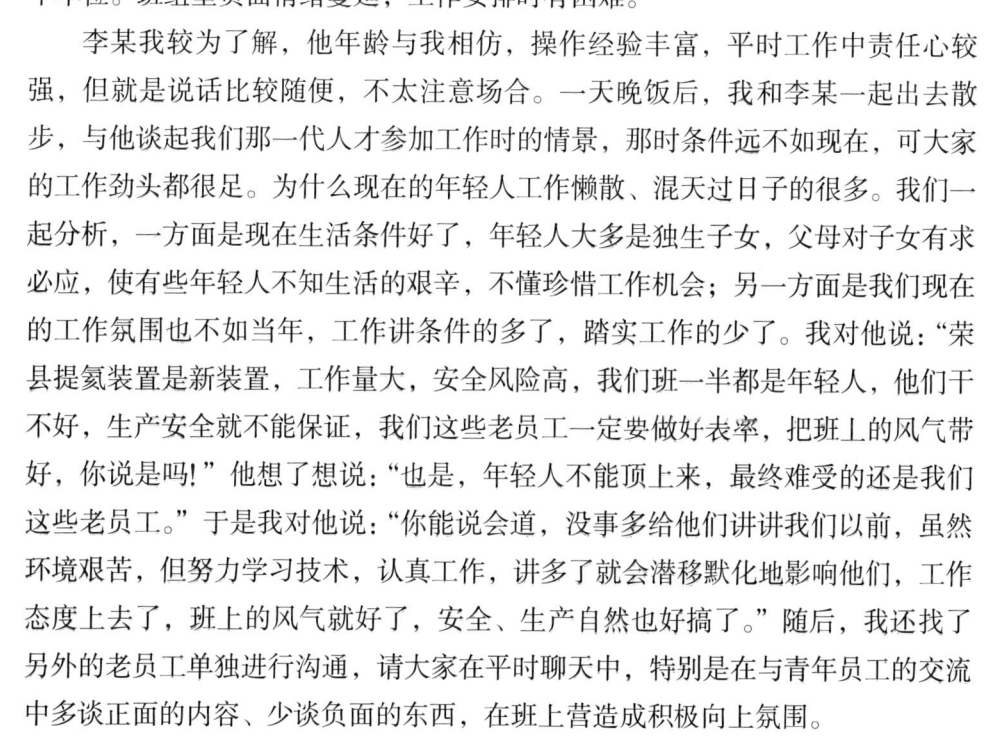

李某我较为了解，他年龄与我相仿，操作经验丰富，平时工作中责任心较强，但就是说话比较随便，不太注意场合。一天晚饭后，我和李某一起出去散步，与他谈起我们那一代人才参加工作时的情景，那时条件远不如现在，可大家的工作劲头都很足。为什么现在的年轻人工作懒散、混天过日子的很多。我们一起分析，一方面是现在生活条件好了，年轻人大多是独生子女，父母对子女有求必应，使有些年轻人不知生活的艰辛，不懂珍惜工作机会；另一方面是我们现在的工作氛围也不如当年，工作讲条件的多了，踏实工作的少了。我对他说："荣县提氦装置是新装置，工作量大，安全风险高，我们班一半都是年轻人，他们干不好，生产安全就不能保证，我们这些老员工一定要做好表率，把班上的风气带好，你说是吗！"他想了想说："也是，年轻人不能顶上来，最终难受的还是我们这些老员工。"于是我对他说："你能说会道，没事多给他们讲讲我们以前，虽然环境艰苦，但努力学习技术，认真工作，讲多了就会潜移默化地影响他们，工作态度上去了，班上的风气就好了，安全、生产自然也好搞了。"随后，我还找了另外的老员工单独进行沟通，请大家在平时聊天中，特别是在与青年员工的交流中多谈正面的内容、少谈负面的东西，在班上营造成积极向上氛围。

从那以后，我在班上空闲聊天时，常会对年轻人讲以前工作时的艰辛与现在生产条件的优越，而李某就会和我一起配合，牢骚少了，讲当年刻苦学习、认真工作的事多了，其他老员工也会时不时地在旁边补充一下，渐渐地，班组的氛围越来越积极，谈技术、谈如何操作新装置的内容多了。在此基础上，我提议大家共同起草一个班组管理的倡议书，对班组的安全、生产、纪律等各方面的管理进行规范，得到了大家的响应。第一份由大家共同起草的倡议书出来后，大家参与班组管理的兴趣也被调动了起来了，班组各项工作开展得也很顺利。

2012年，荣县天然气提氦装置一次试车成功，我们班组在试车工作中团结一致、表现积极，对试车成功发挥了很大的作用，在工厂举行的荣县天然气提氦装置试车劳动竞赛中获得了团体一等奖。

2015年，由于班组在荣县天然气提氦装置的生产组织运行各方面表现优异，获得了分公司"红旗班组"称号，2018年，班组再次获得分公司"红旗班组"称号，班组成员2人获分公司劳动模范称号。

古人说"南橘北枳，水土异也"，班组长在班组中要善于引导，营造积极向上的氛围，使班组成为滋润员工思想的土壤，使员工不断地进步与成长，同时也利于班组各项工作的开展。

◆ 作者：成都天然气化工总厂氦气分厂 文联勇

【思考】班组的文化、氛围对搞好班组工作的重要性，再怎么强调都不为过。员工都是好员工，班组氛围不够好，肯定是管理方式出了问题，没有充分利用好员工的智慧，没有充分发挥大家的积极主动性。作为基层管理者，班组长要善于引导，助力打造积极向上的氛围。

【点评】在咱们石油大家庭中，尤其是在基层管理工作中，一个团队中既有老同志，他们阅历很丰富，生活、工作经验都很多，往往是团队中的主心骨；又有新鲜血液，他们年轻、有朝气，代表着未来。他们在工作、生活中难免会碰到这样或那样的难题、头疼事或者是困惑，这些最终在一定程度上都会影响到团队的氛围，这对基层管理者来说，的确是一个挑战，且不容回避。

"管"原意为细长而中空之物，其四周被堵塞，中央可通达；使之闭塞为堵，使之通行为疏。"管"，就表示有堵有疏、疏堵结合。所以，作为班组长要明白，当班组中充盈着负面情绪之时，疏通、引导的重要性。在引导过程中，切记不要试图一直去讲大道理，有时候道理讲的多了，和组员之间的距离也就远了。故事中的主人公就做得很好，在面对"问题员工"时，不是在公开场合批评教育，而是在私下里和员工找寻共同点，谈经历、谈感情，以此为基点，由点到面。通过这种类方式方法来达到影响、改善班组氛围的目的。

【链接】带团队，归根结底就是带氛围[1]

热播剧《亮剑》中有两个主要角色——李云龙和赵刚。两人分工明确，李云龙是独立团的领导者，赵刚则是具体管理者。赵刚每天提醒李云龙：这件事是对的，可以做；那件事是违抗军令的，千万不能做。在赵刚的约束下，独立团维持了八路军的优良作风，但是观众感受到的独立团的精气神却是由领导者李云龙带来的。让我印象最深的情节，是团队的一次突围。当时团队陷入了敌人的包围圈，在寡不敌众的情况下，李云龙带领团队突围成功，清点人数时发现营长张大彪由于负伤并没有冲出来。此时，李云龙对大家说："我们团队从成立到现在，还没有落下过一个兄弟，跟我回去救张大彪！"最后的结果是——张大彪救回来了，但是牺牲了另外七八个人。

从管理者的角度看，这次营救非常不划算。人员减少意味着战斗力减弱，何况救回来的是没有战斗力的伤员。但从领导者的角度看却并非如此。领导者讲究的是氛围，通过这次营救行动，李云龙强化了"团队从来不落下一个兄弟"的团队精神，在组织中营造了"生死与共"的氛围，将形式上分散的团队各部分拧成了一个有力的拳头。

---

[1] https://www.sohu.com/a/307428542_100171187。

第二章 班组创新

班组作为企业最基本的作业单位，具有承担完成具体作业任务的职责。通常以为，决定任务完成好坏的关键因素主要有两个：一是技术，即用什么样的工具和工作方法来完成工作；二是管理，即如何科学组织，使团队合力达到最佳。概括讲就是技术和管理两大关键因素，决定了班组工作的效率和效果。由此可见，班组创新则主要是技术创新和管理创新。技术创新方面，包括工具创新与方法（或称工艺）创新。这在以往班组创新中比较常见。因为较之管理创新，以改进工具和工艺为主要内容的技术创新更直接，成果也更明显。管理创新方面，在班组而言，一般表现为对企业各种管理制度的落实上，也就是如何根据班组实际，落实好管理要求，高效率推进班组工作。和技术创新比较起来，管理创新更表现为"软创新"，具有较大创新空间。

班组创新思维常用方式包括：

（1）发散思维：是指在解决问题过程中，围绕问题点，从多个角度思考解决问题的思维方法。班组创新发散思维的应用，就是通过充分发挥班组成员的想象力，突破原有的知识、经验和思想框架的束缚，对现有知识、观念等进行重新组合，或从其他领域中，找出更多、更新的解决问题的途径和方法。

（2）集中思维：又叫收敛思维、聚合思维。它是在发散思维的基础上，将提出的各种生产工作建议方案通过充分论证后，确立并形成最符合本班组实际问题解决方案的过程。班组创新集中思维的应用就是集中班组成员的各种不同想法和建议，取长补短，最终决定，这也是集中思考、集中决策的过程。

（3）逆向思维：又叫反向思维，它不是采用人们通常考虑问题的思路，而是从对立的、完全相反的方向和角度去提出、思考问题，寻求解决问题答案的思维方式。

（4）侧向思维：是在正常思维受阻，或预定的目标不能直接达到的情况下，调换一个考虑问题的思路或解决问题的方式，另选一个被人忽视的方向，从侧面迂回区接近目标，以寻求解决问题的途径。

（5）模仿思维：是借鉴其他相关的工作模式激发灵感，从而找到解决问题的办法的思维方式。

班组创新要熟悉运用以上思维方式，推动创新工作的开展，不断取得创新成果。

小发明解决大烦恼

德源配气站所有阀门注脂嘴共计 138 个、阀门丝杆 17 根、3 个整流器的外丝杆 28 根。按设备管理要求，活动零部件都不能油漆防腐，而必须完全裸露。常规防腐办法是在注脂嘴、丝杆表面涂抹一层黄油，以隔绝空气和雨水并起润滑作用。黄油在室外接触空气、雨水、露水、阳光后会氧化产生变质，发生变干、变暗、乳化等问题。为了防止零部件受损，只能缩短黄油的更换周期。

2014 年中的一天，在忙完工作下班后，班组组织聚餐，饭桌上大家都在闲谈：站内注脂嘴和丝杆太多，保养费时费力，夏季保养还容易中暑。几天不重新更换黄油，黄油氧化变干变薄后，达不防腐要求，易造成零部件氧化生锈。氧化后的黄油又脏又暗，也会影响到设备设施的美观，所以只能勤更换，大家为此都挺苦恼。

这时上来一道纸包鱼，大家都收住话题准备享受美食。当大家都看着纸包鱼静静等待时，一位同事打破了沉静，说道："我们也像纸包鱼一样找个好看的东西把注脂嘴包裹起来就好了！"大家都异口同声地说："就是。"于是大家开始讨论怎么包裹，用什么包裹。

于是，我们用纸胶带、保鲜膜、胶皮、胶带等进行测试，反反复复试验了 1 个月，最终我们确定用锡箔纸进行包裹。锡箔纸具有金属光泽，对热和光具有较高的反射能力，质地柔软，延展性好，容易与零固件贴覆。在注脂嘴、丝杆、裸露零固件外刷上薄薄的一层黄油，再用锡箔纸将其包裹。采用此办法后，以前 3~5 天就要更换一次黄油，现在半年才更换一次。

此办法延长了保养周期，同时提高了工作效率，减少了资源浪费，一年下来可以节约 2000 元。

另外，站内还有 10 个表面易积水的小球阀，按照要求阀门表面不能有积水。

常规保养清理办法是用毛巾进行吸水和擦拭。由于手太大、阀门缝隙太小，导致不能完全将积水以及污垢清除。雨季来临时，为了防止阀门因积水而生锈受损，只能缩短阀门的积水清理周期。

2016年西南油气田公司在设备年度检查中发现站内球阀有积水，并有轻微腐蚀现象，该问题必须得进行整改。在班前会上，站长提出了设备保养不到位的情况。大家也表示很苦恼，很狭小的地方确实处理不到位，但是此事又必须得想办法解决。

转眼间，到了2017年初。站内杨大哥生病住院了，于是站长代表站内同事前去探望老大哥，到了医院以后杨大哥正在打点滴，闲聊一会后护士前来加药，我看见满满一针管的药通过细小的管道被推进点滴袋中，此时我受到启发，想到：我们站内保养阀门手进不去的地方，它可以进去。于是我将这个想法告诉了杨大哥，杨大哥说："可行。"

通过实践验证此方法非常可行，并获得华油公司"五新五小"优秀建议成果三等奖。医用注射器非易燃易爆物，有不同规格大小的容器，能用于不同大小的阀门缝隙。注射器清洗吸水保养法可以很有效地清理阀门表面积水及污垢，减少未清理到位的污垢对阀门的腐蚀。如缝隙内太脏还可以用医用注射器装清水进行冲洗或洗件液、润滑脂来保养等。

其实生活、工作中并没那么多苦恼，苦恼的是当困难到来时，我们缺少一双发现疑难困惑的眼、一个解决困难险阻的脑和一颗拒绝沟通讨论的心。德源配气站从2014年6月建站投产开始，我们班组绑在一起同心协力，发现并解决大小隐患百余个，为保障安全平稳供气打下了扎实基础。俗话说"三个臭皮匠顶一个诸葛亮"，凡事多看多想多讨论没什么干不成的。

◆ 作者：四川华油集团有限责任公司郫都兴能公司德源配气站　鲜　龙

【思考】绝大多数人，终其一生碌碌无为，每天做着重复性强、没有创造力的工作。部分人就此会认为，我已经工作这么多年了，驾轻就熟，老司机，已经不需要学习、不需要创新了，真的是这样吗？

【点评】1939年，毛泽东同志在延安的一次在职干部教育动员大会上的讲话中提到:"我们队伍里边有一种恐慌,不是经济恐慌,也不是政治恐慌,而是本领恐慌。"从这时起,"本领恐慌"就成为我们经常听到的一个词。

的确如此,事业越前进、越发展,新问题、新情况就会越多,感到"能力不足"在所难免,出现"本领恐慌"也不可怕,可怕的是对自身缺乏认知,自我感觉过于良好,看不到自身的不足。

面对世界浩瀚的知识,只有不断地、持续地充电,才能不间断地、持续地释放能量。未来的文盲,不再是不识字的人,而是没有学会怎样学习的人。毛泽东同志说过,读书是学习,使用也是学习,而且是更重要的学习。就像我们在上面故事中看到的那样:餐桌上看到"用锡箔纸包裹着的鱼",在医院看到"护士加药用的针管"等,便能联想到工作中遇到的难题,进而想到了解决之道。

学习不是目的,学便是为了用。大凡有作为者,都注重读书学习与运用的结合,不是死读书、读死书。衡量一个人水平高不高,不是单纯地看他读书多不多,是不是"学富五车、才高八斗",而主要看其运用理论和知识解决实际问题的能力强不强。要加强知识运用,必须做三个方面的努力:一是要勇于实践,把知识转化为能力;二是要运用理论和知识着力改造客观世界;三是要运用理论和知识自觉改造主观世界。在工作中,切实做到学得有价值,学有所用,学为了用,做到知行合一。

【链接】如何理解班组创新——解决问题就是创新![1]

提起"创新",已经不是一个时髦词,但又是一个常提常新的词。不同人理解不一样,不同人对提及创新的反应也差别甚远。

老板:我希望员工能有一些创新意识、创新思维、创新精神,多做一些创新改善,为企业发展添加动力。

部分班长:我们班组忙生产和应对检查都累死了,大家平时工作太忙了,没有精力来做创新。

一些员工:我们就是些工人,完成本职工作没有问题,但要做创新,谁有功夫创新?再说,创新有啥用?

以上就是企业里面经常会听到的三种声音。

何为创新?一般来说,创新是指以现有的思维模式提出有别于常规或常人思

---

[1] 王宏宾. 试析经济管理的创新 [J]. 人才资源发, 2014 (15): 91-92.

路的见解为导向，利用现有的知识和物质，在特定的环境中，本着理想化需要或为满足社会需求，而改进或创造新的事物、方法、元素、路径、环境，并能获得一定有益效果的行为，包含不同的见解、创新的行动、有效的成果。

班组创新，并不是让大家做大的发明创造，或特别难的技术攻关，或一定要产出一些设备改造、发明专利 QC 成果等。在管理学上有这样一个观点：发现问题就是进步，解决问题就是创新。这么来理解创新，可就容易多了。

班组创新更不是为难大家。其实，在企业和管理者眼里，有大创新比小创新好，但有创新、小创新总比不创新好。可以从三个方面来认识这个问题：

第一，创新是有用的，有价值的。对企业来讲，通过创新能实现降本增效、管理改善、提升发展；对个人来讲，创新能提升自我的能力和技术，增强自己的价值感和荣誉感。

第二，创新可以简小、甚微。创新工作可以化难为易、化繁为简、化大为小。QC 课题、发明专利做不了，可以改进工器具，可以改善管理方式，甚至提些合理化建议都可以。哪怕最简单的，做不了原始创新，应用新工具、新方法也可以。

第三，创新要容易出成效，及时激励。对于员工做出的创新行为，要及时表扬、及时激励，让他更有信心，更有动力，激发他们的热情和潜能。

所以，只要转变思维、理清头绪，然后激励全员行动起来，从本职岗位、身边小事去做改善，创新这事并不难。只要充分动员，事事可创新，人人可创新，所有员工都会成为创新小能手。

激发班组参与"五小"成果

2016年的一天，我在气矿主页上看到一则通知：气矿在全矿范围内征集"五小"成果。这引起了我的重视，近些年班组工作都干得非常好，唯独在技术创新方面少有成果。我认为这是一个实现突破的契机。

在第二天班务会上，我提出了希望班组能提炼出一些"五小"成果的想法，但大家的反响并不是很积极，并列举了很多反对的原因，比如工作忙没有时间、对"五小"成果的申报和验收程序不熟、没有合适的课题等。

看出大家心里还是有畏难情绪，我静静等大家说完，然后针对提出的困难，一一想出了解决办法。"不要把技术创新想的那么复杂，那么高大上。"我继续给他们做思想工作："技术创新的形式是多样的。如果是开拓性创新，就像研究新能源汽车，这样的创新的确很难，也不适合我们。但还有种创新叫持续性创新。一款汽车从1系升级到2系这就是持续性创新。它也许只是外观和一些小部件的升级、改造，但是通过持续创新，回头再看1系到5系的变化，可能就很大了。再说，我们有持续性创新的能力。第一，看老吴和老王，一个是公司技能专家，一个是高级技师，这个技术能力就是在西南油气田分公司也拿得出，叫得响的。第二，我们有持续性创新的条件。川东北气矿大部分的自控仪表都是由我们来维修和维护的，大家对设备运行状况的了解在某些方面甚至是要超过生产厂家的。"大家听了我一番话，心态有了积极的转变，纷纷表示愿意参与开展"五小"成果评比。

经过多次讨论之后，我们针对现场疑难杂症，确定了《井口安全截断系统电气控制箱与RTU控制优化整合》的研究课题，并进行了合理的分工。

在一周的时间里，班组员工全部参与进来，集思广益，共同努力，成功地完成了课题，最后获得了西南油气田分公司优秀"五小"建议成果二等奖。

通过这次"五小"成果的成功，打破了员工在技术创新上的畏惧心理，提高了员工的积极性。在年底中心举办的技术交流会上，很多员工还主动提交了技术论文。

对于大多数操作员工来说，思想局限性很大，往往习惯于动手操作，而不愿意思考和总结。班组长一定要站位高，格局大，视野宽。一方面要积极引导员工发挥主观能动性。让员工想干好，相信自己能干好事，也愿意去干好事。另一方面要主动给员工搭平台，让员工的能力有机会放光发亮。

◆ 作者：川东北气矿自控信息中心仪修班 潘淮滨

【思考】毫无疑问，激发班组团队创新活力是非常重要。那么，限制创新思维的因素有哪些？

【点评】倘若班组长想要设法激发班组创新活力，就需要消除认识限制班员创新思维的关键因素。

（1）传统观念和固定思维。传统观念是思维创新的重要障碍，它顽强地维护着它赖以存在的实践和社会基础，反对思维对现存事物进行超越。除了传统观念外，还有一种固定思维，它是人们在特定的实践领域和学科领域内形成的观念。

（2）思维和思维定式。思维定式和思维对于解决经验范围以内的常规性问题是有用的，它可以使思维驾轻就熟，简捷、快速地对问题作出反应。但是它们对于创造性地解决问题，却是一种障碍。它使人们局限于某种固定的反应倾向，跳不出框框、打不开思路，从而限制了人们的创新思考。

（3）胆怯心理。破除传统、习惯，克服唯上唯书的倾向，是需要有勇气的。一个人拥有如果胆怯的心理，就处处怕犯错误，害怕失败，就会陷于保守，就不敢突破原有的界限，不敢创新。

【链接】创新需破除"圈"的心理[1]

一位心理学家曾做过这样的实验：将一只大鱼缸用玻璃板从中间隔成两半，

---

[1] 姜月刚.创新需破除"圈"的心理[J].农电管理，2012（11）：9。

在一侧放入一条大鱼。之后，他在鱼缸的另一半放进了许多小鱼。大鱼看到之后，径直朝小鱼那边游去，却被玻璃碰了回来，几次下来，大鱼被碰的遍体鳞伤。过几日，心理学家将鱼缸中间的玻璃撤掉，那些小鱼悠闲地游到了大鱼面前，可大鱼已无吃掉小鱼的欲望了，任凭小鱼在自己面前游来游去。何以使然？"圈"的心理定式！那块玻璃已然成了大鱼惯于固守的界碑与规则，何以至此，心理定式使然。人们常常习惯于用约定俗成的方式来思考问题，这就形成了惯性思维。

其实，在改革创新中也屡屡有着这样或那样的"圈"的心理定式，像"玻璃板"一样，在无形地限制着人们的创造力和开拓力。这些心理定式，不过是在长期遭遇的磨难和挫折中，渐渐形成地固定于人们内心深处的思维方式和行为方式，它使我们变得消沉胆怯，甚至悲观逃避并最终囿于故步自封、毫无出路的怪圈内。我们应当勇于破除这些桎梏并阻碍我们发挥主观能动性的心理定式，走出困扰我们进取创新的惯性怪圈。

平落集气中心站的自主竞聘

我是一名中心站站长，下辖17个场站，18口单井，2座集输气站（含2台压缩机、1套脱水装置），2个有人值守站，16名员工。

中心站于2009年成立，共有8人值守场站，并设置正副站长各1名。每天一大早，大家忙完站内的事情便开始忙外围站的事，给有人值守井买菜和买小材料、故障维修、施工作业监护、生产井分析、间歇井开关井、无人井巡检、无人井设备维护、中心站集气支线巡检等。然而，在外出期间，集输站经常遇到当班员工无法解决的突发异常情况，只有立即返回，处理好后再出发。在高压集输阶段，夜晚也常出现冰堵、停电、装置故障等。大家每天忙得不亦乐乎，白天干工作，晚上做资料，有时通宵施工后白天也无法休息，休息长期得不到保障，能休息5~6小时就觉得太幸福了。

半年后，我将情况向领导汇报，请示配置倒班班长名额，分担一些安全生产压力，同时落实相应待遇，领导予以批准。于是，我们指定工作能力突出的同志来担任，使其成为日常工作的安全"防火墙"，关键时刻的"消防战斗员"。

一年多后，倒班员工提出一名班长不担当、不作为的问题。通过调查核实，撤销了该班长，并任命另外一名员工担任。由于担心问题再次出现，我们与班组员工商量引入竞争机制，决定每年实施一次民意测评，由大家投票选举班长，得票多者当选，该方法一直持续到2018年。

2018年，公司准备开展"五定"工作，上级从扁平化角度考虑，取消了倒班班长的配置。然而，班组工作仍然需要倒班班长的支撑，我们没有埋怨也没有放弃，而是积极想办法，经过思考，我提出如下建议：站内自主竞聘倒班班长，从站上解决班长待遇。具体方法：（1）从班组扣除倒班期间月度奖金的5%，不含年终奖和安全绩效，作为倒班班长待遇。（2）倒班班长优先推荐参加年度先进评比，正副站长不参与评比。（3）年度待遇低于2000元由班组奖励基金补足，高于3000元超出部分上缴班组奖励基金。（4）制定高标准的班长工作职责。（5）自主申请竞聘，班组建立相应的评分表，全员参与打分，得分最高者当选。我将情况汇报作业区，得到领导同意并要求做到公开、公平、公正、公示，同时做好相关的记录备案。当时正处于轮休期间，我在班组QQ群发布相关消息，逐一通知每一名员工认真阅读。然后在群里开启投票，给出支持与反对2个选项，正副站长不参与投票，投票结果为支持12票，反对2票。随后我们与提出反对意见者进行交流，有一名是想报名参与竞聘的，他认为应该由作业区支付这笔待遇，作业区不给就算了，担心影响班组和谐。另一名员工认为5%待遇高了。经过反复分析和解释，他们最终满意的接受提议，班组员工全员支持。最后按作业区的要求和员工意见，该项工作得以顺利落实。

班组管理和实际操作一样需要标准化和规范化，班组长不能有"等靠要"的思想，要主动而为，顺势而为，只有不断变化应对新的形势才能使班组各项工作不断提升。

◆ 作者：川西北气矿邛崃采气作业区平落集气中心站　罗　刚

【思考】班组管理中存在的问题就是创新的源泉，创新办法的实施过程中总会遇到困难，是半途而废，还是通过"变通"坚持下去？上文中值得思考和借鉴的不只是方法，更多的是精神。

【点评】建设创新型班组除了注重技术创新外，也要注重管理创新。管理创新是一门较为深奥的科学。在西方理论中有很多可以借鉴复制的成熟体系，而在中国传统文化中则有许多引人深思的成语和典故。案例中的班组管理创新方式更加符合中国文化内涵，化被动为主动的顺势而为充分体现了中国管理者的哲学思维。在国企体制内，顺势而为，借力打力的做法是许多领导者擅长使用的方法。对于一线班组长，其职能权力仅限班组范围，对上层领导机构仅有建议权，因此顺势而为的做法是适应企业大环境变化的有效手段。但是，顺势而为并不意味着逆来顺受，对于不利于班组管理的"势"可以借力打力营造新的管理方式，优化现有流程的不足，借此成为班组创新的新助力。

【链接】反转型思维法 [1]

所谓"反转型思维"，即从已知事物（事物的功能、结构、因果关系等）的相反方向思考，发现创新构思的途径。传统的破冰船都是依靠自身的重量来压碎冰块的，因此船的头部都采用高硬度材料制成，而且设计得十分笨重，转向非常不便，所以这种破冰船非常害怕侧向漂来的流冰。前苏联科学家运用逆向思维法，将向下压冰变为向上推冰。新的破冰船不仅节约了许多原材料，而且不需要很大的动力，自身的安全性也大为提高。遇到较坚厚的冰层，破冰船就像海豚那样上下起伏前进，破冰效果非常好。

---

[1] https://baike.baidu.com/item/ 侧向破冰船 /13574141?fr=aladdin。

被"忽悠"的洋机器

2002 年 4 月,南充合能公司广安站正常投运,站上的主要设备是一台从加拿大 IMW 公司进口的价值高达 280 万人民币的压缩机。它的说明书全是英文,并且只此一台。如果不能正常运行,意味着只能停产。厂方调试人员调试完就回加拿大了,设备交给了站上人员自行维护。我当时任广安站大班长,负责站上设备维修维护。半年后,问题来了!

进口压缩机原设计进口压力为 0.6~0.9 兆帕,后因进气线路改变,进站压力变为 0.5~0.6 兆帕,由于设计保护,当进口压力低于 0.6 兆帕时,压缩机就不能启动。与厂方联系后,同意到站调低保护参数,但需要在 1 个月后,而站上当时只 1 台压缩机,这一来,站上大多时间就只能停产。看着站外排着长长队列等待着加气的车辆,我心如刀割:"我是负责设备维修维护的,但现在我却不能让设备正常运行,那实在太丢人啊!"强烈的自责让我辗转难眠。

我日夜苦思,遍查资料。通过一次次现场模拟和现场对比,终于想出了一个解决办法。软的不行硬的来,要破解软件,不行,也没那设备。咱从硬件上想办法,你不是要求要在 0.6~0.9 兆帕才动嘛,咱给你个假信号,原压缩机出口管线上有一个调压后用于提供给气动阀使用的气管,压力在 0.7 兆帕,这不正好吗,别处引还怕不安全,这又有调压阀,又有安全阀的,太合适了,把原检测进压管引到这来。这样压缩机不会因入口压力低而自动停机了。改造完成后,压缩机欢快地响了起来,看着一台台车辆加气而去,心里充满了说不出的高兴。

1 个月后,老外来了,看着压缩机在没有调低参数也能正常运转时,惊奇的问明白怎么实现的,听完详细的原理后竖起了大拇指,连连称赞"中国工人太会想办法了"。不久后,在厂方卖给中国其他地方的设备出现相同情况,他们的人员在不能及时到场解决时，厂方就给出了"刘茂强方案"解决问题。

◆ 作者：燃气分公司南充营销部邻水 CNG 加气站 刘茂强

【思考】面对价值高达 280 万人民币的进口设备，因为软件参数设置方面的原因，暂时无法启动；已经有了一个最为稳妥的解决办法，即是等着国外的技术专家下个月过来调低保护参数。面对此情此景，假设你刚好是该站的大班长，你会怎么做？

【点评】可能的做法：把站上的这一情况和上级领导汇报一下，并说明目前已经想到的解决问题的办法，即是等国外专家下个月过来调整参数。这可能是大多数人会想到的办法。"设备太贵了，万一自己给弄坏了怎么办？还不如老老实实地等着国外专家呢"。既省事，也不会给自己带来不必要的麻烦。

故事中的主人公非一般之人，当他注意到设备停了之后造成的影响，站上大多数时间只能停产，站外等待着加气的车辆排着长长的队伍，他坐不住了，他没有等、没有靠。这说明他没有把工作等同于"赚钱""拿多少钱，干多少活"，而是把工作当成了"事业"，对工作怀有敬仰之心、珍爱之情，在遇到难题时，毫不畏惧，想方设法去解决问题。这份担当已属不易，更难能可贵的是，他还很善于思考、善于学习。

"日夜苦思，遍查资料""现场模拟，现场对比"。看得出，我们的主人公很善于学习已有知识，善于从失败与错误中学习，深入地思考，并和解决实际问题结合起来。毛泽东同志说过，读书是学习，使用也是学习，而且是更重要的学习。尤其要注重读书学习与运用的结合，不是读死书、死读书；看一个人水平高不高，主要看他运用理论和知识解决实际问题的能力强不强。如此，才能把工作做好，把工作做实。

【链接】值 1 万美元的一条线 ❶

20 世纪初，美国福特公司正处于高速发展时期，一个个车间、一片片厂房

---

❶ 王纪金.一美圆和一万美圆[J].高中生之友，2006（Z4）：1.

迅速建成并投入使用。客户的订单快把福特公司销售处的办公室塞满了。每一辆刚刚下线的福特汽车都有许多人等着购买。

  一天，福特公司一台电机出了毛病，几乎整个车间都不能运转了，相关的生产工作也被迫停了下来。公司调来大批检修工人反复检修，又请了许多专家来察看，可怎么也找不到问题出在哪儿，更谈不上维修了。别说停1天，就是停1分钟，对福特来讲也是巨大的经济损失。

  这时有人提议去请著名的物理学家、电机专家斯坦门茨帮助，大家一听有理，急忙派专人把斯坦门茨请来。斯坦门茨仔细检查了电机，然后用粉笔在电机外壳画了一条线，对工作人员说："打开电机，在记号处把里面的线圈减少16圈。"人们照办了，令人惊异的是，故障竟然排除了！生产立刻恢复了！ 福特公司经理问斯坦门茨要多少酬金，斯坦门茨说："不多，只需要1万美元。"斯坦门茨看大家迷惑不解，转身开了个清单：画一条线，1美元；知道在哪儿画线，9999美元。

灵活营销　智创效益

西宁 CNG/LNG 站坐落于遂宁市经开区西宁大道 1 号路，于 2009 年建成投入使用，该站场设计规模为 CNG 加气量 4 万立方米 ×104 立方米。

遂宁市有 6 个 CNG 加气站，每天加气量在 8 万立方米左右。西宁 CNG 站 2015 年销售天然气 602 万立方米，平均每天 1.64 万立方米，和建站设计加气规模相差太远。站多车少，市场竞争激烈，如何让更多车辆到站加气，是每个站管理人员和员工都在思考的问题。

站上到处联系用户，例如通过联系乡镇的农村客运，以增加部分车辆来站加气，仍未达到 2 万立方米。站上通过回访用户和用户座谈，了解到要增加 CNG 加气量必须要有固定的用户，有回头客。客户要求：(1) 加气压力有保证；(2) 服务态度好，加气方便；(3) 加气单位里程能耗小，能多跑里程。

站上经过反复考虑，想出既能增加销售量，又不让企业利益受损，更不能让客户吃亏的办法：为客户加足加够每一立方米气，构建起公司与客户良好的营销环境。2016 年西宁加气站加气量实现快速增长，销售天然气 875 万立方米，平均每天 2.3 万立方米；2017 年销售天然气 10350 万立方米，平均每天 2.8 万立方米，2017 年实现利润同比增长 20%。

金杯银杯不如司机的口碑，司机得到了实惠，一传十，十传百，做了免费的广告，使站里加气量上了一个台阶。

◆ 作者：四川川港燃气有限责任公司遂宁分公司西宁加气站　张学典

【思考】加气站，站多车少，市场竞争激烈，销售工作怎么做最有效？

【点评】一个加气站运营管理水平的高下，是用事实来说话，以业绩为标杆的。做得好的加气站要在全公司例会上受表扬，落后的要被通报。在激烈的市场竞争中，如何更灵活地营销，以最低的成本创造最大的效益，值得每一个加气站管理者和员工深思。

在该案例中，加气站采取了如下几个方面的措施：(1) 广泛拓客，如联系乡镇的农村客运，以增加来站加气的车辆数；(2) 牢牢抓住老客户，提升重复消费率；(3) 尽最大限度保证加气压力并加足气量。通过以上措施的综合运用，借助于司机的口碑实现一传十，十传百，终于使得加气站的加气量上了一个新的台阶。

兵无常势，水无常形。这是古代的一种用兵作战思想，指用兵作战要根据敌情的变化来采取灵活机动的战略战术，不能墨守某种作战方法。营销工作更是如此。加气站作为油气产业链的最后一环，每天都需要与消费者面对面地打交道。除了要有过硬的技能来满足车主进站加气的核心需求外，还要提升加气站整体服务水平，给客户呈上我们满满的用心。尤其要关心加气站的用户，关注他们的爱好，如司机朋友们喜欢刷个抖音，看个短视频等，我们是否可以考虑借助于这些新媒体的力量做好创新营销呢？

【链接】网红加油站——中国石油南天加油站[1]

近日，几组在加油站拍摄的魔性抖音小视频，在网络悄然走红。这些小视频的灵感缘起于中国石油加油站3.0建设，主人公是安徽销售分公司所属南天加油站的汪芳芳和她的团队。

瞬间唤起人们心中对中国石油加油站优质服务的想象。在朋友圈里，"愿意去一次这样的加油站买买买"成了网友们的集体表白。这几组小视频记录的不仅是加油站日常服务经典镜头，显示了主人公的创新营销思维，更为南天加油站起到了宣传作用。一个半月时间，南天站上传了5个抖音视频，11月16日上传了

---

[1] https://www.sohu.com/a/285587554_740514。

第一个"3.0手势"的视频,仅3天时间,点击量超过18万人次。

网络效应持续发酵,很多陌生客户进站加油后,会对员工说:"我可是看到你们站的抖音才过来的哟,你们太有才了!"还有老客户来加油说:"啥时候再拍一段呀,我也能参与参与。"通过小小的抖音视频,让南天站收获颇多,不仅活跃了员工工作氛围,还让员工们能够脑洞大开去思考问题,并收获客户的青睐,提高了客户进站率,就连兄弟公司们也纷纷效仿。"这一波存在感,刷的好!"

穿衣戴帽加鞋垫

平落集气中心站是一个老站：1992年建站，期间经过多次技术改造，设备装置多且"服役"时间长，老化严重。由于川渝为湿润地区，酸雨对设备腐蚀严重，不仅维护保养工作量大，也给安全生产带来严峻挑战。

在日常工作中，每月至少1次，班组员工会对阀门丝杆等裸露部位进行清洁、润滑、防腐维护，以及管托支撑下方清理雨水积液，防止丝杆生锈。这些工作往往会消耗掉砂纸、黄油等材料。

2012年某月，有几位"懒员工"在维护阀门时，提出一个构思："每个月都在维护，这费时、费力还费材料，有啥办法可以解决这个问题？"

有想法了，就有了思考。针对平板闸阀传动部位密封差，雨水进入易导致润滑脂乳化、传动轴承锈蚀等问题，几位"懒员工"将配电房更换下的绝缘胶垫制作成半径比传动部位大5厘米的圆形垫片，垫片中心开孔，利用丝杆保护罩将绝缘胶垫压紧在手轮上部，有效防止了雨水进入。

轴承维护保养从每月一次延长为每半年一次，阀门丝杆不再锈蚀，阀门操控变得轻松容易。

脱水装置气动薄膜调节阀的弹簧，曾因雨水长期聚集而发生锈蚀断裂，影响正常生产。

2013年，又是这几位"懒员工"，思考着怎样解决这个问题。他们通过观察调节阀的外观和工作原理，利用气井泡排剂桶盖为所有平衡孔"戴帽子"，在盖子的四周开孔作为平衡通道，调节阀再没有出现过弹簧锈蚀断裂的情况。

站内阀门（管线）管托支撑表面涂满油漆、膏灰，支撑底座内经常有积水，下部丝杆锈蚀，技改需要调整时拆卸困难。

几位"懒员工"的创新给站上的其他员工也带来了思想上的活跃，历时

2个月，大家齐心协力对站内所有支撑加上"鞋垫"，并清理螺纹部位油漆、膏灰、锈蚀，对丝杆表面涂抹润滑脂，有效解决了阀门（管线）支撑的锈蚀问题。

站上楔式闸阀的密封圈压盖，上油后会黏小虫，雨季频繁地维护保养非常烦琐。

站上的员工通过反复对比试验，采用在手轮上方加遮雨帽，在密封圈压盖周围"穿衣"的办法进行解决。目前，每季度保养1次就能满足工作要求。

"穿衣戴帽加鞋垫"，既节省了维护保养时间，又提高了维护保养质量，既杜绝了设备故障，还节约了大量的维护保养成本。目前，经过不断地规范完善，已在作业区进行了推广。

中心站的日常管理工作多且烦琐，我们在完成工作的同时，应多动脑筋，巧用懒人思维，找到解决问题的好办法，以达到事半功倍的效果。

◆ 作者：川西北气矿邛崃采气作业区平落集气中心站 朱 伟

【思考】如何更好地激发他的创造力？懒人的"懒办法"如果仅仅停留在思维层面，没有勤快的行动去试验去落实，可能也只能落为空谈。

【点评】一个"偷懒"的懒人，绝对是一个贬义词，但是以成功为前提下，懒人聪明的"偷懒"反而可以变成一个褒义词。懒人思维的核心可以用著名的心理学家西格蒙德·弗洛伊德的一句话："懒人似乎更聪明些，因为他们总是绞尽脑汁寻求做事的简便方法。"懒人深信，聪明地工作与只是勤劳地工作比就是可以用较少的努力获得更多的成功。

在职场，我们经常会遇到问题，解决问题。但是，为什么有的人总能够快速高效地完成工作，并且交出高质量的成果，而有的人看起来忙忙碌碌、累死累活，结果却总是不尽人意？因为一些人用表面上的勤奋，掩盖了思维上的懒惰。"懒人"思维不是指让人变得懒惰，而是思考更巧妙、便捷的做事方法，大幅提高工作效率。

【链接】尊重懒人思维 提质增效促发展[1]

世异则事异，事异则备变。随着时代的发展，懒人思维作为一种新兴的思维模式逐渐走进大众视野，带来诸如O2O等一系列新型的产物，参与了社会的构筑与发展，也值得人们对于这种思维重新审视与思考。很明显，与传统意义上的"懒"有所不同，懒人思维是一种智慧，是推动社会发展的重要力量。

懒人思维带来便捷的生活方式。明者因时而变，知者随时而制，事物的发展在于与时俱进，而人们思维方式的转变也一定程度上推动了社会的变革。就像懒人思维，带来了美团外卖，让人们足不出户就可以享受美食；带来了在线医生，让人们省去了在医院排队就医的烦恼；带来家政服务，让年轻人的家里变得更加清洁。因此毋庸置疑，懒人思维给予我们生活极大的便利，我们应学会尊重懒人思维，而非歧视指责，并且通过不断地创新方式与方法，提供更加优质的服务，不断提升人们的生活质量。

懒人思维带来高效的工作方式。当前社会竞争日趋激烈，不少人不分昼夜奔忙，仍旧嫌弃时间不够用，而懒人思维的出现则符合人们的忙碌的生活节奏，无论是随处可见的外卖，还是随叫随到的汽车，都让人们可以节省更多的时间，去投入到自己的工作中。所以懒人思维不失为一种睿智，把有限的精力放到刀刃上，才能提升竞争力，其实我们不可否认，懒人思维的本质就是高效与便捷，集中力量做正事。

---

[1] http://www.offcn.com/sydw/2019/0307/446310.html。